Meine eigenen Angelegenheiten

Prinzessin von Belgien Louise

(Übersetzerin: Maude MC Ffoulkes)

Writat

Diese Ausgabe erschien im Jahr 2024

ISBN: 9789361467356

Herausgegeben von
Writat
E-Mail: info@writat.com

Inhalt

KAPITEL I
Warum ich dieses Buch schreibe

Als älteste Tochter eines großen Mannes und Königs, dessen großartige Intelligenz sein Volk bereichert hat, verdanke ich meiner königlichen Herkunft nichts als Unglück. Seit meiner Geburt habe ich gelitten und wurde getäuscht. Ich habe das Leben zu sehr idealisiert.

Ich möchte am Abend meines Lebens nicht im Schatten des falschen Eindrucks stehen bleiben, der derzeit in Bezug auf mich vorherrscht.

Ohne zu sehr auf die Vergangenheit eingehen zu wollen und meinen Leidensweg noch einmal nachzuzeichnen, möchte ich doch zumindest einige Seiten aus meinen Erinnerungen und Betrachtungen entnehmen, die von Ereignissen inspiriert sind, die Throne zerstört haben, in deren Nähe ich einst lebte. Der Kaiser von Österreich, der deutsche Kaiser, der Zar von Bulgarien waren mir alles vertraute Figuren.

Der Krieg hat mich nach München getrieben, dann nach Budapest, und ich geriet für kurze Zeit in Gefangenschaft ungarischer Bolschewisten. Ich habe den Sturm Europas überlebt und all jene gesehen, die mich verleugnet und unterdrückt haben, ich habe sie geschlagen und bestraft gesehen.

Und ich zitterte jeden Tag um mein armes Belgien, das so stark in seinem Mut und seiner Mühsal war, aber mir gegenüber so ungerecht – oh nein, nicht dem *Volk* – das gute Volk ist von Natur aus heldenhaft und unermüdlich. Ich meine einige ihrer Führer, die meinetwegen in die Irre geführt wurden und die vielleicht auch zu sehr am Geld hängen. Sie waren selbst ungerecht und verletzten die Gerechtigkeit gleichermaßen durch unerlaubte Interessen, die den Anschein von Legalität erweckten, sowie durch eine falsche Haltung, die bloß wie Vergesslichkeit aussah, in Wirklichkeit aber Undankbarkeit war.

Meinem Vater wurde in dem Land, das er so sehr schätzte, noch kein Denkmal errichtet; seine Regierung gedachte eher den Torheiten seines Alters als seinen Privilegien, und sein Andenken hat dementsprechend gelitten.

Aber was vergangen ist, ist vergangen. Meine Erinnerung bleibt meinem Heimatland treu und liebevoll verbunden; mein einziger Gedanke ist, es zu lieben und zu ehren .

Ich möchte über Belgien sprechen, bevor ich zu den Höfen von Wien, Berlin, München und Sofia übergehe, sowie zu den vielen Geschehnissen, an die diese Namen erinnern und von denen einige eine genauere Kenntnis und Betrachtung verdienen.

Ich habe nie andere Gefühle für Belgien gehabt als unvergängliche Zuneigung. Der schmerzlichste Gedanke, den ich während des schrecklichen Krieges hatte, war, dass Belgien bemitleidenswerter war als ich.

An dem Tag, als ich in Budapest von ungarischen Bolschewisten durchsucht wurde, hörte ich, wie einer von ihnen zu einem anderen sagte – nachdem er selbst festgestellt hatte, zu welcher Einfalt ich fähig war: „Hier ist eine Königstochter, die ärmer ist als ich." Ich habe an die unglücklichen Frauen von Ypern, von Diksmuide , von Frankreich, Polen, Serbien und anderswo gedacht – unglückliche Geschöpfe, die durch die Verbrechen des Krieges ohne Feuer und Brot waren, und ich habe um sie geweint und nicht um mich selbst.

Mehr als einer von ihnen war vielleicht neidisch auf meine Position vor 1914; ihnen war kaum bewusst, dass ich ihre vorgezogen hätte!

Als ich mit siebzehn heiratete, erwartete ich, in der Ehe die Freuden zu finden, die ein Ehemann und Kinder schenken können. Ich wurde durch bittere Beweise vom Gegenteil überzeugt.

Der Bruch war unvermeidlich, wenn es um meine eigenen intimen Gefühle und die meiner Mitmenschen ging. Ich war zu unabhängig, um das auszunutzen, was mich anstößig fand.

Ehrungen sind oft ehrlos , wie hoch sie auch erscheinen mögen. Von seltenen Ausnahmen abgesehen, wecken Vermögen und Macht in uns nur den Appetit auf Vergnügen und treiben uns zur Verderbtheit. Diejenigen, die La Bruyère „die Großen" nennt, verlieren leicht das Wissen über die menschlichen Verhältnisse. Das Leben ist für sie nicht länger der geheimnisvolle Beweis für die Existenz einer Seele, die schließlich entsprechend ihren Verdiensten belohnt oder bestraft wird. Religion erscheint ihnen nur als Maske oder Instrument.

Sie werden dazu verleitet, ihre Mitgeschöpfe auf der Grundlage der Schmeicheleien, Berechnungen, Ambitionen und Hinterhältigkeiten zu beurteilen, von denen sie umgeben sind. Aus Misstrauen gegenüber der menschlichen Natur geraten sie in einen Zustand der Gleichgültigkeit gegenüber Gott und passen Seine Gesetze ihren Bedürfnissen an, in der Gewissheit, dass sie sich in ihrem eigenen Handeln dem Schöpfer ebenso anpassen, wie sie sich in ihrem Handeln dem ihrer Priester anpassen.

Wenn ich die Vergangenheit Revue passieren lasse und mich an die verschiedenen Phasen meines unglücklichen Daseins erinnere, verzweifle ich nie daran, am Ende eine Gerechtigkeit zu finden, die ich in dieser Welt noch nicht gefunden habe. Ich habe immer geglaubt, dass es sie *irgendwo gibt*. Wäre das nicht so, wären die Dinge undenkbar.

Diesen Geist des Vertrauens verdanke ich den Lektionen, die ich in meiner Kindheit gelernt habe, vor allem denen, die mir meine Mutter, die Königin, beigebracht hat. „ Bemühe dich immer , ein Christ zu sein", pflegte sie zu sagen. Als Kind konnte ich die Bedeutung dieser Worte nicht verstehen, aber die Unglücksfälle in meinem Leben haben dazu beigetragen, sie zu verstehen.

Auf so viele Arten von der Menschheit zum Aufruhr angestachelt, habe ich mich nun einem höheren Willen unterworfen und kenne das Glück, meine Feinde nicht zu hassen . Auf meine Rebellion folgte immer Vergebung.

Ich habe nie daran gezweifelt, dass diejenigen, die mir Unrecht getan haben, früher oder später auf der Erde oder anderswo bestraft werden würden, und meine Verfolger haben mir leidgetan.

Ich habe sie bemitleidet, weil ihnen meine Offenheit missfiel, denn ich bin ein Feind aller Familien- und Hofheuchelei. Ich habe sie bemitleidet, weil sie meine Treue zu einer einzigen Zuneigung getadelt haben, und vor allem habe ich sie bemitleidet, weil sie meine Missachtung dieses alten Götzen – des Geldes – übertrieben haben.

Ich war nicht ohne Grund davon überzeugt, dass nicht nur ich, sondern auch meine Schwestern zu enormem Reichtum gelangen würden, und ich war der Meinung, dass es unsere Pflicht sei, unsere Mittel voll auszuschöpfen. War es nicht besser, Geld in Umlauf zu bringen und den Handel zu fördern? Diese Meinung teilte jedoch weder mein Ehemann, der zum Horten neigte, noch eine Familie, die sich vor neuen Ideen oder Bräuchen fürchtete und in den Bestrebungen der Massen nur eine unvermeidliche und schreckliche Katastrophe sah, vor der sie sich schützen sollten, indem sie so viel wie möglich sparten.

Gleichzeitig wurde ich, wenn ich in einen Kampf verwickelt war, von Seiten meiner Feinde stets grausam behandelt (vor allem durch Verleumdungen, die darauf abzielten, mich in den Augen der Welt zu ruinieren), sondern ich warf mich von Anfang an gegen alle Hindernisse, die mir Gewalt und Feindseligkeit in den Weg legten.

Da ich nicht in der Lage war, normal zu leben und zu handeln, und durch Gewalt und Entbehrungen gezwungen war, das, was ich für verachtenswert hielt, mit Gehorsam und Respekt zu behandeln, fehlten mir die Lebensgrundlagen, auf die ich Anspruch hatte. Die Mühe, die ich auf mich nahm, um mir meine Freiheit auf meinem Heimatboden in der Ordnung und Würde zu sichern, die ich mir erhofft hatte, wurde von denen zunichte gemacht, die selbst moralisch dafür verantwortlich waren. Ich war gezwungen, ein Gefangener oder Flüchtling zu werden, wurde weggebracht und durch Schwierigkeiten aller Art von meiner rechtmäßigen Position ferngehalten. Auf diese Weise, so glaubten meine Feinde, könnte man mir leichter alles nehmen, woran ich geklammert hatte.

Was aus mir geworden wäre, wenn ich nicht einen Mann gefunden hätte, der sich mit ganzer Kraft meiner Aufgabe widmete, mich aus allen möglichen Fallen und Gefahren zu retten, und der hingebungsvolle Wesen als seine Unterstützer fand - viele von ihnen stammten aus den einfacheren Schichten der Gesellschaft -, kann ich nicht erraten.

Ich habe einerseits die Schlechtigkeit einer Aristokratie ohne Adel kennengelernt, andererseits habe ich auch von der ritterlichsten Zartheit profitiert, die mir das Volk entgegenbrachte, und meine Erkenntnis diesbezüglich ist der Hauptgrund, warum ich heute schreiben möchte.

mich und meinen Namen gebildet hat, nicht länger bestehen zu lassen.

KAPITEL I Mein
geliebtes Belgien; meine Familie und ich selbst; ich selbst – so wie ich mich selbst kenne

Wenn bei einem offiziellen Umzug die Hauptperson zuletzt kommt, dann sollte Belgien auf meinen Seiten an letzter Stelle stehen, denn ich muss mit mir selbst beginnen.

Ich entscheide mich nicht ohne Befürchtungen, dies zu tun, denn ich erinnere mich an die Selbstbeschreibungen, die berühmte Autoren autobiographischer Schriften - zum Beispiel der heilige Simon - zu Beginn ihrer Memoiren gegeben haben.

Es liegt mir fern, mich in leuchtenden Farben darstellen zu wollen . Das wäre eine Anmaßung, vor der mich die großen Schriftsteller bewahren, die das nötige Talent besaßen, sich selbst zu beschreiben. Ich hoffe nur, wenn möglich, mich so zu beschreiben, wie ich mich selbst zu sein glaube.

Ich untersuche oft mein Herz. Je älter ich werde, desto stärker wird diese Tendenz zur Selbstanalyse. Früher wollte ich meine Mitgeschöpfe kennen; jetzt habe ich entdeckt, dass man immer zuerst sich selbst kennen sollte, bevor man versucht, die Rätsel anderer Menschen zu entschlüsseln.

das alte Gebot von Delphes ein, das mein Vater, mein König, immer zitierte, aber ich werde es hier nicht wiedergeben. Ich verstehe kein Neugriechisch, im Gegensatz zu Königin Sophie, dieser bezaubernden Frau, die so fehlgeleitet war, es zu lernen; sie verlor ihren Thron, so heißt es, weil sie versuchte, die Schlauheit von Odysseus zu überlisten!

Meine vorherrschende Eigenschaft ist ein Hass auf alles, was unaufrichtig, ungenau, formell und banal ist. Meine Vorliebe für Einfachheit in Gedanken und Taten hat mich in den Augen meiner Familie schon vor langer Zeit als Revolutionär gebrandmarkt. Damals rebellierte ich in Wien gegen die Routine und das, was man den *Esprit* des Hofes nannte.

Meine Leidenschaft für Aufrichtigkeit hat mir Einheit im Denken gebracht. Ich bin eine Frau, die einem Gelübde treu ist, das mein Herz freimütig bekennt.

Ich habe nur wenige Menschen gut genug gekannt und geliebt, um mir zu erlauben, auf sie zuzugehen und sie gründlich kennenzulernen. Doch wenn mir jemand mein Vertrauen und meine Zuneigung geschenkt und sie sich als gerechtfertigt erwiesen haben, habe ich eine tiefe Bindung zu den Menschen aufgebaut, denen sie geschenkt wurden.

Viele Leute hätten mich gern des Glücks beraubt gesehen, aber ich besitze zumindest dieses eine Juwel – Treue, und ich habe ihre Süße kennengelernt; nicht nur die banale und materielle Treue – immer mehr oder weniger eine vorübergehende Phase, wie man sie im Allgemeinen versteht –, sondern die reine und edle Treue, die einen wachsamen und ritterlichen Geist begleitet; das Ideal edler Herzen, das sich von Ungerechtigkeit abstößt und vom Unglück angezogen wird. Unterschiedliche Treuen, obwohl Schwestern, sind wunderbare Schätze, an denen man selbst reich sein muss, um die Zukunft weiter mit wertvollen Gaben bereichern zu können.

Ich stehe fest zu meinen Rechten und stehe zu meinen Überzeugungen, sofern ich davon überzeugt bin, dass sie mit der Ehre und Wahrheit im Einklang stehen – die einem göttlichen Wesen entspringen – und nicht von heuchlerischen Konventionen inspiriert sind. Ich habe vor nichts Angst und nichts kann mich gegen meinen Willen überzeugen.

Diese Charakterzüge habe ich von meinem Vater und meiner Mutter geerbt; von meiner Mutter habe ich die spirituelle Seite und von meinem Vater die materielle Seite meines Charakters. Es ist daher sinnlos zu glauben, dass ich jemals gegen die Gebote meines Gewissens handeln sollte.

Wenn ich gezwungen bin, für einen Moment nachzugeben, tue ich dies, als würde man der Spitze eines Bajonetts nachgeben.

Bosheit und Zwang führen nicht zur Gerechtigkeit, sie schaffen nur Vorbehalte dagegen, und die Wiederherstellung der Gerechtigkeit kommt allein von Gott und nicht vom Menschen.

Diese Widerstandskraft gegen das Böse und die Missachtung der Etikette sind sozusagen die hervorstechenden Merkmale meines Lebens.

Doch trotz meiner entschiedenen Meinung zeige ich in Gegenwart fremder Menschen eine ausgeprägte Nervosität. Wenn sie mir vorgestellt werden, kann ich kaum mit ihnen sprechen, obwohl sie mir von ihrer Persönlichkeit her zusagen.

Meine geliebten Landsleute in Brüssel, die Freunde, an die ich immer denke, pflegten zu sagen: „Prinzessin Louise ist stolz!" Was für ein Fehler! Im Gegenteil, ich hätte die Zuneigung, die sie mir entgegenbrachten, gern erwidert und diese belgischen Häuser betreten, von denen ich wusste, dass sie so gastfreundlich waren. Ach! Was für ein Glück, nicht als Königstochter geboren worden zu sein! Dann konnte man frei mit Mitmenschen sprechen, die Mitgefühl verdienten; aber eine Prinzessin kann nicht tun, was sie will.

Meinem Umfeld gegenüber bin ich manchmal so offen und ausschweifend, wie ich Fremden gegenüber schweigsam und zurückhaltend bin. Fremden gegenüber misstraue ich, und unter keinen Umständen lasse ich mich auf

Klatsch ein. Ich ziehe die Unterhaltung mit Männern, die etwas wissen, der mit Frauen, die nichts wissen, bei weitem vor.

Ich verabscheue alles Unnatürliche in der Konversation; Affektiertheit ist für mich unerträglich. Unnütze Bemerkungen, die mich ärgern, verleiten mich leicht zu einer schlagfertigen oder sarkastischen Bemerkung, wie sie der König so gut zu verwenden wusste und die den Adressaten immer tief im Innersten berührte. Aber der Einfluss der Erinnerung an die Königin hält mich manchmal zurück und lässt mich aus christlicher Nächstenliebe schweigen.

in meinen Gewissensüberzeugungen unerschütterlich und äußerlich zurückhaltend, aber dennoch eine Frau der Widersprüche. Wenn ich zum Handeln gezwungen werde, stürze ich mich immer in die Extreme. Die Extreme der Seele resultieren immer aus Gegensätzen, so wie der Donner des Himmels aus dem Zusammentreffen zweier Gewitterwolken entsteht. In mir wird der Sturm unterdrückt. Ich überrasche die Leute mehr als alles andere durch meine übliche Haltung, die Entscheidung, die mich fortreißt, nicht vorhersehen zu können.

Ich betrachte die Existenz nicht vom gewöhnlichen Standpunkt aus; ich betrachte sie von einem viel höheren Standpunkt aus. Das liegt nicht an irgendeinem Gefühl des Stolzes. Ich werde von etwas in mir über gewisse Barrieren und Grenzen hinausgetragen; ich lebe in meiner eigenen Welt, in der ich Zuflucht finden kann.

Viele, viele Male während der unerbittlichen Verfolgung, die ich so lange ertragen musste, stand ich vor einem Spiegel und versuchte, die Seele in meinen Augen zu lesen. Ich war ein Gefangener; ich war aus Staatsgründen „verrückt". Ich fragte mich kaltblütig, ob ich nicht tatsächlich verrückt wurde – war ich noch Herrin meiner Vernunft?

„Ja", antwortete eine innere Stimme, „du bist Herrin deiner Vernunft, solange du Herrin deiner selbst bist, und du bist Herrin deiner selbst, solange du deinem Ideal der Ehre treu bleibst ."

Ich werde später von diesem Ideal sprechen. Ehrliche Frauen werden es verstehen. Aber meine Natur fand im ehelichen Heim nicht das Gute, das Reine und das Wahre, von dem sie geträumt, gehofft und sich gewünscht hatte. Im Laufe der Jahre veränderte sich die Atmosphäre meines Zuhauses, die heranwachsenden Kinder boten mir weniger Schutz. Hilfe kam in einer Zeit des Chaos unter einem Anblick, den die Welt verurteilt. Nichts hielt mich damals auf, und von nun an wird mich nichts von meinem Ideal trennen. Ich habe den vergoldeten Glanz abgelegt , der für mich beschämend ist. Ich lebe jetzt mit etwas, das in einer Sprache zu mir spricht, die ich verstehen kann, etwas, das moralisch schön ist. Diese Tat meines inneren Selbst ist nun vollbracht. Ich habe es nicht bereut. Ich werde es nie tun.

Dramen, Komplotte, Intrigen, Verrat folgen aufeinander – ich kämpfe dagegen an, ohne zu siegen. Es ist das Werk meines äußeren Ichs. Es mag so aussehen, als ob ich versage, aber mein inneres Ich wendet sich angewidert vom Schlamm ab.

Ich bin nicht dazu geschaffen, im Kampf menschlicher Konflikte zu siegen, in einer Sphäre, die vielleicht dazu bestimmt ist, zu zeigen, dass der wahre Zustand des Menschen nicht hier unten liegt. Die Gesellschaft, die er rühmt, die Zivilisation, die er bewundert, sind nur armselige und zerbrechliche Vorstellungen seiner Illusion irdischer Souveränität, und sie werden ihm nur Unglück bringen, wenn er nur für sie lebt.

Gott war in meinen Gedanken immer gegenwärtig, selbst als ich glaubte, von den Menschen vergessen zu sein.

Wie jedes Geschöpf, das durch falsche Zeugenaussagen niedergeschmettert wurde, hatte ich Stunden des Zweifels und der Verzweiflung. Der Vorwurf gegen mich im Coburger Palast und in Wien war, dass ich mich der äußeren Religionsausübung nicht anpassen wollte, nachdem ich all ihre Doppelzüngigkeit und Scheinfrömmigkeit gesehen hatte. Ich weigerte mich oft, in die Kapelle zu gehen und die äußere Frömmigkeit als angemessen zu akzeptieren, die für mich ein Sakrileg war. Ich suchte Gott und die Heilige Jungfrau in einer einsamen und bescheidenen Kirche weit weg von der Hofburg und meinem Palast.

Ich habe auch die Zeit erlebt, als ich mich auf Geheiß meiner rebellischen Seele vom Himmel abwandte. Leiden, Erfahrung und Meditation haben mich zum göttlichen Meister zurückgeführt, dessen Liebe mir meine geliebte Mutter beigebracht hat. Ich glaube, dass ich Seine Gegenwart auf einem Weg erreichen werde, der dem Kalvarienberg ähnelt. Es ist ein bergauf gehender Weg, aber Er richtet mich auf; und er ist so rau, dass ich bei jeder Biegung die Welt ein wenig mehr vergesse und meine Arme nach der Liebe und Gerechtigkeit Gottes ausstrecke.

* * * * *

Man hat gesagt, ich sei schön. Von meinem Vater habe ich meine aufrechte Figur geerbt und auch etwas von seinen Gesichtszügen und seinem Ausdruck.

Von meiner Mutter habe ich eine gewisse Fähigkeit zum Träumen geerbt, die es mir ermöglicht, in mich selbst Zuflucht zu suchen, und wenn mich ein Gespräch nicht interessiert oder wenn mich jemand oder etwas beunruhigt, suche ich sofort Zuflucht in der geheimen Kammer meiner Seele.

Aber meine Augen verraten mich, und die Anstrengung, die ich unternehme, um in den Alltag zurückzukehren, verleiht mir den Ausdruck eines Flüchtigen – das ist eine große Eigenart von mir.

Die Farbe meiner Augen ist ein klares Braun, das die der Königin und des Königs, insbesondere aber die des Königs widerspiegelt. Wie er bin ich in der Lage, meine Stimme von Sanftheit in eine gewisse harte Brillanz zu verwandeln. Die goldenen Ähren sind nicht goldener als einst mein goldenes Haar; heute ist es silbern.

Ich spreche wie der König, wenn auch etwas langsamer als er, in den beiden Sprachen, die ich hauptsächlich verwende und die mir gleichermaßen vertraut sind: Französisch und Deutsch.

Wie er denke ich auf Französisch oder Deutsch, aber wenn ich schreibe, tue ich dies lieber auf Französisch.

so verliebt in Einfachheit und Wahrheit in Bezug auf alle Lebensumstände, dass ich denke, eine Frau sollte, wo auch immer sie sein mag, immer ihre Position als Frau beibehalten. Natürlich muss es in allem Abstufungen geben, und die Unterschiede zwischen Männern sind das Ergebnis ihrer Erziehung und der Regeln des gesellschaftlichen Lebens.

Obwohl mir falsche Höflichkeit und leeres Lob sowie die Methoden der Schlauen und die Behauptungen der Intriganten völlig gleichgültig sind, respektiere ich Verdienste, und wenn sie anerkannt und belohnt werden, schätze ich die Ehre , die ihnen zuteil wird.

Suchen wir nicht nach äußeren Ehren , sondern achten wir unsere eigene persönliche Ehre . Ich vergesse nicht und habe selbst in meinen schlimmsten Unglücksstunden nie vergessen, was ich meiner Geburt, meinen lieben Verstorbenen und den Ideen verdanke, die in mir geboren wurden.

Ich liebe die Kunst und habe wie die Königin eine Vorliebe für Musik. Ich habe auch ihre Liebe zu Pferden geerbt. Sport scheint mir im Vergleich zum Interesse an der Reitkunst in all ihren Varianten zweitrangig zu sein.

In Paris war ich immer im Bois zu sehen, in Wien war ich Stammgast *im* Prater. Noch heute bereitet es mir großes Vergnügen, Kutschen zu erkennen, die Kutschen sind, und Reiter, die Reiter sind; beide sind seltener, als man denkt.

Ich bin eine große Leseratte und mache mir Notizen über meine Eindrücke. Ich lese mit Vergnügen alle lesenswerten Zeitungen und alle Kritiken, die mich zum Nachdenken anregen.

Die Politik hat mich nie gelangweilt, doch heute versetzt sie mich in Erstaunen und zerreißt mir das Herz. Die furchtbaren Erschütterungen in

Europa, die weltweiten Probleme erfüllen mich mit Sorge im Hinblick auf die Zukunft.

Obwohl sie jedem Übermaß monarchischer Macht feindlich gegenüberstehen, das ihre Günstlinge zur Verderbtheit anstachelt, glaube ich dennoch, dass es den Demokraten schwerfallen wird, die Dinge so zu führen und zu regieren, dass das Gemeinwohl im Vordergrund steht. Die Etikette der Macht, der Name Präsident, Konsul, Kaiser oder König bedeutet nur eines, und außerdem wird das Prinzip der Autorität immer durch den Einfluss der Frau bestimmt.

Dieser Einfluss, der in der Weltgeschichte der größte ist, ist in Demokratien nur dann von größter Bedeutung, wenn er sich im Geheimen auswirkt, und er ist im Allgemeinen unglücklich. In Monarchien ist er für die Entwicklung der Aristokratie von Vorteil, außer im klassischen Fall eines betrunkenen oder perversen Günstlings , der durch sinnliche Besessenheit des Fürsten auch dessen Autorität an sich reißt.

In manchen Fällen ist es nicht ratsam, Menschen zum Glück zu führen. Die Menschen unserer Epoche scheinen weit davon entfernt zu sein, es durch Hass, Unwissenheit und Verwirrung zu erreichen, was durch den Ruin des antiken Europa nur noch verschlimmert werden kann.

Was Bücher betrifft, lese ich mehr wieder als ich selbst lese. Aber alles Neue, worüber ich höre, zieht mich an – und ich bin dabei, nebenbei bemerkt, oft enttäuscht. Ich habe Bücher über den Krieg gelesen; ich bemitleide die Männer, die sich gegenseitig die Kehle durchschneiden – aber ich wünschte, sie würden aufhören, über dieses barbarische Thema zu schreiben.

Goethe ist mein Lieblingsautor ; er ist der Freund und Gefährte, den ich zu allen Zeiten liebe. Ich kenne die großen französischen Autoren, aber keiner von ihnen erreicht meiner Meinung nach die geistige Gelassenheit Goethes oder gibt mir so viel Seelenfrieden.

Ich habe eine Vorliebe für die Werke von Chateaubriand, die aus meiner Jugend stammt. Der Charakter von René wird immer die Herzen der Frauen ansprechen.

Was moderne Bücher betrifft... Aber wenn man von Literaten und Künstlern spricht, muss man immer die Lebenden ausschließen, deshalb werde ich nichts über moderne Autoren sagen. Ich möchte nur sagen, dass von allen Theaterstücken (Shakespeare, wie Gott im Himmel, allein ausgenommen) das französische Repertoire meiner Meinung nach das vielfältigste und interessanteste ist, und da ich Gelegenheit hatte, Stücke in den wichtigsten europäischen Sprachen zu hören, glaube ich, dass ich in der Lage bin, dies zu beurteilen. Ich spreche jetzt vom dramatischen Theater. Die Werke und Aufführungen des lyrischen Theaters erscheinen im Allgemeinen bemerkenswerter, und die Ensembles sind in Deutschland und Österreich und sogar in Italien gewissenhafter als in Frankreich.

Außerhalb von Paris und Monte Carlo ist es selbst in den reizendsten Ländern schwierig, das zu finden, was alle unwichtigen deutschen Städte besitzen: ein gemütliches Theater, gute Musik, gute Sänger.

Wie seltsam sind doch die unterschiedlichen Temperamente: der eine ist musikalischer, der andere gelehrter, der andere philosophischer, der andere phantasievoller. Es scheint, als hätte die Vorsehung, indem sie die Rassen- und Charaktervielfalt schuf, den Menschen die Notwendigkeit einflößen wollen , ihre unterschiedlichen Talente zu vereinen, um in dieser Welt glücklich zu sein. Doch die Vorsehung hat die Menschen zwar mit Genie ausgestattet, aber versäumt, sie weniger dumm und weniger böse zu machen.

KAPITEL II I
Die Königin

Die Königin war die Tochter von Joseph Antoine Jean, Prinz von Ungarn und Böhmen, Erzherzog von Österreich (dem letzten Palatin , der von den Ungarn sehr verehrt wurde), und seiner dritten Frau Marie Dorothée . Guillemine Caroline, Prinzessin von Württemberg .

Marie Henriette von Österreich war mit Prinz Leopold, Herzog von Brabant, dem belgischen Thronfolger, verlobt und heiratete ihn am 10. August 1853 in Schönbrunn durch einen Stellvertreter. Dem *Almanach de Gotha* zufolge heiratete sie ihn am 22. desselben Monats in Brüssel persönlich.

Durch diese Heirat wurde das belgische Königshaus, das bereits mit den Häusern Frankreichs, Spaniens, Englands und Preußens verbunden war, mit den regierenden Familien Österreich-Ungarns, Bayerns, Württembergs usw. verbündet.

Die junge Königin war die Tochter einer guten und einfachen Mutter, die selbst ein Vorbild an Tugend war. Ihre Brüder waren Erzherzog Joseph, ein tapferer Soldat, der in Sadowa drei Pferde getötet hatte , und Erzherzog Stephan, das Idol meiner Kindheit, der vom Wiener Hof verbannt wurde, weil er zu beliebt war. Er beendete seine Tage im Exil auf Schloss Schaumburg in Deutschland.

Nach dem Tod meines Großvaters König Leopold I. am 10. November 1865 bestiegen König Leopold II. und Königin Henrietta den Thron.

Ich sehe die Königin noch immer so vor mir, wie ich sie sah, als ich als Kind in ihren Armen lag. So lange hält meine Verehrung für sie an, so lange bleibt mein Glaube an eine andere Welt ihrer Erinnerung heilig.

Die Königin war mittelgroß und schlank gebaut. Ihre Schönheit und Anmut waren unvergleichlich. Die Reinheit ihrer Linien und ihrer Schultern verdiente den Ausdruck „königlich". Ihre geschmeidige Haltung war die einer Sportlerin. Ihre Stimme war von so reinem Timbre, dass sie in der Seele Echos weckte. Ihre Augen, von einem dunkleren Braun als die des Königs, leuchteten nicht so scharf, aber sie waren viel zarter; sie sprachen fast.

Doch wie viel weniger zählten ihre körperlichen Vollkommenheiten im Vergleich zu ihren moralischen Qualitäten. Als wahre Christin bestand ihre Vorstellung von Religion darin, sie bis ins kleinste Detail streng zu befolgen, ohne im Geringsten engstirnig zu sein. Sie hatte eine philosophische und sichere Vorstellung von Gott und den Mysterien des Unendlichen. Dieser Glaube erhellte ihre Lehre und stärkte ihre Frömmigkeit.

Menschen, die sich nicht mit dem Problem der Religion befassen können oder wollen, reden sich leicht ein, dass es absurd sei, sich den Gesetzen der Beichte und ihren Zeichen und Zeremonien zu unterwerfen. Die aufrichtige Christin ist die Frau, die *in erster Linie* Ehefrau und Mutter ist, für manche Fanatiker jedoch nur ein minderwertiges Wesen, das in die Hände der Priester gefallen ist – aber sie wären zweifellos trotzdem sehr erfreut, sie als Schutzengel ihres eigenen Heims zu haben.

Die Religion hielt die Königin nicht im Geringsten von ihren Verpflichtungen gegenüber dem Staat ab, von ihrer Leidenschaft für die Kunst oder davon, ihrem Lieblingssport nachzugehen .

Sie empfing ihre Gäste, sie leitete ihren Kreis, sie besuchte Feste mit einem ihr eigenen natürlichen Charme, den ich leidenschaftlich bewunderte, seit ich alt genug war, in ihre Fußstapfen zu treten.

Die Königin kleidete sich mit einer angeborenen Kunst, die immer im Einklang mit ihrer Umgebung stand. Eine Frau in ihrer Position muss sich bemühen, den Menschen zu gefallen und ihre Herzen zu gewinnen, und deshalb ist sie mehr als jeder andere verpflichtet, auf ihre Toilette zu achten. Die Königin war darin so perfekt, dass sie von den Schiedsrichtern der Pariser Mode immer als Vorbild angesehen wurde.

Mode ist zu jeder Zeit eigenartig, oder zumindest scheint es so zu sein; wenn es nicht so wäre, gäbe es keine Mode; aber *la mode* ist nicht so vielfältig, wie man denkt. Als Neuheiten betrachtet, sind ihre Innovationen nichts weiter als kleine Entdeckungen und Zusammenstellungen, mit denen die Schlange, wenn nicht Eva, bereits im Garten Eden vertraut war.

Die Königin folgte *der Mode,* ohne neue Moden einzuführen – das ist die Sache anderer Königinnen – Königinnen der Mode, für die sie Gründe haben, die ihnen nicht von der Vernunft diktiert werden. Aber die Königin übernahm und perfektionierte Moden. Es war wunderbar zu sehen, wie sie die märchenhafte Spitze trug, die der Ruhm und Charme Belgiens ist. Ich habe mich immer an eines ihrer Kleider erinnert, eine gewisse kirschrote Seide , die Mieder mit einem Chantilly-Fichu drapiert – eines der schönsten Dinge, die ich je in meinem Leben gesehen habe.

Die Königin schmückte die Kleider, die sie bei ihren Empfängen trug, oft mit Girlanden aus frischen Blumen. Sie wusste, wie man sie trägt, und was für eine Freude war es für meine Schwestern und mich, als wir in die Gewächshäuser gehen und die Girlanden aus Rosen, Dahlien oder Astern vorbereiten sollten, die unsere geliebte Herrscherin tragen würde.

Als perfekte Musikerin beherrschte die Königin die Interpretation einer *Czarda* , einer italienischen Melodie oder einer Arie aus einer Oper gleichermaßen brillant, wobei sie diese mit einer Sopranstimme interpretierte, um die sie so mancher professionelle Sänger beneidet hätte.

Eines ihrer größten Vergnügen war es, Duette mit Faure zu singen, dem berühmten Bariton, einem wohlerzogenen Künstler, der sich nie über seine Stellung lustig machte. Die Königin und Faure waren wunderbar in den berühmten Duetten aus *Hamlet* und *Rigoletto* ... Ich denke noch heute voller Emotionen an ihren Gesang zurück . Aber das alles gehört der Vergangenheit an; es ist weit weg.

Die Königin empfing die beste Künstlergesellschaft auf gleicher Augenhöhe wie die beste belgische Gesellschaft bei ihren Privatempfängen. Sie verfolgte aufmerksam alles, was im Théâtre de la Monnaie und im Théâtre du Parc vor sich ging . Sie interessierte sich für verdienstvolle Talente. Sie kannte die Sorgen und Schwierigkeiten einer Karriere, von der man sozusagen vier Stunden im Reich der Illusion und die restlichen zwanzig von Angesicht zu Angesicht mit der Realität verbrachte. Sie zeigte ihre Fürsorge für die Künstler häufig auf die feinfühligste und angebrachteste Weise. Die Erinnerung an ihre Güte lebt in vielen Herzen weiter. In der Welt des Theaters ist Dankbarkeit weniger selten als anderswo. Man kann nie genug loben das Gute, das in den Seelen dieser Menschen steckt, die nach außen hin so frivol und gelassen erscheinen. Corneille hatte immer ein gutes Wort für sie übrig.

Die Königin liebte Pferde mit der Wertschätzung einer geborenen Reiterin; sie liebte es, temperamentvolle Tiere zu lenken, und ich habe ihren Geschmack geerbt. Sie wusste, wie man die wilden ungarischen Pferde kontrolliert, die nur bei ihr sicher waren. Erfrischt mit Champagner oder in Rotwein getauchtem Brot flogen sie wie der Wind; man hätte sagen können, dass sie sie an einem seidenen Faden führte, aber in Wirklichkeit machte sie sie dem Klang ihrer Stimme gehorsam.

Sie pflegte ihre Pferde selbst und brachte ihnen wunderbare Zirkustricks bei. Ich habe gesehen, wie eines von ihnen die große Treppe von Laeken hinaufstieg , das Zimmer der Königin betrat und wieder herunterkam, als wäre nichts geschehen. Am meisten Spaß machte es ihr, zwei oder vier verschiedene Tiere gleichzeitig zu lenken, die noch nie angeschirrt worden waren und so übermütig waren, dass niemand es wagte, sie zu lenken. Durch Geduld und den magnetischen Charme ihrer Stimme wurde das unruhigste Tier schließlich gefügig.

Ihr Leben war so geordnet, dass sie für alles Zeit fand. Die mütterlichen Sorgen standen bei ihr an erster Stelle; sie betrachtete diese als süße Pflichten, und ich war ihre erste Bürde.

Ich war ein Jahr alt, als mein Bruder Leopold geboren wurde, der leider nur wenige Jahre lebte. Ich war sechs Jahre alt, als meine Schwester Stéphanie geboren wurde, und als Clémentine zur Welt kam, war ich bereits zwölf Jahre alt. Ich war also das älteste Vögelchen im Nest der Königin – die große Schwester, die gelehrt wurde, ihrer Mutter auf den Stufen des Throns ebenso gut zu helfen wie in der Hütte. Von mir wurde erwartet, dass ich den Brüdern und Schwestern, die nach mir kommen könnten, ein gutes Beispiel sei; von mir wurde erwartet, dass ich am meisten von der Erziehung meiner Mutter profitiere. Ich hatte sicherlich den Vorrang, war aber nicht die Favoritin , obwohl ich aufgrund meines Alters in gewisser Weise die Privilegierteste war.

Unsere Mutter erzog uns nach englischer Art; unsere Zimmer ähnelten eher denen in einem Kloster als den Zimmern der Prinzessinnen, von denen man in den Romanen von M. Bourget liest .

Als ich nicht mehr Tag und Nacht unter der Aufsicht einer Gouvernante oder Krankenschwester stand, wurde von mir erwartet, dass ich für mich selbst sorgte, und wenn ich morgens aus dem Bett stieg, musste ich vor der Tür den Krug mit kaltem Wasser holen, der (zu jeder Jahreszeit) für meine Waschungen vorgesehen war, denn weder im Palast in Brüssel noch im Schloss von Laeken war der „letzte Schrei" in Sachen Komfort vollkommen.

Die Königin lehrte mich von frühester Jugend an, wie man mit Dienstboten umgeht; ich lernte von ihr schon sehr früh, dass man an einem Tag auf dem Thron sitzt und am nächsten Tag auf der Straße steht. Wie viele meiner Verwandten oder Freunde können dem heute widersprechen? Aber damals hätte die kalte Argumentation meiner Mutter die Gerichte und Kanzler angewidert.

KÖNIGIN MARIE HENRIETTE VON BELGIEN

Meine Mutter brachte mich zum Nachdenken. Das Denken war für mich die erste Offenbarung einer wirklichen Existenz. Ich begann, über den Thron und einen Titel hinaus nach moralischer und intellektueller Überlegenheit zu blicken. Ich entwickelte eine ausgeprägte Persönlichkeit. Ich wollte meine eigenen Ideen entwickeln, damit ich im späteren Leben immer ich selbst sein konnte.

Die Königin formte meinen Charakter, indem sie mir viel vorlas, vor allem auf Französisch und Englisch – hauptsächlich Memoiren. Ich durfte nie oder nur sehr selten einen Roman lesen. Die Königin las mit Wonne vor und maß jeder noch so kleinen Phrase ihren vollen Wert bei. Die Art, wie sie vorlas, war nicht nur die einer Frau, die lesen konnte , sondern sie zeugte auch von einer durchdringenden Intelligenz – es war tatsächlich mehr wie Sprechen als wie Lesen und es schien aus einem Herzen zu kommen, das alles verstand.

Ihren engen Freunden gegenüber war die Königin fröhlich und bezaubernd charmant. So war sie immer, bei ihren Ausflügen aufs Land, bei Krocket-Partys, bei ihren eigenen Empfängen und in ihrer Loge im Theater. Ihre gute Laune entsprach den Eingebungen einer großzügigen und freizügigen Natur.

An meinem Geburtstag, dem 25. August 1894, den ich mit ihr in Spa feierte, wollte sie den glückverheißenden Anlass mit einem improvisierten kleinen Tanz nach *dem Frühstück feiern* , das sie nicht in ihrer Villa, sondern in einem für sie reservierten Zimmer in einem Hotel serviert hatte, um *das Frühstück zu einer angenehmeren und häuslicheren Angelegenheit zu machen. Ich und meine Schwestern,* Stéphanies Tochter und meine eigene waren anwesend , und wir alle trugen unsere schicksten Kleider.

Die Königin bestand darauf, dass Clémentine , eine versierte Musikerin, Klavier spielte. Sie ließ nach Gerard schicken, ihrem *Maître d'hôtel* , der uns begleitet hatte, um den Service zu überwachen (er war einer jener Diener, die an ihre Pflicht gegenüber ihrem Arbeitgeber glaubten und die Bedeutung des Namens Diener kannten). Die Königin sagte zu ihm:

„Gerard, zu Ehren des Geburtstags der Prinzessin wirst du mit uns Walzer tanzen."

„Oh, Eure Majestät!"

„Ja, ja, du wirst einmal mit mir Walzer tanzen und einmal mit der Prinzessin."

„Oh, Eure Majestät!"

„Was? Du kannst nicht Walzer tanzen?"

„Ja, Eure Majestät, ein wenig."

„ *Eh bien* , Gérard, Walzer! Und jetzt, Clémentine , spiel einen Walzer."

Der treue Gerard konnte nur gehorchen, errötete und scheute sich und wagte kaum, seine königliche Partnerin anzusehen. Die Königin sagte dann lachend:

„Hab keine Angst, Gerard, ich bin keine Sylphide ."

Dann tanzte Gerard mit meiner Mutter und auch mit mir Walzer, und er tanzte gut!

Am nächsten Tag war er wieder einmal ein Musterdiener – ein Diener, der von seinen Herren geliebt und geschätzt wird und den sie im Gegenzug lieben und schätzen, wenn diejenigen, denen sie dienen, nur wissen, wie sie ihre Hingabe verdienen können.

Die Königin beteiligte sich nicht an der Politik, außer um ihre Pflichten als Herrscherin zu erfüllen. Auf einen Mann wie den König konnte eine Ehefrau und Mutter keinen weiblichen Einfluss ausüben.

Der Königin war es unmöglich, in ihrem Mann die vollkommene Einheit der Gedanken, die Vertrautheit der Taten und das absolute Vertrauen zu finden, die, in welchem Haushalt auch immer, die einzig möglichen Voraussetzungen für Glück sind, und auf die erste Täuschung, die sie erlebte, folgten weitere, die immer grausamer wurden.

Die Prüfung, die die Königin untröstlich machte und schmerzliche Folgen hatte, war der Tod ihres Sohnes Leopold.

Meine Mutter konnte sich nie über den Verlust des Thronfolgers trösten, dieses vielversprechenden Kindes, das ihr vom Himmel geschenkt und wieder abgenommen worden war. Dies war der Kummer ihres Lebens. Sie erwähnte ihn sogar in ihrem bewundernswerten Testament.

Vom Tag seines Todes an verschlechterte sich ihre Gesundheit, die immer so robust war, allmählich. Ihre Seele begann sich von irdischen Dingen zu lösen und sich immer mehr in Gebet und Kontemplation zu verlieren. Sie lebte nur noch in der brennenden Hoffnung, ihren Sohn im Himmel zu treffen.

Die Königin war immer eine Heilige – und wurde bald zur Märtyrerin. Sie litt ungemein unter der distanzierten Größe des Königs, der nur für seine königlichen Pflichten existierte, obwohl er sich nach seiner mühsamen Arbeit gelegentlich plötzlich einem ungezügelten Vergnügen hingab. Sein Wesen war von Extremen geprägt, die eine zarte Seele nicht verstehen konnte, und daher entstanden Missverständnisse und ihre tragischen Folgen. Gegen ein solches Schicksal, das nur immer unglücklicher werden konnte, war nichts zu tun. Das irdische Leben ist dazu verdammt, unerbittliche Enttäuschungen zu erfahren.

Doch wie sehr die Königin auch litt, ihre himmlische Güte ließ nie nach. Manchmal gab sie ihrem Kummer nach und ließ die Schreie ihrer verletzten Seele hören! Sie versuchte sogar, sich durch eine Handlung zu verteidigen, die die Öffentlichkeit zwar wahrnahm, aber nicht verstand. Doch sie kehrte immer zu den Füßen Christi, des Trösters, zurück.

Dort werde ich sie finden und dort werde ich dieser erhabenen Mutter meine Verehrung und Liebe darbringen, die in mir die Leidenschaft eingeflößt hat, meine Pflichten zu erfüllen, wie ich sie definiere.

Meine Vorstellung von Pflicht mir selbst gegenüber besteht erstens in einer rechtmäßigen und vollständigen Handlungsfreiheit, das heißt in der Freiheit des Körpers und der Seele. Daraus ergibt sich die Suche nach Gott hier auf Erden und der Aufstieg zu Ihm durch menschliche Irrtümer und menschliche Schwächen hindurch.

Oh, geliebte Mutter, ich bin durchs Leben gegangen, ohne die Geheimnisse , die uns umgeben, im Geringsten zu verstehen, doch deinem einfachen Glauben folgend, glaubte ich an die Gegenwart eines Schöpfers und glaube dies *auch jetzt noch* .

KAPITEL I V
Der König

Mein Vater war nicht nur ein großer König – er war ein großer Mann.

Ein König kann Größe erreichen, indem er die Kunst beherrscht, sich mit dem richtigen Gefolge zu umgeben und so die Bedeutung auszunutzen, die er dann so leicht erlangen kann. Er muss überlegen sein, zumindest im Herzen, um einen Sinn für Überlegenheit zu haben.

Als Leopold II. an die Macht kam, hatte er nicht das Ziel, jene wunderbaren Intellektuellen um sich zu scharen, die ihn zu Größe inspiriert hätten. Er hatte nicht dieselben Chancen wie Ludwig XIV., noch hatte er jene Männer, die sein eigenes Beispiel später hervorbrachte. Belgien war noch ein junger Staat, dessen Regierung sehr sorgfältig und exklusiv geführt werden musste. Es war aus Zwillingsländern entstanden, die zwar sehr unterschiedlichen Charakters waren, aber durch dieselben Gesetze vereint waren. Seine nationale Politik ist wie ein Netz, dessen Aufgabe es ist, sie zusammenzuhalten, aber eine solche Verfassungsform ist nicht ohne Nachteile.

Der König war lange Zeit insgeheim davon überzeugt, dass Belgien, um bestehen und sich stärken zu können, dringend eines großen Plans bedurfte, der Anstrengung und Intelligenz in dem Land vereinen und ihm ermöglichen würde, einen der höchsten Plätze unter den Nationen der Welt einzunehmen.

Er hatte die Weltkarte sorgfältig studiert und seine Beobachtungen führten zu dem unerhörten Projekt, sein kleines Königreich mit riesigen Kolonialbesitztümern auszustatten. Er hatte damals weder das Geld noch die Armee; er hatte nur die Idee, aber die Idee ließ ihn nicht mehr los und er lebte nur für sie.

Der Mann, der mir in den Sinn kommt, wenn ich an den König denke, ist einer, dessen Schweigen mich als Kind immer erschreckte. Hier ist ein Beispiel seines schweigsamen Charakters.

Die Königin sitzt da und hält ein Buch in der Hand, das sie nicht mehr liest. Sie drückt mich an ihr Herz, während ihre Augen dem König folgen. Die Türen des Salons, die zu den anderen Räumen führen, sind offen, und der Souverän geht auf und ab, die Hände auf dem Rücken, fast wie ein Automat, ohne uns anzusehen und ohne seinen endlosen Gedankengang zu unterbrechen. Stille liegt über dem Palast; niemand wagt es einzutreten, denn der König hat den Zugang zu den königlichen Gemächern verboten. Die Königin und ich sind unfreiwillige Gefangene dieses Gefangenen seiner eigenen Gedanken.

Der König war eine schöne und starke Gestalt. Seine imposante Persönlichkeit und seine charakteristische Physiognomie sind sogar der neuen Generation vertraut, die nur die populären Bilder von ihm gesehen hat ; aber Fotografien konnten seinem Ausdruck skeptischer Schlauheit nie gerecht werden. Seine Augen waren, wie ich bereits sagte, hellbraun; beim geringsten Widerstand nahmen sie einen starren Ausdruck an, und wenn er auf meine Schwestern und mich gerichtet war, wenn wir im Unrecht waren, erschreckte uns der Blick des Königs mehr als jeder Vorwurf oder jede Strafe.

Die Stimme des Königs war tief und etwas gedämpft , manchmal wurde sie nasal; wenn er wütend war, wurde sie, wie seine Augen, hart wie Stein, aber wenn er gefallen wollte, wurde sie weich und emotional. Die Leute sprechen noch heute von der Art und Weise, wie er seine Rede vom Thron nach dem Tod Leopolds I. hielt, und von seinen rührenden Eröffnungsworten: „Meine Herren, Belgien hat, wie ich, einen Vater verloren."

Wenn er gut gelaunt war, wurde er lebhaft, obwohl sein Humor , wenn er ihn gerne zeigte, immer bitter und satirisch war – und davon hatte er reichlich. Ich habe nie bestimmte seiner Meinungen über seine Minister und Zeitgenossen vergessen. Einige der noch Lebenden wären sehr geschmeichelt, sie zu kennen. Andere nicht!

Der König schenkte mir und meinen Schwestern wenig Aufmerksamkeit; seine väterlichen Liebkosungen waren selten und kurz. Seine Gegenwart erfüllte uns immer mit Ehrfurcht; für uns war er immer mehr König als Vater.

Was seine Haltung gegenüber der Königin angeht, so habe ich ihn, soweit ich zurückdenken kann, in seinen Beziehungen zu ihr stets als den gleichen egozentrischen und schweigsamen Mann wahrgenommen.

Er war ständig außer Haus, sodass wir Kleinen selten mit unseren Eltern zusammen waren. Ich allein, aufgrund meines Alters und des Vorsprungs, den es mir gegenüber meinen Schwestern verschaffte, genoss ein wenig Familienleben mit meinem Vater und meiner Mutter, bevor die Differenzen zwischen ihnen auftraten. Aber ich kann mich an keine einzige freundliche oder zärtliche Tat seinerseits gegenüber meiner Mutter erinnern, die mir in meiner Jugend besonders aufgefallen wäre.

Ich weiß nur, dass der König, der wie meine Mutter Blumen liebte, zu einer bestimmten Zeit, als ich etwa elf Jahre alt war, ihr jede Woche Blumen brachte, die er selbst im königlichen Garten gepflückt hatte. Er kam in das Zimmer meiner Mutter, beladen mit seiner duftenden Ernte, und sagte plötzlich zu ihr: „Hier bist du, meine gute Frau."

Stéphanie und ich begannen sofort damit, die Vasen neu zu füllen – ich besonders, denn die Königin hatte mir beigebracht, Blumen zu lieben und

zu arrangieren, diese diskreten Begleiter unserer Gedanken, die Duft, Farbe
, Zärtlichkeiten und Ruhe ins Haus bringen und wahrlich die Quintessenz
von Erde und Himmel sind!

Eines Tages schenkte mir mein Vater in Laeken eine Gardenie. Ich war völlig
verblüfft. Ich war damals etwa dreizehn Jahre alt. Lange hoffte ich auf eine
Wiederholung dieser väterlichen Güte, aber vergebens!

Dieser geniale Prinz, dessen politische Vorstellungen und
Verhandlungsführung Belgien nützten, wenn nicht die Bewunderung
derjenigen, denen sie von Nutzen waren, so doch zumindest die der
hochintelligenten Persönlichkeiten anderer Länder erwarben, war in kleinen
Dingen außerordentlich gewissenhaft. Er hielt mit äußerster Hartnäckigkeit
an seinen Ideen und seinen persönlichen Belangen fest. Ich habe gesehen,
wie er die Verwaltung der Gärten in Laeken mit größter Aufmerksamkeit für
jedes Detail überwachte.

Große, saftige Pfirsiche wuchsen an den Gartenmauern, und der König war
sehr stolz auf sie. Ich hatte eine Leidenschaft für Pfirsiche, und eines Tages
wagte ich es, einen zu essen, der zwischen den Blättern versteckt war. Und
in diesem Jahr gab es Pfirsiche im Überfluss. Aber am nächsten Tag
entdeckte der König den Diebstahl – was für ein dramatischer Moment! Da
ich sofort verdächtigt wurde, gestand ich mein Verbrechen und wurde
umgehend bestraft. Ich wusste nicht, dass der König seine Pfirsiche zählte!

Dieser große Realist hatte einen realistischen Verstand und der Materialismus
führte ihn zum Idealismus. Ich will mir nicht einen Moment lang erlauben
anzunehmen, dass er nicht an Gott glaubte, aber sicherlich hatte er eine
andere Vorstellung vom Schöpfer als die Königin. Sie litt sehr unter dieser
Haltung ihres Mannes, aber er beharrte auf seiner Denkweise.

Sonntags besuchte er die Messe. Er hielt dies für ein Beispiel, das er dem Hof
und dem Volk schuldete. Manchmal begleitete er die Königin zum
Gottesdienst und nahm dabei „Squib" mit, einen winzigen Terrier, den die
Königin sehr mochte und von dem der König immer sprach, als würde man
von einer Person sprechen. Er nannte ihn „Der Squib".

Es war ein Anblick, den großen Mann mit dem kleinen Hund unter dem Arm
zu sehen – das kleine Tier war zu verängstigt, um sich zu bewegen. So hörten
sie beide, einer den anderen stützend, neben der Königin sitzend der Messe
zu, die dies sicherlich nicht für eine sehr religiöse Prozedur hielt. Wenn die
Messe vorbei war, durchquerte der König, immer noch Squib tragend, die
Empfangsräume, bis er das Esszimmer erreichte, wo er den kleinen Hund
würdevoll auf dem Schoß der Königin absetzte.

Was die Politik des Königs anbelangt, kannte und verstand ich nur die, die
den Kongo betraf. Ich kannte die wechselnden Hoffnungen und Ängste, die

dem Urheber dieses gigantischen Unternehmens durch den Kopf gingen. Es war das einzige Gesprächsthema um mich herum, und es wurde immer mit angehaltenem Atem erwähnt; aber die Dinge, über die auf diese Weise gesprochen wird, sind, glaube ich, diejenigen, von denen man am meisten hört.

Ich weiß, dass das königliche Vermögen und das meiner Tante, der Kaiserin Charlotte, das vom König verwaltet wurde, einst – nicht ohne Risiko – für den Erwerb und die Organisation der Besitztümer eingesetzt wurden, die die Großmächte später mit Belgien stritten. Es waren sorgenvolle Tage für den König. Er manövrierte geschickt zwischen den Mächten. Die Geschichte kennt den Wert seiner Arbeit; sie erkennt, was für ein profunder Politiker er war. Das offizielle Belgien erinnert sich nicht, aber das Volk hat nie vergessen. Ich habe Vertrauen in die Seele Belgiens, jenes Belgiens, das in den Jahren 1914-1918 seine Größe bewiesen hat. König Leopold II. wird eines Tages die Anerkennung erhalten, die er verdient, in dem Land, das er bereichert hat und das er immer gegen die Gefahren des Krieges wappnen wollte.

Die persönlichen Verfehlungen des Mannes schadeten nur ihm selbst und seiner Familie; sein Volk hat nie darunter gelitten. Es hat sogar von dem immensen Reichtum profitiert, den der König seinem Land zuteil werden ließ, ohne Rücksicht auf die Gerechtigkeit, den Anteil zu behalten, der seinen Töchtern gehörte, die er aus der belgischen Familie ausgeschlossen hatte.

Foto: Numa Blanc
KÖNIG LEOPOLD II VON BELGIEN

Hier berühren wir eine Seite des Charakters des Königs, die von Psychologen als unnatürlich angesehen wird und die der Gesetzgebung ähnelt, deren sich die belgische Regierung in ähnlichen Situationen bediente, einer Gesetzgebung, die den moralischen Gesetzen der Gerechtigkeit und Billigkeit zuwiderläuft.

Belgiens Entschuldigung – falls es für diese Rechtswidrigkeit überhaupt eine Entschuldigung geben kann – bestand darin, dass der König selbst seine Rechte überschritten hatte.

Ich habe unter der Unterschrift eines Journalisten gelesen, dass der König schon vor seiner Heirat erklärt hat, er würde niemals Zuwendungen aus der königlichen Kasse annehmen und seine Einkünfte, gleich aus welcher Quelle sie stammten, sollten nicht seinen Nachkommen zugute kommen.

Dies ist eine erstaunliche Geschichte und reine Erfindung. Ein König ist ein Mensch wie jeder andere Mensch; der Wert seiner Position beruht auf seinen Qualifikationen. Der König hätte sich entweder ruinieren oder bereichern können. Er war ein Genie, und aus diesem Grund konnten seine Töchter eines Vermögens beraubt werden – und wurden es tatsächlich –, das ihnen teilweise rechtmäßig zustand und das durch die enorme Kühnheit ihres Vaters für die Entwicklung eines Handelsunternehmens verwendet wurde!

Aber warum wollte der König seine Töchter enterben und sie seines immensen Reichtums berauben? Der Grund muss klar dargelegt werden.

Der König hatte schon lange gewünscht, dass unser Vermögen (das meiner Schwestern und meins) auf das Minimum reduziert werden sollte, das er uns zuteilen wollte, das heißt auf viel weniger, als wir brauchten. Denn nach dem Tod unseres Bruders Leopold sah er in uns nur Hindernisse für seine eigenen Ambitionen und die Tatsache, dass er keine männlichen Nachkommen hatte, quälte ihn.

Ich allein habe in den Jahren nach dem Tod seines Sohnes bemerkt, dass der König sich bei verschiedenen Gelegenheiten der Königin gegenüber anders verhielt; er war liebenswürdiger und hielt sich häufiger in ihrer Gesellschaft auf. Da ich inzwischen eine Frau bin, kann ich den wahren Grund dafür verstehen!

Clémentine kam auf die Welt; ihrer Geburt gingen viele vergebliche Hoffnungen voraus, doch als das ersehnte Kind kam, war es wieder ein Mädchen!

Der König war wütend und weigerte sich fortan, irgendetwas mit seiner bewundernswerten Frau zu tun zu haben, der Gott einen Sohn verwehrt hatte. Welch ein Mysterium menschlicher Qual!

Was die Töchter aus der königlichen Verbindung betraf, so wurden sie lediglich akzeptiert und geduldet, aber das Herz des Königs wurde ihnen gegenüber nie weicher. Gleichzeitig waren wir nicht völlig aus seinen Gedanken ausgeschlossen. Die Gefühle unseres Vaters uns gegenüber schwankten je nach den Umständen und, insbesondere in meinem eigenen Fall, je nach den verschiedenen Verleumdungen und Intrigen. Auch meine Schwester Stéphanie litt unter dieser Last.

Wir heirateten beide schon in jungen Jahren, und da wir weit entfernt lebten, hatten wir keine Gelegenheit, den König ständig zu sehen. Daher konnten wir natürlich nicht behaupten, ständig in seiner Erinnerung zu sein. Wir liefen daher Gefahr, leicht von den skrupellosen Kurtisanen verleumdet zu werden, die Einfluss auf den König hatten und von unseren Feinden bezahlt wurden.

Clémentine war in einer weitaus besseren Lage. Sie erfuhr all die Zärtlichkeit, die der König seinem einzigen Kind, das bei ihm blieb, zukommen ließ. Sie überschüttete ihn mit der Zuneigung einer Tochter und hielt zudem die Traditionen des Königshauses aufrecht, eine Pflicht, die in Abwesenheit der Königin nur die Tochter einer solchen Mutter erfüllen konnte.

KAPITEL V
Mein Land und die Tage meiner Jugend

Seit meiner Heirat sind mehr als 45 Jahre vergangen, seit mich das Schicksal aus meinem Heimatland verbannt hat. Ich habe Belgien nie wieder besucht, außer auf der Durchreise, und dann oft unter sehr schmerzlichen Umständen.

Nun gut! Ich werde die Augen schließen und in Gedanken zum Schloß von Laeken zurückkehren und zu einem bestimmten Pfad im Park; ebenso werde ich zu einem bestimmten Pfad im Wald von Soignies gehen ; dort gibt es Bäume, Steine und Dächer, die mir wie die vorkommen, die ich einst kannte.

Laeken wurde eine Eiche gepflanzt, um an die Geburt meines Bruders, meiner Schwestern und mir zu erinnern. Ich hatte diese Bäume, die uns so gewidmet waren, lange nicht gesehen, bis ich nach dem Tod des Königs zufällig für ein paar Tage in Belgien war. In Begleitung meines alten Freundes aus Kindertagen, des Lehrers meines Bruders, General Donny, machte ich einen Ausflug nach Laeken und sah mit bittersüßen Erinnerungen den kleinen Garten wieder, den mein Bruder und ich früher gepflegt und der in seinem ursprünglichen Zustand fromm erhalten worden war. War dies ein stummer Beweis für das Andenken des Königs oder die Treue einiger alter Diener? In meiner Trauer fragte ich mich nicht, wem der kleine Garten seine Erhaltung verdankte. Nur meine Tränen sprachen.

Als ich vor unseren „Geburtstags"-Eichen stand, sah ich nur drei!

Man sagte mir, dass durch einen außergewöhnlichen Zufall der Baum, der die Geburt meines Bruders markierte, wie er selbst in sehr jungem Alter gestorben war. Von den anderen war meiner stark und kräftig; Stéphanies hatte das Unglück, ein wenig krumm zu wachsen, aber der von Clémentine war ganz normal. Ich wage zu behaupten, dass die drei Eichen Symbole unseres Schicksals sind, soweit es unser inneres Leben betrifft, das von den Menschen ignoriert und missverstanden wurde, das aber wie die Natur weiterhin auf Gott vertraut. Diese drei Eichen und der vierte, der jetzt tot ist, haben mich seit dem Tag, an dem ich sie wiedersah, immer beunruhigt.

Was auch immer sie jetzt sein mögen, ich beneide sie! Sie sind gewachsen, sie haben gelebt, sie gedeihen noch immer auf dem Boden, der meinen Verstorbenen geweiht ist, mit Ausnahme einer, deren Abwesenheit so bedeutsam ist. Ich würde sie gerne wiedersehen und, wenn nicht in ihrer Nähe, so doch zumindest im Schatten anderer Eichen leben, die in meinem geliebten Land wachsen.

Könnte ich doch meine Tage dort beenden und meine geliebte Mutter und meine lebhafte Jugend in den Wäldern, auf dem Land oder in den Dörfern, durch die wir so oft zusammen kamen, wiederfinden. Sie war es, die mich die Geheimnisse der Natur lehrte, und so wurden mir das Leben der Natur und das Leben Belgiens, die Wunder des Universums und das Leben der Gesellschaft offenbart. Die Königin liebte und lehrte mich, unser heldenhaftes Land zu lieben, dessen Verteidigung seiner Freiheit in vergangenen Zeiten eine der ergreifendsten Episoden der Geschichte darstellt.

Und ich habe den sehnlichen Wunsch geerbt, dass mein Land niemals versklavt werden möge.

Ich weiß, dass die guten Leute von Belgien mir Vorwürfe gemacht haben, als wäre es meine Schuld, dass ich unser Land verlassen habe. Diejenigen, die mich in meiner Jugend kannten, haben geglaubt, ich sei in eine fremde und brillante Welt verpflanzt worden, in der ich mein Heimatland vergessen habe. Dann haben die Dramen und Skandale, in die ich auf der Hürde des Missverständnisses und der Verleumdung hineingezogen wurde, mich für einige in eine Sünderin verwandelt, für die es nicht genug Strafe war, ihr zu verbieten, ihre sterbende Mutter zu sehen, indem man sie als geistig gesunde Gefangene in einem Irrenhaus hielt. Eine solche Frau verdiente es, vom Erdboden getilgt zu werden!

Ach, arme, erbärmliche Menschheit, die selbst so voller Bösem ist, dass sie in anderen nichts als Böses sieht. Was war mein Verbrechen?

Ich wollte und konnte nicht unter dem Dach der Ehe leben. Ich ertrug mein Leben, opferte mich, so lange ich konnte, weil ich wusste, dass ich meinen Kindern gegenüber eine Pflicht hatte, aber nachdem sie erwachsen waren, wurde mein Leben von Tag zu Tag schrecklicher. Mein Verbrechen bestand darin, auf einen einzigartigen Mann zu hören, den idealen Ritter, der mich davor bewahrte, Fehler zu begehen, die ich zu vergessen beschloss, und es so zu machen, wie es viele andere getan haben.

In meinem Palast oder anderswo hätte ich die Heldin diskreter und vielfältiger Abenteuer sein können. Dieses Verhalten hätte dem Kodex der hohen Schicklichkeit entsprochen, und Gott weiß, dass es dazu reichlich Gelegenheiten gab. Aber ich war keine Heuchlerin, und sehr bald sah ich mich mit Heuchlern konfrontiert – mit unzähligen Legionen von ihnen. Ich war auch die Empfängerin ihrer irritierenden und betrügerischen Vertraulichkeiten.

So verrichtete die Verleumdung ihr abscheuliches Werk. Eine unerbittliche Verfolgung, die sich hinter der geheuchelten Empörung einer falschen Moral verbarg, begann mich zu bedrängen.

Eine der grausamsten Taten war für mich der gewalttätige Angriff meiner Kritiker auf den König und die Königin sowie auf die öffentliche Meinung in Belgien.

Konnte so etwas möglich sein? Ich wurde aus meinem Land verbannt, eingesperrt und als verrückt gebrandmarkt, denn alle waren fest entschlossen, dass ich es auch werden sollte.

Dir, meiner Mutter, Märtyrerin und Heiligen, und einer erhabenen moralischen Kraft verdanke ich meinen Widerstand. Du hast mich für den Kampf gewappnet, indem du mich nie die wesentlichen Pflichten des Lebens vergessen ließest, die du mich gelehrt hattest. Ich bin ihnen treu geblieben. Aber ich habe schrecklich gelitten seit dem Tag, an dem selbst du meine Rebellion nicht verstehen konntest. Ich wurde von der Welt unterdrückt. Geschickt ausgenutzt, war alles gegen mich. Meine Feinde sagten dir: „Sie ist verloren; sie ist verrückt; die Ärzte haben es gesagt."

Welche Ärzte, *mon Dieu* ? Die Wahrheit über diese Ärzte kam später ans Licht.

Ach, manche Leute beneiden Prinzessinnen. Sie sollten sie eher bemitleiden. Ich kenne eine, für die es auf dieser Welt keine Gerechtigkeit gab. Ihr wurden gewöhnliche Rechte verweigert. Das Gesetz der Welt war für sie kein Gesetz, außer wenn es gegen sie verwendet werden konnte.

Ja, ich war Opfer einer abscheulichen Verschwörung von solch unvorstellbarer Grausamkeit. Als ich trotz meiner Verfolger erfuhr, dass meine Mutter in Spa im Sterben lag, durfte ich nicht in mein geliebtes Belgien zurückkehren. Ich konnte ihren letzten Segen nicht empfangen, ich durfte nicht einmal ihrem Sarg folgen ... bis zur Gruft!

Wenn ich in meiner Anstalt nicht verrückt wurde, dann deshalb, weil ich nicht dazu bestimmt war; ich konnte nicht verrückt werden. Aber ich zittere immer noch, wenn ich daran denke.

Später, als der König im Sterben lag, erlangte ich meine Freiheit zurück. Und diese wurde mir durch meinen Freund ermöglicht – einen Freund ohnegleichen, der mich einst vor mir selbst gerettet hatte und mich nun aus dem Gefängnis und dem Wahnsinn rettete, nachdem er selbst den Schlägen des Hasses und der Verfolgung beinahe erlegen wäre.

Doch stellte meine Freiheit ein neues Verbrechen dar; meine Treue zu einem fleischgewordenen Ideal in aufrichtiger Hingabe stellte eine zusätzliche Sünde dar.

Als ich an der Beerdigung meines Vaters teilnahm, stand ich unter ständiger Beobachtung. Ich durfte nur in einem bestimmten Gebiet meines Heimatlandes bleiben. Die älteste Tochter des großen Königs, den Belgien gerade verloren hatte, wurde mit höflicher Förmlichkeit von einem Polizeibeamten in Hoftracht empfangen!

Ach nein! Ich beschuldige niemanden, nicht einmal die Diener, deren Höflichkeit ich einst kannte. Ich weiß, wie verlockend und nützlich es ist, Fürsten zu täuschen, und welche Macht in einem schlechten Rat liegt, wenn er mit einem Anflug von Hingabe gegeben wird. Ich erkläre nur, wie es dazu kam, dass ich nicht in meinem geliebten Land blieb.

Schließlich brach im Anschluss an die Debatten um das Erbe des Königs der schreckliche Krieg aus, und ich wurde sofort von der belgischen Nation noch entschiedener unterdrückt, weil ich zu meinen anderen Abscheulichkeiten noch die unverzeihliche Sünde hinzugefügt hatte, zu glauben, dass es in Belgien Gerechtigkeit gäbe.

Ich war Gefangene in München und konnte dort nichts tun. In Bayern wurde ich von Feindseligkeiten überrascht und wie eine belgische Prinzessin behandelt, das heißt, sehr schlecht, wie sich später zeigen wird.

In Brüssel wurde ich zur feindlichen Prinzessin und vom Tag des Waffenstillstands an galt ich in meinem Heimatland, für dessen Interessen ich im Alter von siebzehn Jahren geopfert worden war, als Ausländerin. Zudem sah ich mich des Erbes beraubt, das mir nach dem Tod meiner Tante, der Kaiserin Charlotte von Mexiko, zugefallen wäre.

Es ist jedoch eine Tatsache, dass meine Ehe mit dem Fürsten von Coburg 1907 durch die Entscheidung des Sondergerichts von Gotha, das nach dem „Fürstenrecht" urteilte, annulliert wurde und dass diese Annullierung dem Wiener Gericht übermittelt wurde. Die Scheidung wurde durch alle Einzelheiten des Gerichtsrechts und der alten österreichischen Gesetze ratifiziert. Der König gab mir offiziell meinen Titel als Prinzessin von Belgien zurück.

Das hatte nichts zu bedeuten, in Brüssel nahm man davon keine Notiz.

Tatsache ist, dass das ungarische Recht weder die „Fürstenrechte" noch das Gothaer Verfahren anerkennt; aufgrund der Besitztümer der Familie Coburg in Ungarn bin ich noch immer eine Prinzessin von Coburg.

Ich verliere mich in dem Netz, in dem ich mich verstrickt habe, doch der gesunde Menschenverstand sagt mir, dass das Verschwinden der österreichisch-ungarischen Monarchie und die Trennung Österreichs von Ungarn dem „gemischten Staat" und der Stellung des „gemischten Untertans", die der Fürst von Coburg innehatte, ein Ende bereitet hat.

Dieser „österreichische" Prinz, Herzog Philipp von Sachsen-Coburg und Gotha, ist durch seine Vorfahren deutsch-französischer und nicht ungarischer Herkunft. Die fürstliche Ehe wurde aufgehoben, die zivile Ehe aufgelöst, ich fühle mich erlöst und habe dank des guten Willens des Königs selbst meine belgische Staatsbürgerschaft wiedererlangt.

In Brüssel wollte man das ignorieren. Man hat mich als Ungar gebrandmarkt, weil der Fürst von Coburg Ländereien in Ungarn besitzt. Hätte man mich nicht ebenso gut als Türken oder Chinesen bezeichnen können, wenn er Ländereien in der Türkei oder in China besessen hätte?

Ich bezweifle das; ich erhebe keinerlei Vorwürfe, insbesondere nicht gegen das Prinzip der höheren Autorität, aus dem guten Grund, dass dies in einem Staat geschah, dessen König und Königin vor dem Eindringling zurückgewichen waren, um ihr Land (man weiß, mit welchem Mut und welcher Selbstverleugnung) vor der äußersten Grenze zu verteidigen, die ihnen ein siegreicher Feind hinterlassen hatte. Sie kehrten triumphierend zurück, erfüllt von der Freude des Sieges. Sie hatten nur Zeit, sich mit allgemeinen und bedeutsamen Fragen zu befassen. Ich möchte glauben, dass die Haltung, die ich mir gegenüber eingenommen habe, lediglich das Ergebnis eines Schicksals war, das wollte, dass ich ein Fremder in meinem eigenen Land werde.

Ich habe 1914 um dieses Land geweint, das mir so am Herzen liegt. Ich glaube, dass seine Fehler mir gegenüber sein Unglück noch vergrößert haben. Ich weiß, dass das Urteil aus Brüssel, mir meinen Anteil am Vermögen meines Vaters zu verweigern, in Berlin bittere Empörung hervorrief. Mein Schwiegersohn, der Herzog von Schleswig-Holstein, Schwager von Kaiser Wilhelm II., rechnete damit, das Erbe des Großvaters seiner Frau anzutreten. Ich kann nur sagen, dass der Zorn des deutschen Herrschers über den Widerstand Belgiens durch die Erinnerung an die Täuschung eines seiner Verwandten, mit dem er ziemlich streng umging, noch verstärkt wurde, und dies könnte ihn dazu bewogen haben, die kleine Nation zu vernichten, die es wagte, sich der Verletzung ihrer Neutralität zu widersetzen.

Dies trug jedoch nicht dazu bei, den gereizten Wilhelm II. zur Vernunft und Menschlichkeit zurückzuführen. Denn dieser erbärmliche Mann, den ich seit meiner Kindheit kenne, war von seiner Rolle als auserwählte Geißel Gottes und unbesiegbarer Verfechter der Gerechtigkeit auf dem Schlachtfeld absolut überzeugt.

* * * * *

Vergessen wir für einen Moment all dieses Elend und Leid und sprechen wir über die Zeit, als ich in meinem glücklichen Land glücklich war – die Tage, als ich mit der Königin auf Ausflüge ging und das Königreich meiner Eltern „entdeckte“.

Welche Freude, als ich fahren konnte wie meine Mutter! Ich war damals kaum vierzehn und ihr Schüler. Wir machten häufig Ausflüge durch unser geliebtes Belgien vom frühen Morgen bis zum späten Abend. Zwei oder drei der königlichen Kutschen folgten. Die erste wurde von der Königin gelenkt, die zweite von mir und die dritte von einem Offizier, einer der Hofdamen oder später von meiner Schwester Clémentine . Doktor Wiemmer , ein Landsmann und ergebener Freund der Königin, der sie an den belgischen Hof begleitete, fuhr oft mit uns, ebenso der gute General Donny und General Van den Smissin sowie bestimmte Ehrendamen und andere vertraute Mitglieder unseres Gefolges. Wir hielten an, wie es uns gefiel. Im Wald von Soignies , in der Umgebung von Spa und in den Ardennen konnte man oft sehen, wie die Königin auf einer entzückenden Lichtung im Gras saß und einen der berühmten *Pistolets aß* , für die Brüssel berühmt ist und die aus den königlichen Bäckereien kamen (was für köstliche Kuchen dort gebacken wurden! Ich kann sie sogar noch schmecken). Wie schön war Belgien damals und wie reine Luft erfrischte uns. Wie sehnsüchtig erwartete ich die Zukunft.

Auf diesen langen Ausflügen hatte die Königin eine Karte dabei und legte mit der Geschicklichkeit eines Stabsoffiziers die Reiseroute selbst fest; außerdem brachte sie meinen Schwestern und mir bei, wie wir uns orientieren sollten.

Zu dieser Zeit hatte das Automobil die Welt noch nicht erobert. Ich bin auf diese verblüffende Bemerkung eines Franzosen gestoßen: „Geschwindigkeit ist die Aristokratie der Bewegung." Man könnte genauso gut sagen: „Gedankenlosigkeit ist die Aristokratie des Denkens." Das Automobil ist zweifellos von gelegentlichem Nutzen für den Einzelnen, aber ich betrachte es als allgemeine Plage. Neben der Befriedigung, die es verschafft, bringt es die Existenz durcheinander, indem es sie beschleunigt.

Zu Zeiten, als Pferdefuhrwerke noch im Dauereinsatz waren, machte ein Tagesausflug für uns einen ganz anderen Eindruck als nach drei Wochen fieberhafter Autofahrt, wenn wir an verschiedenen Palästen Halt machen, zwischen endlosen Pappelreihen hindurchfahren, zwischendurch immer wieder flüchtige Visionen von Feldern, Häusern und Hühnerhöfen vor uns haben und die Angst quält, vom Wind zerzaust und vom Schlamm bespritzt zu werden.

Es ist fast ein halbes Jahrhundert her, dass das Pferd Schmuck und Trost der besten europäischen Gesellschaft war. Das Beispiel der Königin von Belgien hatte damals einiges zu sagen.

In Frankreich waren die mit unserer verwandte Familie Orleans und der Herzog und die Herzogin von Chartres nicht nur in Cannes, sondern auch in der Normandie und in der reizvollen Region Chantilly die Mode. Die Herzogin trug immer ein bewundernswertes Reitkostüm. Ich erinnere mich gut an ihre schwarzen Augen, ihre reinen Gesichtszüge und ihre schillernde

Persönlichkeit, die eine Mischung aus natürlichem Charme und angeborener Vornehmheit waren.

Der Prinz von Joinville, so künstlerisch, so geistreich, war mit dem erlesensten und galantesten Geist ausgestattet. Er schenkte mir besondere Aufmerksamkeit, ebenso wie sein Bruder, der Herzog von Montpensier. Wir waren ein sehr fröhliches Trio, und die ernsteren Mitglieder der Familie pflegten, strenge Blicke in unsere Richtung zu werfen.

Die Erwähnung der Familie Orleans erinnert mich an den nachsichtigsten und größten Edelmann von allen – den Duc d'Aumale, ein treuer Freund Belgiens und oft unser Gastgeber. Oh! Was für einen loyalen und edlen Charakter wollte die Französische Republik in ihm nicht anerkennen. Seine Rache bestand darin, sein undankbares Land mit Freundlichkeit zu überschütten. Ich habe unter seinem Dach gelebt und denke mit größter Zärtlichkeit an ihn. Ich sehe mich noch immer in einem Zimmer im Erdgeschoss mit Blick auf den Graben von Chantilly, wo sich dieser fürstliche Gastgeber mit allem umgab, was in Frankreich von Bedeutung war, und wo er wunderbare Empfänge veranstaltete, zu seinen Gästen häufig den prachtvoll aussehenden Prinzen von Condé zählte, den er ehrte und beinahe wieder zum Leben erweckte.

Die Königin und der Herzog d'Aumale waren einander sehr zugetan. Als die Bitterkeit einer schwierigen Situation ihr Leben zunächst schwierig und dann unmöglich machte, weil der König vergessen hatte, was der Mann dem Prinzen schuldete, ließ der Herzog d'Aumale war einer jener unschätzbar wertvollen Freunde, deren feines Verständnis und treue Gedanken sie in ihrer Hilflosigkeit trösteten.

Obwohl dem Duc gewidmet d'Aumale kannte ich auch die Comtesse de Paris sehr gut, mit der ich im Château d'Eu übernachtet hatte. Sie war eine exzentrische Frau, von etwas seltsamer Erscheinung, aber sie besaß ein fröhliches und lebhaftes Gemüt.

Eine andere Dame aus der Familie Orleans, die ich schon in jungen Jahren kennenlernte, war die Prinzessin Clémentine, deren Andenken hochgeschätzt wird, eine Tochter von König Louis Philippe und die Frau von Prinz Auguste von Coburg. Durch meine Heirat mit ihrem ältesten Sohn wurde ich ihre Schwiegertochter und ich hoffte inständig, dass sie eine zweite Mutter für mich sein würde. Keiner von uns kam auf den Gedanken, dass ihr Alter und meine Jugend nicht zusammenpassen könnten.

Dankbarkeit erinnert mich auch an meine nahen Verwandten, den Grafen und die Gräfin von Flandre, und ihre vielen Freundlichkeiten, die ich nie vergessen habe. Ihr edles Leben hat die schreckliche Traurigkeit der

Zerstörung einer liebevoll gehegten Zukunft erfahren. Aber Gott hat ihnen Hoffnung und Zuneigung geschenkt.

Ich hätte beinahe eine meiner wichtigsten Erinnerungen aus meiner frühesten Kindheit vergessen: Königin Marie Amélie , die Witwe von König Louis Philippe.

Diese königliche Dame, die ihren Verlust und ihr Exil mit so viel Würde ertrug, war meine Urgroßmutter und meine Patentante. Sie lebte zurückgezogen in Claremont in der Nähe von Esher .

Als die Königin die Nachricht meiner Geburt erhielt, war ihre erste Frage: „Hat sie kleine Ohren?" Sie äußerte den Wunsch, mich Louise Marie zu nennen, in Erinnerung an ihre Tochter, meine verehrte Großmutter, die erste Königin der Belgier.

Ich sehe noch immer meine süße alte Verwandte vor mir, mit ihren weißen Locken unter einer breitkrempigen Spitzenhaube. Ich sehe noch das frühe Frühstück neben dem tiefen Sessel und erinnere mich an den „Pain à la Grecque ", den sie mir gab, wenn ich brav war.

Dann wurde das Pony herbeigeholt, meine Cousine Blanche de Nemours und ich in die Doppelkörbe gesetzt und zu unserem täglichen Ausritt durch die schattigen Alleen des großen Parks geschickt.

Die Königin hatte als Vorleserin Fräulein Müser , eine Deutsche, die ihr im Alter eine treue Freundin und ständige Begleiterin war. Ich war damals noch sehr jung, bestimmt nicht älter als vier Jahre, aber ich habe das Gesicht, die Stimme und die Zärtlichkeit meiner Urgroßmutter Marie Amélie , Königin von Frankreich, in meiner Erinnerung bewahrt.

Wie jeder weiß, sind meine beiden Schwestern, an die ich mich immer erinnere, aus jenen glücklichen Zeiten, als wir das, was man Leben nennt, noch ignorierten, beide verheiratet. Stéphanie heiratete wie ich sehr früh und Clémentine viel später.

Stéphanie war als Kind, als junges Mädchen und als junge Frau die Schönere. Clémentine , die ebenfalls schön war, besaß den meisten Charme. Das Schicksal lächelte ihr zu. Ihr Leben mit dem König gab ihr die Einsicht und Führung, die wir nie hatten. Jedes Leben hat seine Gunstbeweise und seine Chancen in der menschlichen Lotterie.

Clémentine heiratete Prinz Victor Napoleon und die vielfältigen Möglichkeiten, die ein solcher Name mit sich bringt.

Stéphanies Ehe schien glänzend, nicht mit Eventualitäten, sondern mit Gewissheiten. Ich beziehe mich auf ihren ersten Ehemann, denn sie heiratete zweimal. Das erste Mal hatte sie das Glück, einen intelligenten, gutaussehenden und ritterlichen Mann zu heiraten, der vielleicht die bemerkenswerteste Persönlichkeit seiner Zeit war. Er teilte mit ihr die Krone von Karl V. und die Throne von Österreich-Ungarn ... Krone und Throne sind verschwunden, als wären sie durch den Zauberstab eines teuflischen Zauberers verbannt worden, und meine Schwester bleibt der Geschichte als Witwe des Erzherzogs Rudolph bekannt. Sie war erst 25 Jahre alt, als er starb.

DIE GRÄFIN LONYAY
(Prinzessin Stéphanie von Belgien)
(Ihr erster Ehemann war Erzherzog Rudolph von Österreich)

Ich habe nichts über die *Mise gesagt en scène* , in deren Mitte sich die verschiedenen Persönlichkeiten bewegten, die meine Intelligenz und mein Herz in einem Alter ansprachen, in dem sich mein Herz und mein Verstand gleichermaßen entwickelten. Es gibt nichts zu erzählen, was nicht bereits bekannt ist.

Der interessanteste Ort meiner Kindheit war für mich das Schloss von Laeken . An das Schloss in Brüssel habe ich keine angenehmen Erinnerungen, obwohl ich die Galerie und die Empfangsräume nicht vergessen habe, wo mich die vielen schönen Gemälde immer faszinierten, vor allem das von Karl I. von Van Dyck , in Schwarz gekleidet, in dessen blassem und edlem Gesicht ich das melancholische Schicksal zu lesen glaubte, das manche dem Untergang geweihte Monarchen überschattet.

Ich habe viele fürstliche und königliche Residenzen gesehen. Sie ähneln alle Museen und sind gleichermaßen ermüdend. Es ist besser, ein Häuschen und einen kleinen Teniers zu haben, als zehn *Salons* und fünfhundert Leinentischdecken zu besitzen, die jedem gehören.

Ich war in Laeken glücklich , weil die Arbeit weniger in Anspruch nahm. Wir hatten mehr Freiheit, mehr Platz. Ich hatte von klein auf keine Hemmungen, in den Gärten und im Park zu rennen oder zu springen, und ich übernahm immer die Führung anstelle meines Bruders, der das Mädchen zu sein schien. Ich war stark, lebhaft und voller Boshaftigkeit.

Ich war lernbegierig und lernwillig. Meine Gewohnheit, Fragen zu stellen, brachte mir den Namen „Madame Pourquoi " ein. Ich liebte immer Wahrheit und Logik. Meine instinktive Leidenschaft für die Wahrheit ließ mich eines Tages meine Gouvernante mit Händen und Füßen angreifen, weil sie mich unverdient bestrafen wollte. Ich war in einer solchen Gemütsverfassung, dass der gerufene Dr. Wiemmer beschloss, der Ursache meiner Wut auf den Grund zu gehen. Er kam zu dem Schluss, dass ich in der Tat, wenn auch nicht in der Tat, recht hatte, und er sah, dass mein Charakter nur von Freundlichkeit, Offenheit und Gerechtigkeit geleitet werden konnte. Die Gouvernante wurde weggeschickt.

Die Königin erinnerte sich viele Male an diesen Vorfall und die Worte des Arztes.

Dieser Arzt, der sich so sehr um meine Familie gekümmert hatte und viel zu früh verschwand, rettete einmal meiner Schwester Stéphanie das Leben, als sie an Typhus erkrankte. Als es ihr besser ging, brachten uns der König und die Königin nach Biarritz – wir brauchten einen Luftwechsel, um genesen zu können. Meine Schwester und ich teilten uns in der Villa Eugénie dasselbe Zimmer mit Blick aufs Meer . Ich war dreizehn Jahre alt, Stéphanie sieben. Mir wurde ihre Pflege anvertraut und ich sollte darauf achten, dass sie sich nicht erkältete. Eines Nachts kam ein stürmischer Wind auf, der übrigens eine fürchterliche Wasserhose verursachte. Als ich aufwachte, eilte ich im Nachthemd zum offenen Fenster. Die Vorrichtung zum Schließen des Fensters funktionierte nicht, oder vielleicht war ich ungeschickt; jedenfalls schaffte ich es nicht, das Fenster zu schließen. Der Wind wurde jetzt so heftig, dass ich jeden Augenblick zurück ins Zimmer geweht wurde. Ich begann zu zittern, denn ich fürchtete um Stéphanie . Aber ich kämpfte noch immer gegen die Kraft des Sturms. Wie lange das dauerte, weiß ich nicht. Ich erinnere mich nur, dass sie mich durchgefroren, durchnässt und zitternd fanden und dass sie mich in ein warmes Bett legten.

Meine Augen schlossen sich. Ich hörte Dr. Wiemmer zur Königin sagen: „Was für ein Kind! Jeder andere hätte geschrien oder geklingelt! Sie wünschte sich keine Hilfe, um ihre Schwester zu beschützen, und der Sturm machte ihr keine Angst. Sie hörte nur auf die Stimme der Pflicht und zuckte nicht zusammen."

Leider ist jeder von uns seinem eigenen Schicksal unterworfen.

Der erste Schlag, der mir die grausame Härte des Schicksals bewusst machte, war der Tod meines Bruders Leopold. Ich empfand für ihn die Gefühle einer ergebenen und „mütterlichen" Schwester.

Er war mein Eigentum, mein Besitz, mein Kind. Wir sind zusammen aufgewachsen. Ich hatte beträchtliche Autorität über ihn, da ich zwölf Monate älter war als er, und er gehorchte mir immer.

Leopold, Herzog von Brabant und Graf von Hennegau, spielte gern mit Puppen. Ich spielte viel lieber mit ihm. Trotzdem schenkte uns mein Onkel, Erzherzog Etienne, der Bruder meiner Mutter, einer der besten und angesehensten Männer, die die Erde hervorgebracht hat, zwei ungarische Puppen. Sie waren wahre Kunstwerke ihrer Art. Meine wurde „Figaro" getauft, ein Andenken an Beaumarchais, den Feind der Höfe, der sie so nannte; warum und weshalb, kann ich nicht sagen. Die Puppe meines Bruders erhielt den viel bescheideneren und romantischeren Namen „Irma".

Es kam eine Zeit, in der Figaro und Irma das Schloss von Laeken belebten. Sie brachten sogar den König zum Lachen. Ich organisierte Aufführungen mit Leopold, Irma und Figaro, um die Bartholo neidisch geworden wäre .

Mein Bruder und ich waren glücklich und unbeschwert – so glücklich, wie man in unserem Alter sein kann. Dann kam der Tod, der mein ganzes Wesen zerriss, und der Tod meines geliebten Bruders im neunten Lebensjahr. Ich erinnere mich, dass ich es damals wagte, Gott zu verfluchen und ihn zu verleugnen …

Leopold, schön, süß, aufrichtig, zärtlich und intelligent, verkörperte für mich nach unserer Mutter alles, was auf der Welt am wertvollsten ist – ich könnte mir ein Leben ohne ihn genauso wenig vorstellen wie einen Tag ohne Licht. Aber er konnte nicht bleiben … und ich weine noch immer um ihn, obwohl es mehr als fünfzig Jahre her ist, dass er mich verlassen hat.

Wenn er gelebt hätte, wie anders wäre alles gewesen!

Unser Haus, das auf diese Weise in der männlichen Nachkommenschaft seines ältesten Zweiges heimgesucht wurde, hat sich von diesem Unglück nie erholt. Belgien wird sich an die großen Werke erinnern, die es vollbracht hat und die mein Großvater und mein Vater es zu dem gemacht haben, was es ist.

Sie wird diesen Engel auf Erden, meine Großmutter, die unsterbliche Königin Louise, nicht vergessen. Viele, viele Tränen wurden bei ihrem Tod vergossen und haben in Belgien noch immer ihre Spuren hinterlassen.

Über meinen Großvater möchte ich wiederholen, was Herr Delehaye , Präsident der Repräsentantenkammer, in seiner Ansprache an den König anlässlich der großartigen Festlichkeiten vom 21. bis 23. Juli 1856 anlässlich des 25. Jahrestages seiner Thronbesteigung sagte.

"Am 21. Juli 1831 brachen bei Ihrer Krönung Vertrauen und Freude aus, und Sire, obwohl Sie damals allein auf Ihrem Thron saßen mit Ihren hervorragenden Eigenschaften und der Aussicht auf glänzende politische Allianzen, sind Sie heute nicht allein. Sie präsentieren sich dem Land, unterstützt von Ihren beiden Söhnen und der Erinnerung an die Königin, die Sie als Mutter geliebt und bedauert haben. Sie sind umgeben von der königlichen Familie, von berühmten Allianzen, von Vertrauen und Sympathie, Sie werden von ausländischen Regierungen unterstützt, Ihr Ruhm ist größer geworden, und Sie besitzen die Liebe zu Belgien, die noch größer geworden ist als jeder Ruhm. Sire, wir können Vertrauen in die Zukunft haben..."

Kann und muss ich nicht auch Vertrauen in die Zukunft haben?

Ich appelliere an meine berühmten Vorfahren. Ich appelliere an das Andenken der Königin. Ich appelliere an das Andenken des Königs, von dem ich leider zu oft verleugnet und betrogen wurde. Ich appelliere an jene Welt, in der alles für die von der Erde befreite Seele erleuchtet ist, die allein für mich klar sehen wird.

KAPITEL V I
Meine Hochzeit und der österreichische Hof – der Tag nach meiner Hochzeit

Ich war kaum fünfzehn, als die Entscheidung fiel, dass ich heiraten sollte. Am 25. März 1874 wurde ich offiziell mit Prinz Philip von Sachsen-Coburg verlobt; am 18. Februar wurde ich sechzehn.

Mein Verlobter zeigte zweifellos Ausdauer. Er hatte mir bereits zwei Heiratsanträge gemacht. Sein erster Antrag wurde nach zwei Jahren wiederholt. Der König antwortete ihm, indem er ihm riet, zu reisen. Der Prinz machte daraufhin eine Weltreise. Nachdem er dies getan hatte, erneuerte er seinen Antrag. Wieder wurde er gebeten zu warten.

Mich zu heiraten war für Philipp von Coburg zu einer fixen Idee geworden. Welche Art von Liebe inspirierte ihn? War er von dem trügerischen Charme meiner jungfräulichen Jugend angezogen, oder entfachte die genaue Kenntnis der Position des Königs und der Glaube an die Zukunft seiner Unternehmungen die Flamme im Herzen eines Mannes, der völlig von materiellen Dingen eingenommen war?

Nachdem die Verlobung arrangiert worden war, beschlossen die beiden interessierten Familien (insbesondere meine), die Königin auf der einen Seite und Prinzessin Clémentine auf der anderen, dass meine Hochzeit erst zwölf Monate später gefeiert werden sollte. Ich war so jung!

Mein Verlobter war vierzehn Jahre älter als ich. Zwischen einer jungen Frau von fünfundzwanzig und einem Mann von neununddreißig Jahren sind vierzehn Jahre Altersunterschied vielleicht nicht so wichtig; zwischen einem unschuldigen Mädchen von siebzehn Jahren und einem Liebhaber von einunddreißig Jahren hingegen schon.

Ich bekam meinen Verlobten während seiner kurzen Besuche in Brüssel nur gelegentlich zu Gesicht. Unsere Gespräche waren bedeutungslos; sie waren bloß die, die ein Mann seines Alters mit einem meiner Mädchen führen würde. Aber ich glaubte, ihn gut zu kennen. Wir waren Cousins. Das war die erste Schwierigkeit, denn für die Heirat war die Zustimmung der römisch-katholischen Kirche erforderlich. Sie wurde erbeten und eingeholt. Das ist in solchen Fällen Brauch.

Mein Verlobter verließ mich, um die Studien abzuschließen, die für mein erfolgreiches Debüt in einer fremden Welt notwendig waren. Und was für eine Welt! Der vornehmste Hof des Universums. Ein Hof, an dem die Schatten von Karl V. und Maria Theresia geistern! Ein Hof, an dem die spanische Etikette mit deutscher Disziplin verbunden war. Ein Kaiser, dessen Größe durch seine militärischen Rückschläge eher zugenommen als geschmälert wurde, so gut ertrug er sein Unglück. Eine Kaiserin, die aufgrund ihrer unbestrittenen Vollkommenheit eine Königin der Königinnen war. Und um sie herum eine Schar von Erzherzögen und Erzherzoginnen, Prinzen , Herzögen und Edelleuten, die die höchsten Titel des Landes trugen.

All dies war sehr beeindruckend für eine belgische Prinzessin, die ihre kurzen Kleider nicht bereute, weil man sie nie bereut, wenn es Mode ist, lange Kleider zu tragen, die aber dennoch sehr erstaunt war, als sie feststellte, dass sie wie ein erwachsenes Mädchen gekleidet war.

Allerdings war ich weder verlegen noch nervös; ich betrachtete alles mit den Augen eines Mädchens, das nur an seiner Verlobung und seinem Liebhaber interessiert ist.

Wenn man mich darum gebeten hätte, hätte ich den Prinzen noch am selben Tag geheiratet, an dem ich seinen ersten Ring erhielt. Ich wäre mit der gleichen Begeisterung vor den Bürgermeister und den Kardinal gegangen wie ein Jahr später.

Gesund im Körper und rein im Geist, erzogen in einer Atmosphäre der Aufrichtigkeit und Moral unter der Obhut einer unvergleichlichen Mutter, aber beraubt aufgrund meines Standes mehr oder weniger aufgeklärter Freunde, die mir gewisse weibliche Zuversichten entgegengebracht hätten, widmete ich meine ganze Seele meiner bevorstehenden Hochzeit, ohne mich darum zu kümmern, was die Ehe bedeuten könnte. Ich war kein Geschöpf dieser Erde mehr. Ich schuf einen Stern, auf dem mein Verlobter und ich in einer himmlischen Atmosphäre des Glücks zusammenleben würden. Der Mann, der mein Begleiter auf dem verzauberten Weg des Lebens sein sollte, schien mir die Verkörperung von allem, was schön, treu und großzügig war, und ich hielt ihn für ebenso unschuldig wie mich selbst.

Meine Stunden des Martyriums und die qualvollen Streitereien sollten erst später kommen, als die Barbaren des Polizeigerichts die innersten Winkel meines Herzens enthüllten, indem sie meine nach meiner Verlobung geschriebenen Briefe skandalös verwerteten. Diese Briefe drückten meine Liebe aus. Ich hatte dem Mann, den meine Eltern ausgesucht hatten, geschrieben, wie ich einem Erzengel geschrieben hätte, der dazu bestimmt war, mich zu heiraten. Ich schmückte ihn mit der Schönheit meiner schönsten Wünsche. Ich verklärte ihn.

Die Wilden hatten die Dreistigkeit, aus diesen Liebesbekundungen zu folgern, ich sei ein labiles und hinterlistiges Geschöpf.

Ich stelle den Frauen folgende Frage: Existiert zwischen der Liebe, wie wir sie empfinden, und der Liebe, wie wir sie erleben, nicht sehr oft ein Abgrund?

Ich war schuldig, kriminell und schändlich, weil ich in diesen Abgrund gestürzt bin. Das ist die wahre Wahrheit.

Warum wünschten meine Mutter – die so gut war – und warum wünschte der König – der so viel Menschenkenntnis hatte – diese Heirat, trotz unseres Altersunterschieds und trotz der wenigen Ansprüche auf allgemeine Bewunderung, die mein zukünftiger Ehemann – abgesehen von seinem Anspruch auf eine weltliche Stellung – besaß?

Zunächst setzte sich seine Mutter für ihn ein, die ihn zu Recht liebte und respektierte. Sie bescheinigte ihm einige ihrer eigenen guten Eigenschaften.

Zweitens hatte Prinz Friedrich von Hohenzollern den Wunsch geäußert, mich um seine Hand zu bitten. Der König und die Königin, denen dies mitgeteilt wurde, wollten aus verschiedenen Gründen keine engere Verbindung zum Haus Berlin eingehen. Es könnten auch andere mehr oder weniger wünschenswerte Bewerber auftauchen. Um diesem Plan und allen zukünftigen Unsicherheiten ein Ende zu setzen, wurde ich daher Philipp von Coburg versprochen.

Darüber hinaus beglückwünschte sich die Königin dazu, ihre älteste Tochter an den Wiener Hof geschickt zu haben, wo sie selbst geglänzt hatte. Sie besaß dort noch immer Einfluss und glaubte, dass ich davon profitieren würde. Noch zufriedener war sie mit dem Gedanken, dass ich dank der Coburger Fideikommissgüter in Ungarn materielle Vorteile in dem Land genießen würde, das ihr so lieb war, und dass sie sich oft mit mir treffen und vielleicht sogar dorthin zurückziehen könnte, da sie eine Zukunft voraussah, die allmählich immer schwieriger werden würde.

Mein Verlobter tauchte wieder an meinem Horizont auf. Ein Jahr verging schnell. Der Tag meiner Hochzeit rückte näher. Ich kannte alle Blumen der Rhetorik und die Treibhausblumen einer täglichen Brautwerbung. Aber ich fragte mich, warum die Königin den Erzengel und mich nie in Ruhe ließ?

Mein Verlobter erzählte mir von seinen Reisen. Er habe, sagte er, einige wunderbare Andenken mitgebracht. Wie wundervoll diese waren, erfuhr ich jedoch erst später. Er erzählte mir auch von seinen Zukunftsplänen, den zahlreichen Besitztümern der Coburgs usw. Ich gab mich freudigen Hoffnungen hin und beschrieb die Pracht meiner Aussteuer, die mit märchenhaften Geschenken aus belgischer Spitze und aufwendigen Stickereien bereichert war.

Schließlich probierte ich das symbolische weiße Gewand an, unter einem himmlischen Schleier, ein *Meisterwerk aus Brüsseler Spitze, und man erklärte, dass ich* in der Lage sei, meine lange Schleppe zu bändigen und meine Knickse ebenso anmutig zu machen wie die berühmteste junge Dame von Saint Cyr.

Beladen mit Juwelen schwebte ich immer höher, geschmeichelt durch Huldigungen, Glückwünsche und gute Wünsche, ohne zu bemerken, dass ich, obwohl mein Verlobter so viel älter war als ich, inzwischen eine bestimmte Persönlichkeit in seinen Träumen und Gedanken geworden war.

Ich wurde von allen Seiten in Versen und Prosa gelobt, mit oder ohne Musik, und es schien, als sei ich eine „Blume von strahlender Schönheit". Dieser Satz hat mich ganz angetan.

Was meinen Mann betrifft, so wurden auch sein Auftreten, seine Vornehmheit und sein Ansehen gelobt. Ich erinnere mich, dass er seine ungarische Militäruniform trug, als wir den Bürgermeister von Brüssel , den berühmten Herrn Ausbach , empfingen , der am 4. Februar 1873 kam, um uns nach dem Zivilgesetz zu trauen. Dann erschienen wir mit großem Pomp vor dem Kardinalprimas von Belgien.

Im großen Salon neben dem Ballsaal wurde ein Altar errichtet. Über die Dekorationen will ich nichts sagen. Die Gesänge und Gebete trugen mich in den Himmel, obwohl ich das Ritual meiner Hochzeit und dass ich der Mittelpunkt aller Augen war, keineswegs vergaß. Es war kein Publikum von Königen, sondern von Prinzen. Anstelle der Herrscher, deren Größe sie fernhielt, waren ihre nächsten Verwandten anwesend: der Prinz von Wales, der Kronprinz Frederick, der Erzherzog Joseph, der Herzog d'Aumale , der Herzog von Sachsen-Coburg, und schließlich eine große Menge jener Honoratioren, die auf den Seiten des *Almanach de Gotha erscheinen* .

Wenn ich einmal anfangen würde, die Einzelheiten einer Zeremonie dieser Größenordnung zu beschreiben, würde ich nie damit fertig werden. Mich persönlich hat es nicht besonders gereizt. Ich bin immer wieder überrascht, wenn ich beim Öffnen eines modernen Romans bemerke, wie viel Mühe sich kluge Leute geben, um das prächtige Ritual einer modernen Hochzeit zu beschreiben. Ich kenne nur eine passende Beschreibung dieser Art: die des „Dornröschens". Der glücklichen Schönheit, deren Hofstaat und sie selbst genau im entscheidenden Moment einer Ehe, die möglicherweise nicht glücklich hätte verlaufen können, in den Schlaf gewiegt wurden.

Aber wo sind jetzt die Feen und wo sind die Tiere, die sprechen können?

Ach, die Feen sind verschwunden und die Tiere sprechen nicht mehr, außer den verborgenen Tieren in unseren Seelen, und sie erzählen keine schönen Fabeln und Geschichten. Sie schwelgen eher in unangenehmen Realitäten.

Ich habe lange gebraucht, um zum Punkt zu kommen, aber egal, um welchen Preis, es ist für mich notwendig, über Dinge zu sprechen, die bisher nie erzählt wurden, die aber erklären werden, wie die Grundlagen für das Drama meines Lebens gelegt wurden.

Es gab schon früher Hinweise auf dieses Drama, aber ich werde nicht auf die vagen Gerüchte eingehen, die Brüssel und seinen Hof eher amüsierten als betrübten.

Ich bin sicher nicht die erste Frau, die während ihrer Verlobungszeit in den Wolken lebte und dann in ihrer Hochzeitsnacht so plötzlich zu Boden geworfen wurde und mit verletzter und verstümmelter Seele unter Tränen vor der Menschheit floh.

Ich bin nicht die erste Frau, die Opfer falscher Bescheidenheit und übertriebener Zurückhaltung geworden ist – vielleicht weil sie hoffte, das Feingefühl eines Ehemannes, gepaart mit ihren natürlichen Instinkten, würde alles für sie regeln –, die jedoch von ihrer Mutter nichts darüber erfuhr, was passiert, wenn die Stunde des Liebhabers geschlagen hat.

Tatsache ist jedoch, dass ich am Abend meiner Hochzeit im Schloss Laeken , während ganz Brüssel im Lichterglanz tanzte, aus meinem Liebeshimmel auf ein Bett aus Fels und eine Matratze aus Dornen fiel. Psyche, die mehr Schuld trug, wurde besser behandelt als ich.

Der Tag brach kaum an, als ich einen Moment nutzte, in dem ich allein im Hochzeitsgemach war, und mit nackten Füßen in Pantoffeln durch den Park floh. Ich hüllte mich in einen Umhang, den ich über mein Nachthemd geworfen hatte, und ging in die Orangerie, um meine Scham zu verbergen. Ich fand Zuflucht inmitten der Kamelien und flüsterte ihnen meinen Kummer, meine Verzweiflung und meine Qual zu, ihrer Weiße, ihrer Frische, ihrem Duft und ihrer Reinheit, all dem, was sie an Süße und Zuneigung verkörperten, während sie im Gewächshaus blühten und die Winterdämmerung mit einer Wärme, Stille und Schönheit erhellten, die mir ein wenig von meinem verlorenen Paradies zurückgab.

Ein Wachposten hatte eine graue Gestalt bemerkt, die an ihm vorbei in Richtung Orangerie huschte. Er näherte sich, lauschte und erkannte meine Stimme. Er eilte zum Schloss. Niemand wusste, was aus mir geworden war. Schon war diskret Alarm geschlagen worden. Ein Bote galoppierte nach Brüssel. Das Telefon war damals noch nicht erfunden.

Die Königin kam ohne Verzögerung zu mir. Mein Gott! In was für einem Zustand war ich, als ich wieder in mein Zimmer kam. Ich ließ niemanden an mich heran außer meinen Dienstmädchen. Ich war mehr tot als lebendig.

Meine Mutter blieb lange bei mir; sie war so mütterlich, wie nur sie es sein konnte. Es gab keinen Kummer, den ihre Arme und ihre Stimme nicht lindern konnten. Ich hörte zu, wie sie mich schalt, mir gut zusprach und mir Pflichten aufzählte, die ich unbedingt verstehen musste. Ich wagte nicht, Einwände dagegen zu erheben, mit der Begründung, dass sie völlig anders waren als die, die man mich hatte erwarten lassen.

Zum Schluss versprach ich mir, dass ich versuchen würde, meine Ängste zu überwinden und weiser und weniger kindisch zu sein.

Ich war kaum siebzehn Jahre alt; mein Mann hatte sein einunddreißigstes Lebensjahr vollendet. Ich war zu seinem Besitz geworden. Man kann leider sehen, wie er mich behandelt hat.

KAPITEL VII
Verheiratet

Am Tag nach diesem schmerzlichen Ereignis im Leben zweier frisch verheirateter Menschen erlebte ich mit bitterem Kummer die Vorbereitungen für meine Abreise nach Österreich. Niemals war mir Belgien so lieb gewesen, nie war es mir schöner erschienen.

Ich verbarg meine Tränen und verabschiedete mich von allen, die mich als Kind und junges Mädchen gekannt, geliebt und mir gedient hatten, und von allen vertrauten Dingen im Schloss von Laeken , wo alles meine Zuneigung erregte. Ich ahnte nicht, dass man mich dort eines Tages als Fremde betrachten würde. Was soll ich sagen – als Fremde? Nein, eher als „Feind"!

Wir sind, wie es der Brauch sagt, in die Flitterwochen aufgebrochen. Aber es gibt Flitterwochen und Flitterwochen.

Ich hätte gern gewisse persönliche Dienstmädchen mitgenommen. Davon durfte ich aber nicht einmal träumen. Das Coburger Schloss hatte seine eigenen Diener. Man erklärte mir, dass die Einführung eines fremden Elements die häusliche Harmonie dieses vornehmen Wohnsitzes stören würde. Ich musste mich daher mit einem ungarischen Dienstmädchen zufrieden geben, das zwar recht tüchtig war, aber nicht wie eine meiner treuen Dienerinnen war.

Und alles war gleich. Meine Vorlieben, meine Präferenzen wurden erst nach Genehmigung durch einen Familienrat berücksichtigt.

Leider herrschte im Palast nicht zu jeder Tageszeit und in allen Räumen die gleiche Strenge, die in diesem Familienratssaal herrschte. Das wurde mir bald klar.

Doch bevor wir das Coburger Schloss erreichten, blieben wir in Gotha, wo Herzog Ernst von Sachsen-Coburg, der Prinzregent, und seine Frau, Prinzessin Alexandrine, ihre Nichte herzlich willkommen hießen.

Der Herzog war ein wahrer Gentleman, eine der Persönlichkeiten seiner Zeit, der einer meiner Lieblingsonkel wurde . Er sprach voller Zuneigung von seinem Freund Graf Bismarck und berührte dann weniger ernste Themen, da ich neugierig war und mehr über die Menschen und Dinge erfahren wollte, die zu diesem Deutschland gehörten, mit dem ich durch meine Heirat so eng verbunden war.

Ich habe bereits gesagt, dass es für mich ebenso selbstverständlich war, Deutsch zu sprechen wie Französisch, da dies am Brüsseler Hof die allgemeine Regel war. Hat Belgien nicht alle Vorteile, wenn es zweisprachig ist und als Vermittler zwischen dem romanischen und dem deutschen Land fungiert? Weniger als das Elsass und Luxemburg, aber dennoch ein wenig ähnlich, sollte es nicht von den beiden unterschiedlichen Kulturen profitieren?

Von Gotha aus fuhren wir nach Dresden, von dort nach Prag und schließlich nach Budapest und ins glanzvolle Wien.

Doch wollen wir von diesen fürstlichen Besuchen und der Gleichförmigkeit ihrer Empfänge zu intimeren Dingen übergehen. Das Interessante daran, davon zu sprechen, liegt darin, dass ich mein verleumdetes Leben offenlegen und erzählen muss, wie ich, nachdem ich vom Himmel gefallen war, zu einem Glauben an Besseres aufstieg.

Doch es sollten viele Jahre vergehen, bevor ich mein Leben, abgesehen von der Freude der Mutterschaft, wieder durch einen Anflug von Idealität bereichern konnte.

Meine erste Erinnerung daran, dass in meiner Rolle als Prinzessin von Coburg etwas nicht stimmte, ist, dass mein Mann bei unseren formellen Banketten jeden Abend dafür sorgte, dass mir reichlich gute Weine serviert wurden. Schließlich war ich in der Lage, einen Volney von einem Chambertin, einen Voslaver von einem Villanyi und einen Champagner vom anderen zu unterscheiden.

Nachdem der Körper so an die Ausübung von etwas gewöhnt war, das mehr oder weniger der Völlerei ähnelte, folgte die Seele zwangsläufig seinem Beispiel. Ich erweiterte meinen literarischen Horizont und lernte Bücher kennen, von denen die Königin und Prinzessin Clémentine nicht geglaubt hätten, dass sie mir von der Person gegeben worden waren, die sie mir in die Hände legte.

In den Tagen meiner offenen Rebellion empörten sich die Leute über gewisse Freiheiten in Rede und Benehmen, die ich absichtlich übertrieb. Aber wer hat sie mir zuerst beigebracht? Und noch einmal: Wohin hätte ich gehen sollen und was wäre aus mir geworden, wenn Gott mir nicht den unvergleichlichen Mann in den Weg gestellt hätte, der als einziger den Mut hatte, mir zu sagen: „Madam, Sie sind eine Königstochter. Sie sind im Begriff, vom rechten Wege abzuweichen. Eine Christin rächt sich an der Schande, indem sie sich darüber erhebt und nicht auf ihr Niveau herabsteigt."

Und so ließ ich, in jeder Hinsicht betäubt und berauscht, meinen Blick über die Coburger und ihre verschiedenen Paläste und Schlösser schweifen. Schließlich fand ich das Palais in Wien, das zu meinem Hauptwohnsitz bestimmt war.

Mir wurde beim Betreten regelrecht kalt. Von außen sieht der Palast zwar imposant aus, innen ist es aber höchst düster, vor allem im Treppenhaus.

Nur der *Salon* in der „Point de Beauvais" gefällt mir, der ursprünglich für Marie Antoinette und ihre Hofdamen vorgesehen war.

Mein Zimmer ließ mich erschauern. Was? War das wirklich die Umgebung, die für die Frische meiner siebzehn Jahre vorbereitet worden war? Eine Studentin aus Bonn, wo der Prinz seinen Abschluss gemacht hatte, hätte es vielleicht gemocht, aber ein Mädchen, das erst vor kurzem eine junge Frau geworden war! ... Unmöglich. Versuchen Sie sich also ein ziemlich großes Zimmer vorzustellen, dessen Wände bis zur Hälfte mit kleinen Schränken aus dunklem Holz mit Glastüren und blauen Vorhängen behangen waren, hinter die ich nie schauen wollte! Einige Möbelstücke waren im gotischen Stil. In der Mitte Inmitten dieses Paradieses stand eine riesige Glasvitrine voller Andenken an die Reisen des Prinzen: ausgestopfte Vögel mit langen Schnäbeln, Rüstungen , Bronzen, Elfenbein, Buddhas und Pagoden; mir wurde schlecht bei diesem Anblick. Und was das Schlimmste war: Es gab keinen eigenen Eingang oder Nebengebäude , nur einen schmalen, dunklen Korridor, der von der Bediensteten benutzt wurde. Um in mein Zimmer zu gelangen, musste ich durch das des Prinzen gehen, das durch eine Art Salon betrat; alle Räume waren miteinander verbunden und zeigten nicht die geringste Spur von Geschmack. Massive alte Möbel, mit hundert Jahre altem Rips gepolstert, boten sich den Augen der Jugend! Alles war alt, gewöhnlich, düster . Kaum eine Blume, nichts Bequemes, nichts Zusammenpassendes. Und was ein Badezimmer betrifft, so war keine Spur von einem zu finden. Es gab im ganzen Palast nur zwei Bäder; sie waren weit voneinander entfernt und von geradezu archaischer Bauart. Und was den Rest betrifft – das bleibt besser unerwähnt!

Mein erster aktiver Einwand richtete sich gegen diese unhygienische Organisation und den Mangel an Notwendigkeiten für meinen unmittelbaren Bedarf. Dieser Zustand brach mir fast das Herz. Man sagte mir jedoch, dass die berühmten Großeltern mit dem, was sie mir gegeben hatten, sehr zufrieden waren.

Man weiß, dass der Gebrauch eine zweite Natur ist. Prinzessin Clémentine bemerkte die Dinge nicht, die mich beunruhigten, und selbst die Glasvitrine mit den ausgestopften Vögeln bezauberte sie. Sie bewunderte die Sammlung ihres Sohnes, glücklicherweise ohne zu wissen oder zu verstehen, was sie alles enthielt, denn in unserem Palast in Budapest sah ich einige sehr einzigartige Stücke; Souvenirs von Yoshivara , die eine junge Frau nicht ansehen konnte, ohne zu erröten, selbst nachdem eine fachkundige Hand den Schleier von ihren unerfahrenen Augen gelüftet hatte.

Was für eine Schule! Dank des von meinem Mann organisierten Bacchus-Regimes ging es jedoch nach dem Sturm unseres Debüts in der Familie einigermaßen gut weiter.

Unsere grundsätzliche Unvereinbarkeit zeigte sich zum ersten Mal im Coburger Schloss in Gegenwart der Prinzessin Clémentine bei einer Tasse Café au lait . Auf unserer Hochzeitsreise hatte mir der Prinz gesagt, dass eine Person von gutem Stand niemals schwarzen Kaffee trinken sollte. Das ist die deutsche Überzeugung. Deutschland kann sich Kaffee ohne Milch ebenso wenig vorstellen wie die Sonne ohne Mond. Seitdem ich jedoch aufgehört habe, natürliche Nahrung zu mir zu nehmen, kann ich keine Milch mehr trinken, ich habe sie nie getrunken und tue es auch nie. Mein Mann setzte sich in den Kopf, dass er mich dazu bringen würde, Milch zu trinken, vor allem im Kaffee, denn wenn er dies nicht täte, würden die Traditionen, die Verfassungen und die Grundlagen alles Deutschen zerstört.

Die Diskussion fand vor Prinzessin Clémentine statt , die immer Milch in ihren Kaffee trank. Aber ihre liebevolle Freundlichkeit konnte die Sturheit meines Magens nicht überwinden. Ich merkte, dass ich sie beleidigte. Ihr Sohn wurde so wütend, dass er die schmerzhaftesten und unangenehmsten Dinge sagte, und ich antwortete ihm in gleicher Weise. Die Prinzessin, obwohl taub, spürte, dass etwas nicht stimmte, und wir strengten uns ihretwegen an, aber der Schlag war geglückt; von da an hatten wir beide Café au lait im Kopf!

Ich erzähle kleine Episoden wie diese, weil das Leben ein Mosaik aus kleinen Dingen ist, die große Wünsche oder hohe Gefühle zementieren und die ihrerseits die täglichen Notwendigkeiten ausdrücken, deren Sklaven wir sind. Die menschliche Existenz ist eine Tragödie oder eine Komödie in zwei Akten, die sich im Salon und im Schlafzimmer abspielen. Der Rest ist nur Beiwerk.

Welch einen Pfusch begehen fast alle Menschen von hohem Rang, wenn es darum geht, den Anschein zu erwecken, als ob sie leben! Wir vergessen die Worte Franklins: „Zeit ist der Stoff, aus dem das Leben gemacht ist.“

Ich mache mir heute bittere Vorwürfe, dass ich ein so leeres Leben geführt habe, dass ich ein Leben voller Seelenqualen geführt habe. Ich habe das wahre Leben, das Leben der Seele, nicht ausreichend gekannt. Wenn ich das gewusst hätte, mit wie vielen bedeutenden Persönlichkeiten hätte ich mich umgeben können, mit wie vielen Schriftstellern, Gelehrten und Künstlern hätte ich mich umgeben können!

Aber hätte ich das wirklich tun können?

Meine höchsten Wünsche wurden kritisiert, widerlegt und zurückgewiesen.

Der Prinz, mein Mann, hat mich aufgrund seines höheren Alters in allem unterrichtet.

Die Leute waren hinterher erstaunt über meine Ausgaben – über meine vielen Kleider …

O Gott! Ich wäre durch diese ständige Fesselung fast verrückt geworden. Eines schönen Tages platzten meine Fesseln!

Oh! Dieses Schloss in Coburg, diese Residenz, wo die kleinste frivole Laune, der kleinste Anflug von aus Brüssel importiertem Pariser Geschmack harsche Worte hervorrief; dieses Dekolleté, *das* Eifersucht weckte; dieser Wunsch, ein wenig für mich selbst zu leben, ohne mich der strengen Routine einer Kaserne unterwerfen zu müssen, die solche Stürme auslöste. Mon Dieu ! Wenn ich an all das denke – die ausgestopften Vögel, die ungesunden Bücher, die schmutzigen Witze und das tägliche Elend meines Lebens –, kann ich nicht verstehen, wie ich das ertragen habe. Ich frage mich, wie ich so lange widerstehen konnte. Auf die Dauer war es schlimmer, als im Irrenhaus eingesperrt zu sein. Das Verbrechen ist manchmal weniger schrecklich als der Verbrecher. Es gibt moralische Missbildungen, die auf Schritt und Tritt ein Vergehen darstellen, und am Ende wird man darüber wütend. Ich weiß nicht, bis zu welchen Extremen ich gegangen wäre, wenn dieses Leben weitergegangen wäre. Ich habe die Kraft, die es mir im Alter von zwanzig Jahren ermöglichte, aus meinem fürstlichen Käfig auszubrechen, immer als direkte Hilfe des Himmels betrachtet. Selbst wenn ich hätte voraussehen können, wie weit Hass und Wut reichen würden, hätte ich mich dennoch losgerissen. Ein Palast kann zur Hölle werden, und die schlimmste Hölle ist die, in der man hinter vergoldeten Fenstern erstickt. Titel zählen nichts – ein schlechter Haushalt ist ein schlechter Haushalt. Zwei Menschen sind vereint, dieselbe Kette hält sie unwiderruflich zusammen. Manche Paare kommen miteinander aus, andere nicht. Es ist eine Frage des Temperaments und der Umstände . Weder der Prinz noch ich konnten uns an die Unterschiede gewöhnen, die uns trennten. Dieser ständige Konflikt, der zunächst latent war und später zum offenen Krieg wurde, vergrößerte täglich den Abgrund zwischen uns, in dem schließlich so vieles verschwand.

Doch inmitten all dieser Bitterkeit hatte ich auch meine goldenen Tage. Nichts war unangenehm. Stürme haben manchmal einen Sonnenstrahl. Doch die, die ich erlebte, waren von verheerender Natur!

Ich habe gesagt, dass ich Prinzessin Clémentine respektiere und mich zu ihr hingezogen fühle, aber ihre Taubheit, die ihre natürliche Würde traurigerweise beeinträchtigte, und ihr Geist einer anderen Zeit, der sie immer in Würde und Etikette leben ließ, wehrten meine natürlichen Zuneigungsausbrüche oft ab. Jedes Mal, wenn der Prinz und ich in irreparable Differenzen gerieten und meine Schwiegermutter sich aufgrund ihres hohen Alters dem Einfluss ihres Sohnes unterwarf, konnte ich dennoch nicht anders, als ihr gegenüber dasselbe Gefühl der Dankbarkeit zu empfinden, das ich für ihre frühere Freundlichkeit und ihre geistige Überlegenheit empfand.

PRINZ PHILIP VON SACHSEN-COBURG

Außer meinem Mann hatte Prinzessin Clémentine zwei Söhne und zwei Töchter. Einer ihrer Söhne, Auguste von Sachsen-Coburg, war für mich das, was Rudolf von Habsburg gewesen wäre, ein Schwager, der ein Bruder war. Bis zu seinem Tod, der, wenn ich mich recht erinnere, 1908 in Paris stattfand, wo er unter dem Namen Graf Helpa ein Leben voller Vergnügen führte und in der besten Gesellschaft verkehrte, behielt er die gleiche Zuneigung für mich, die ich für ihn empfand.

Die drei anderen Coburger , Philipp, August und Ferdinand, glichen sich weder körperlich noch moralisch. August war wie die Familie Orleans. In ihm siegte das Blut Frankreichs über das Blut Deutschlands. In den Adern Ferdinands, des unternehmungslustigen Zaren von Bulgarien, weiß ich nicht, welches Blut floss. Lassen Sie uns schnell weitergehen. Ich werde Gelegenheit haben, auf ihn und seinen Thron der Überraschungen zurückzukommen, wenn ich vom Hof von Sofia spreche.

Von den beiden Töchtern, Clotilde und Amélie , bleibt mir letztere immer in Erinnerung. Sie war ein sanftes Opfer der Liebe zu einem ausgezeichneten

Ehemann und starb, nachdem sie ihn verloren hatte. Mit Maximilian von Bayern, dem Cousin von Ludwig II., vereint, war Amélie eine Lilie Frankreichs, die sich nach Deutschland verirrte. Sie hatte das Glück, am patriarchalischen Hof von München, den die preußische Torheit so unglücklich gemacht hatte, ein Wesen zu treffen, das ihrer würdig war. Sie liebten einander und lebten für die Liebe und verbargen ihr Glück so gut es ging. Maximilian starb plötzlich – er wurde beim Reiten vom Pferd geworfen. Amélie war untröstlich und überlebte ihn nicht lange.

Ihr Bruder Philip, ihr Bruder Ferdinand und vor allem ihre Schwester Clotilde wären nie auf die Idee gekommen, dass man für die Liebe sterben – oder leben – könnte.

Unsere doppelte Verbindung mit dem Hause Frankreich verschaffte mir eine angenehme Abwechslung von meinen Sorgen im Coburger Schloss und auf dem Lande in Form von Besuchen von Mitgliedern der königlichen Familie, die ich mehr oder weniger in meiner Jugend gekannt hatte. Der Frühling meines Lebens war voller Zeichen der Zuneigung ihrerseits.

Ich habe die Geburt der Hoffnungen meiner Nichte Dorothée , der Tochter der Erzherzogin Clotilde, meiner Schwägerin, miterlebt, als sie sich mit Herzog Philipp von Orleans verlobte.

Ich muss gestehen, dass ich kein Vertrauen in die Zukunft hatte, da ich dem royalistischen Frankreich gegenüber skeptisch war, und zweifellos war dies eine Auswirkung der allgemeinen Umgebung, aber ich stellte mir vor, dass die goldenen Lilien, die auf das Gewand der schönen Braut gestickt waren, lange vor ihrer Ankunft im Elysée , den Tuilerien oder dem Louvre aus ihrer Schleppe verschwunden sein würden. Die geschlossene Krone, die die „Königin“ am Tag ihrer Hochzeit schmückte, konnte ich jedoch nicht ohne Emotionen sehen.

Ach, dieser Traum von einer Krone! Wie viele Köpfe dreht er um, oder vielmehr wie viele Köpfe er umgedreht hat! Jetzt muss man über die Dinge im Allgemeinen nachdenken, und obwohl ich kein Fremder in der französischen Politik bin, schulde ich der Republik ebenso viel Anerkennung wie Beachtung, wo ich die Sicherheit gerechter Gesetze, den Respekt vor Unglück und die Höflichkeit gefunden habe, die Republikaner selbst Prinzessinnen entgegenzubringen wissen. Dennoch kann ich nicht umhin, die Karriere des „Königs in Erwartung“ – meines Neffen, des Prinzen von Orleans – mit einem gewissen Maß an Neugier zu verfolgen.

Für ihn spielt sich alles an den Ufern der Seine, der Garonne, der Rhone und der anderen Wasserläufe des schönsten Landes der Erde ab; aber das Schlimmste, was ich Philipp von Orleans wünsche, ist, dass er seine ihm so gut stehende Yachtmütze nie gegen die Krone des Heiligen Ludwig eintauschen muss. Er ist im Leben sicherlich behindert. Mehr denn je heute, wo es für einen König ratsam ist, eine Königin zu haben. Aber das Schicksal wollte, dass die große Hochzeit von Philipp von Orleans und Marie Dorothée von Habsburg, die eine der Freuden des Coburger Schlosses und Anlass der prächtigsten Empfänge war, anders ausfiel als versprochen.

Einmal zählte ich die königlichen oder fürstlichen Häuser, in denen bereits der Wind der Unzufriedenheit wehte. Ich kam auf eine erstaunliche Zahl. Wenn man alles in einer Gesellschaft betrachtet, ist die durchschnittliche Zahl glücklich verheirateter Menschen nicht sehr hoch. Aber je näher man den Menschen und ihrem gesunden Menschenverstand und ihrer Arbeit kommt, desto besser wird das Familienleben, weil sie die Fehler des anderen viel weiser tolerieren und sich bereit erklären, einander zu helfen, bis sie schließlich eine Art Glück erfahren, das nur durch das Wissen um gemeinsame Unvollkommenheiten erreicht werden kann.

Mein Leben in Coburg wäre noch schmerzlicher gewesen, wenn es nicht von Zeit zu Zeit durch Wohnortwechsel und Reisen abwechslungsreich gewesen wäre.

Um nicht vom Familienkreis abzuschweifen, möchte ich nur einige Worte über drei Städte verlieren, mit denen ich Verwandte hatte und in denen ich als Prinzessin von Coburg bei ihnen oder in ihrer Nähe wohnte: Cannes, Bologna und Budapest.

Als erstes möchte ich Budapest erwähnen, das eine der attraktivsten Städte der Welt war und es auch wieder sein wird, wenn die Herrschaft des Bolschewismus vorbei ist. Im alten Buda hat der alte Osten seine Spuren hinterlassen; in Pest ist die Modernität des Westens sichtbar geworden. Ich wusste 1918 etwas davon.

Ich liebte Budapest und zog das kleine Coburger Schloss in der ungarischen Hauptstadt und seine bezaubernden Empfänge unserem Zuhause und unseren Unterhaltungen in der österreichischen Hauptstadt vor. Die Atmosphäre war anders als in Wien, und ich freute mich, in der Nachbarschaft des guten Erzherzogs Joseph zu sein, des Bruders meiner Mutter, der mir so warmherzig und so lieb war. Sein Schloss war in Buda, und sein Schloss war einige Stunden von der Stadt entfernt. Sie hatten keine Nachteile, außer dass meine Tante und meine Schwägerin, Prinzessin Clotilde, dort wohnten, die ganz anders waren als die liebevolle und aufrichtige Amélie .

meine extravaganten Vorstellungen weder falsch einschätzte noch tadelte .

Im ersten Jahr unserer Ehe verbrachten mein Mann und ich meinen Geburtstag, den 18. Februar, beim Erzherzog in Alauth . Am Tag zuvor hatte es heftig geschneit, und ich sagte: „Ich möchte keine Geschenke, aber bitte, lass mich morgen Schlitten fahren. Ich habe so einen wilden Wunsch, einen zu fahren. Das wird mein erstes Erlebnis sein!"

Erzherzogin Clotilde war im Allgemeinen eine offenherzige Person, dennoch besaß sie gewisse spießige Eigenschaften und runzelte streng die Stirn.

Betteln und Flehen hatten keinen Zweck. Der Prinz verbot die Schlittenfahrt. Sie verbannten mich bildlich gesprochen in einen dunklen Schrank mit trockenem Brot zum Essen; sie hielten mich so streng unter Beobachtung, dass ich überhaupt nicht hinausgehen konnte, weder zu Fuß, noch zu Pferd oder mit dem Schlitten.

Der Erzherzog erschien auf der Bühne. Ich war immer noch wütend... Oh! Es ist offensichtlich, dass ich die Dinge nicht von der positiven Seite sah; ich war schon immer ein Charakter, der Dummheit und Bosheit ablehnte.

Der Erzherzog befragte mich. Ich erzählte ihm die ganze Geschichte. „Louise", rief er, „du hast hundertmal recht; vor allem, weil man in deinem Alter und wenn man hübsch ist wie du, immer recht hat. Wir werden sofort eine Spazierfahrt im Schnee machen."

Er klingelte und ließ zwei ungarische Pferde vor einen großen Schlitten spannen, der für den Wagen des Apollon geeignet war. Er setzte mich, in meinen Pelz gehüllt, hinein. Er nahm die Zügel und wir fuhren mit großer Geschwindigkeit davon, begleitet von einem treuen Diener. Ich fühlte mich wie ein Engel. Meine puritanische Schwägerin und mein puritanischer Ehemann wagten kein Wort zu sagen.

Die Gesellschaft in Budapest unterwarf sich weniger dem Hofzeremoniell als die in Wien und war daher natürlicher und kühner. Ich erinnere mich an einen Ball auf der Ile Marguerite, der Perle der Donau, als der Prinz wütend war und nicht wollte, dass ich Walzer tanzte. Ich wurde mit Einladungen überhäuft, worauf mein Mann antwortete, dass ich am Brüsseler Hof nur Quadrille und Menuett tanzen gelernt hätte!

Die Quadrille! Das Menuett! Die Leute waren ganz beunruhigt. Sie verstanden, was es bedeutet, in Ungarn Walzer zu tanzen, und ein Walzer am Ufer der Donau zu den Klängen von Zigeunergeigen ist etwas, das nicht zu übertreffen ist. Und jetzt – jetzt – importieren sie aus Amerika tristes Zeug, langweilig und epileptisch in der Bewegung, und geben ihm alle möglichen Namen, nach trabenden oder galoppierenden Tieren aus der Arche Noah. Der Walzer wird für diejenigen, die tanzen können, immer die unvergleichliche Königin der Tänze bleiben.

Einer von denen, die mich zum Tanzen aufforderten, war mutiger als die anderen, und ohne auf die Entschuldigung des Prinzen zu hören, sagte er: „Aber Ihre Hoheit kann doch sicher Walzer tanzen", und bei diesen Worten wurde ich von meinem kühnen Partner , einem Magyaren, aus dem Bereich der Autorität gerissen, der mich so in den Strudel des Tanzes schleuderte. Ich muss gestehen, dass ich für den Rest der Nacht nicht mehr aufgehört habe zu tanzen. Der Prinz war wütend, aber da er mit Komplimenten über meine Schönheit und meinen Erfolg überhäuft wurde, war er gezwungen, *nolens volens* , zum Lächeln!

Ich erinnere mich noch gut an die Szene, die sich bei unserer Abreise abspielte. Glücklicherweise wurden wir gebeten, an Bord eines wunderbar beleuchteten Bootes zu gehen, das uns den schönen Fluss entlang bis zum Punkt brachte, der unserem Palast am nächsten lag. Diese wunderbare Reise wurde von den Klängen einer manchmal wilden und manchmal trägen Musik begleitet, die man nur in diesem Land in ihrer ganzen Vollkommenheit hören kann.

Hatte es die Wirkung von Orpheus' Laute? Ich war nicht dazu verurteilt, bei Sonnenaufgang zu sterben wie die arme Scheherazade. Aber warum tanzte sie nicht, anstatt Geschichten zu erzählen?

In Bologna und Cannes sah ich einen Teil der Gesellschaft, der heute verschwunden ist. Diesen konnte ich in der Residenz der Herzogin von Chartres und im Palast Caprara des Herzogs von Montpensier treffen . In Italien waren einige der größten italienischen Aristokraten von den edelsten Namen Frankreichs umgeben; an der Côte d'Azur war es eher eine Schmetterlingswelt, in der einige der prächtigsten Pariser Schönheiten glänzten.

Wo wäre ich, wenn ich mir erlauben würde, die Schatten vieler Menschen heraufzubeschwören, die ich im Laufe meines Lebens gekannt habe? Schon ist alles still, schon hat das Vergessen begonnen. Ach, Eitelkeit der Eitelkeiten! Aber zumindest werde ich sagen, wie sehr mich Cannes und der raffinierte Geschmack französischer Eleganz verzaubert haben. Der Krieg hat diese Stadt, die einst von der Elite der Gesellschaft begehrt wurde, verwandelt. Ich habe gelesen, dass sie, überlaufen und laut, das diskrete *Gütesiegel verloren hat* , das einst ihren besonderen Charakter und Charme ausmachte. Wie schade!

Über das Leben weltlicher Menschen, die einfach nur weltliche Menschen sind und sonst nichts, gibt es alles und doch nichts zu sagen. Natürlich könnte ich eine ganze Bibliothek füllen, wenn ich die mondänen Geschichten meiner Vergangenheit im Detail beschreiben würde. Aber was würde das bringen? Ich würde damit nur der gesellschaftlichen Neugier nachgeben, die durch Berichte über die Geschehnisse der Gesellschaft befriedigt wird. Diese weiß, dass sie ihren Glanz täglich aufpolieren muss, um seine Helligkeit zu bewahren, und liefert den Zeitungen die Namen der Menschen, die sie empfängt, und Einzelheiten über die Empfänge, die sie gibt – und das nur, um jene alltägliche Neugier zu befriedigen, die leider die Grundlage der menschlichen Natur, ihrer Wünsche und ihres Selbstwertgefühls bildet.

Ende führten, ist es vielleicht besser, wenn ich diese grobe Skizze meines Lebens als Prinzessin von Coburg mit einigen Fakten über meine Kinder beende. Ich bin, so glaube ich, eine gute Mutter gewesen. Ich habe es mir gewünscht und habe zumindest das Gefühl, dass ich es sehr lange war. Ich habe meine Kinder mit viel Fürsorge und Zärtlichkeit überschüttet.

Das wird nur Frauen natürlich erscheinen, die durch die Mutterschaft zu echten Frauen werden und für die sie Ehre und Ruhm bedeutet. Sie müssen mir jedoch gestatten zu sagen, dass Mutterschaft manchmal schwieriger ist, als man denkt, wenn man die Schwierigkeiten bedenkt, die oft vom Vater des Kindes aufgeworfen werden – es gibt Situationen, in denen Muttersein eine ständige Prüfung ist.

Glücklich sind diejenigen, denen ein friedliches und normales Leben die Muße gibt, an der Wiege zu wachen. Dennoch kannte ich Glück mit meinem erstgeborenen Sohn Leopold, der 1878 in unserem Château Saint Antoine in Ungarn das Licht der Welt erblickte.

Die Königin war anwesend und freute sich sehr, Großmutter zu sein. Die Ankunft dieses Kindes, eines Jungen, der die Titel, Anhängsel und Funktionen der Familie erbte, beruhigte vorübergehend die Streitigkeiten zwischen dem Prinzen und mir. Es gab eine Ruhepause im Sturm, die einige Zeit anhielt. Der Einfluss der Königin hatte seine Wirkung auf meinen Mann. Ich selbst, in meine mütterlichen Pflichten vertieft, fasste den großen Vorsatz, in Zukunft geduldig und weise zu sein.

Ich träumte wunderbare Träume neben der Wiege meines Sohnes … Oh, grausames Schicksal, gegen das ich machtlos sein sollte. Als er heranwuchs und der Einfluss der Umgebung zunahm, wurde Leopold immer weniger mein Kind. Ich wollte, dass er treu und mutig war. Sollte er kein Schwert tragen? Was für eine ritterliche Seele wollte ich nicht in ihm schmieden! Aber sein Vater beanspruchte das Recht, ihn zu führen. Sehr bald gehörte er nicht mehr mir.

Leopold erreichte das Alter der Vernunft, als ich die Fesseln einer grauenhaft gewordenen Existenz abgeworfen hatte. Er glaubte, dass ich, indem ich mich weigerte, weiterhin Prinzessin von Coburg zu sein, mir die Hunderte von Millionen angeeignet hatte, die ihm eines Tages von seinem Großvater zustehen sollten und die ich durch meine Torheit in den Wind schlagen würde. So habe ich den Hass kennengelernt, den die Natur nicht begreifen kann – den Hass eines Sohnes auf seine Mutter. Ich habe die Tränen vergossen, die Mütter vergießen, die von ihrem eigenen Fleisch und Blut niedergestreckt werden. Aber Gott weiß, dass ich meinen Kindern jedes Mal, wenn sie mich leiden ließen, vernarrt in die Geldgier, die in der Tat die Wurzel allen Übels ist, ihnen immer vergeben habe.

Als Leopold auf so grausame Weise starb, dass ich es nicht einmal erwähnen kann, gehörte er meiner Meinung nach schon lange nicht mehr dieser Welt an; aber nicht ich war es, den diese schreckliche Strafe traf, die das Geschlecht des ältesten Sprosses des Hauses Sachsen-Coburg beendete. Getroffen wurde der Vater, der diesen fehlgeleiteten Sohn nach seinem Ebenbild geformt hatte!

Ich glaube, er hat überlebt, damit er Zeit zur Reue hat.

Als meine Tochter Dora 1881 geboren werden sollte, hatte ich eine solche Angst vor der Anwesenheit ihres Vaters, dass ich alles tat, um die bevorstehende Stunde meiner Entbindung zu verbergen. Ich wollte nicht, dass der Prinz in diesem schmerzlichen Moment bei mir war; ich wollte, dass er hinausging, ohne zu wissen, dass ich in den Wehen lag. So geschah es. Die Geburt fand in unserem Palast in Wien statt, und es gelang mir, meine Welt in Erstaunen zu versetzen. Während meiner Leidenszeit wich ich einer Anwesenheit aus, die meine Leiden nur hätte verschlimmern können. Die Hebamme, die bei mir war, hatte nicht einmal Zeit, den königlichen Geburtshelfer zu holen , der erst kam, als alles vorbei war.

Dora war mein zweites und letztes Kind. Sie versprach ein hübsches Mädchen zu werden; sie war größer als ich, sehr blond und etwas kurzsichtig. Sie hatte das Unglück, Herzog Gunther von Schleswig-Holstein zu heiraten, den Bruder der Kaiserin Augusta, der Frau von Wilhelm II. „Unglück?“ werden meine Leser sagen; „das ist die übliche Meinung einer Schwiegermutter.“ Sie werden später sehen, dass das Wort Unglück den Tatsachen entspricht, die die zeitgenössische Geschichte berühren. Mehr will ich nicht sagen.

Meine Tochter hat keine Kinder. Wenn sie welche hätte, hätte man ihnen erzählt, dass ihre Großmutter die schlimmste, wenn nicht die verrückteste Frau war, denn sie sagte oft zu ihrem Schwiegersohn sowie zum Fürsten von Coburg und gewissen Würdenträgern aus Wien und anderswo, die die Komplizen und Agenten der Verfolgung waren, von der sie heimgesucht wurde:

„Sie haben nur ein Ziel vor Augen, und das ist, mir alles zu nehmen, was mir noch bleibt – meine Freiheit. Aber es gibt Gerechtigkeit, und Sie werden bestraft!“

Sie waren.

Ach, wenn doch einige meiner Verwandten es gewagt hätten, mich öffentlich oder heimlich zu besuchen, anstatt mich zum Märtyrer zu machen oder mich zum Märtyrer machen zu lassen! ... Ich bin eine Frau, ich bin eine Mutter. Ich behaupte nicht, dass ich nichts Unrechtes getan habe. Ich behaupte nur eines: Sie haben mich immer angelogen. Sie haben mir immer von der Ehre und Tugend der Familie erzählt, aber über allem hörte ich den Schrei: „ *Geld! Geld! Geld!* “

KAPITEL VII I
Meine Gastgeber in der Hofburg – Kaiser Franz Joseph und Kaiserin Elisabeth

Seitdem die Throne, die die Grundlage der deutschen Welt bildeten, an einem Tag durch eine Niederlage umgestürzt wurden, gehe ich manchmal vom Ring in Richtung Graben an der Hofburg vorbei , dem alten Kaiserpalast der Stadt Wien, wo ich jetzt schreibe. Vom Franzenplatz (dem großen Innenhof) aus kann ich die Fenster der Räume sehen, in denen ich früher von den Wachen und Kammerherren mit den meinem Rang gebührenden Ehren empfangen wurde . Diese Fenster sind jetzt geschlossen, leer und still. In Wien scheint alles tot. Die alte Hofburg hat aufgehört zu existieren. Die neue Hofburg , ein äußeres Symbol verflossener Hoffnungen, ist ein unvollendetes Gebäude. Sie zeugt vom Untergang eines Imperiums.

Von allen Prinzessinnen und Erzherzoginnen des verschwundenen Hofes bin ich die einzige, die noch in Wien lebt. Ich glaube, ich werde vom Volk geliebt und von den Autoritäten respektiert.

Es gibt eine Stadt auf der Welt, in der ich lange Zeit gelebt habe. Sie war der Schauplatz meiner „Verbrechen". Diese Stadt hat, nachdem sie jeden Anspruch auf Ehre , Wahrheit und Tugend aufgegeben hat, mir nun mein Rederecht vorbehalten und mir, während sie Titel abgeschafft hat, den meinen überlassen. Ich stehe allein in den Ruinen einer Macht, die grausam zu mir war.

Ich habe die „Justiz" des Hofes und die des Kaisers Franz Joseph kennengelernt. Ich habe gelernt, dass eine Prinzessin nicht dieselben Rechte hat wie der Rest der Welt. Für sie gibt es geheime Regelungen, die angewendet werden, ohne dass die Richter etwas zu sagen haben, oder, wenn doch, führen sie nur bestimmte Befehle aus. Sie verschleiern diese mit allen möglichen Vorwänden. In meinem Fall war die Entschuldigung Wahnsinn.

Es wäre heute unmöglich, einem rebellischen Gewissen Wahnsinn vorzuwerfen. Es wäre unmöglich, einem Opfer vorzuwerfen, es habe unmögliche Skandale verursacht, wenn es wagte, um Hilfe zu bitten. Niemand kann mit Gewalt in ein Irrenhaus gesteckt werden, wo der Leiter sagt, man sei nicht verrückt, und dennoch verpflichtet ist, einen zu bewachen. Er hatte seine Befehle! Das nannte man „eine Affäre *de cour !*"

Ich glaube nicht, dass es vieler krimineller Versuche dieser Art bedarf, um ein Urteil von einer göttlichen Gerechtigkeit zu erhalten, die durch keine Heuchelei in Worten oder Taten und durch kein System menschlicher Macht getäuscht werden kann.

Aber warum sollten nicht diejenigen, die sich einer unmoralischen und feigen Politik schuldig gemacht haben, die einzigen sein, die ihre Fehler büßen? Eine ganze Nation büßt in diesem Moment die Dekadenz und den Untergang des Wiener Hofes. Ja, das arme Volk, das so gut, so betrogen, so resigniert, so fleißig und so bemitleidenswert ist, büßt jetzt die Verbrechen seiner Herrscher!

Als ich 1875 am österreichischen Hof ankam, war Franz Joseph 45 Jahre alt.

Aus der Ferne war er immer an seinem galanten Auftreten in Uniform zu erkennen. Aus der Nähe machte er den Eindruck, als besäße er eine gewisse Portion Humor , was jedoch durch seinen strengen Blick widerlegt wurde. Er war ein engstirniger Mann, voller falscher und vorgefasster Meinungen, aber er besaß aufgrund seiner Erziehung und der Traditionen der österreichischen Politik gewisse Formeln und Manierismen, die es ihm ermöglichten, sich lange über Wasser zu halten, bevor er schließlich in dem Meer aus Blut versank, in dem die kaiserliche Galeere schließlich unterging. Aber ohne Rang und Zeremoniell, ohne Routine oder Empfänge, Audienzen und Reden war er nichts weiter als ein Narr. Bei seiner Geburt hatte ihm die Natur ein Herz genommen. Er war ein Kaiser, aber kein Mensch. Am besten lässt er sich als ein als Soldat verkleideter Automat beschreiben.

Der Kaiser machte zunächst einen großen Eindruck auf mich, als mein Mann mich ihm als neue Prinzessin von Coburg vorstellte. Ich lauschte seinen liebenswürdigen und geschliffenen Worten, auf die ich nur schwer angemessen antworten konnte. Sie waren meist so banal, dass ich fast schon vergessen hatte, was er gesagt hatte, bevor ich ihn verließ. Das war fast immer so, außer bei einer denkwürdigen Gelegenheit, die ich später beschreiben werde.

Ich kenne niemanden, der sich an ein einziges Wort von Franz Joseph erinnert, das es wert wäre, wiederholt zu werden. Seine Konversation im kaiserlichen Kreis war beunruhigend kalt und armselig. Er wurde nie lebhaft, außer wenn er über Skandale sprach, aber das geschah normalerweise in der Wohnung von Madame Schratt , die ihm Zuflucht und Entspannung zugleich bot, wo er wirklich „zu Hause" war und wo er einfach „Franz" oder „Joseph" war.

Ich habe Madame Schratt im Burgtheater gesehen. Ihr Einfluss (falls sie überhaupt einen hatte, abgesehen davon, dass sie dem Kaiser half, den Unzulänglichkeiten zu entfliehen, die sein Leben zum Verhängnis machten) war für keine lebende Seele schädlich.

Schauspielerin an der Comédie Française aus Wien, hübsch und von Natur aus ehrlich, Katti Schratt war eine „ Brohan ", und ihre Fröhlichkeit gefiel zumindest dem Herrscher. Er gab ihr zunächst eine friedliche und sichere

Stellung, und dann führte er sie eines schönen Abends in aller Stille bei Hofe ein, wo die Kaiserin sich bewundernswert mit dieser kaiserlichen Kühnheit abfand. Sie war ganz zufrieden, als sie erfuhr, dass Franz Joseph seine Leidenschaften jetzt methodisch verfolgte, seine Exzesse eingedämmt und sich eine Vertraute ausgesucht hatte, die nicht mehr als eine Unterhaltung für ihn sein wollte. Es gab einen großen Unterschied zwischen Madame Schratt und Madame de Maintenon. Ein noch größerer Unterschied bestand zwischen Franz Joseph und Ludwig XIV.

Doch was sein tatsächliches Aussehen betraf, hätte man den Kaiser leicht für seinen *Maître d'hôtel halten* können, wären da nicht seine Uniform und seine Umgebung gewesen. Aus der Nähe betrachtet war er ein ganz gewöhnlicher Mensch. Zwei schlechte Angewohnheiten fielen jedoch bei ihm auf: Bei der geringsten Verlegenheit zupfte und rieb er sich den Koteletten, und beim Essen betrachtete er häufig sein Spiegelbild in der Klinge seines Messers. Was sein übriges Verhalten angeht, so aß, trank, schlief, ging, jagte und sprach er gemäß dem anerkannten Ritual, das die Umstände der Stunde, des Tages und des Kalenders vorgaben. Diese Manierismen wurden durch Revolutionen, Kriege oder Unglücksfälle kaum gestört. Er begrüßte seine Katastrophen mit demselben Gesichtsausdruck, mit dem er es bemerkte, wenn es regnete, wenn er im Begriff war, nach Ischl aufzubrechen .

Als sein Sohn Selbstmord beging und seine Frau ermordet wurde, verlor er kein Gramm Fleisch; sein Schritt war so fest wie immer und sein Haar ebenso tadellos frisiert.

Auch nach den Trauerfeierlichkeiten änderte sich in Österreich nichts. Franz Joseph sprach weiterhin im gleichen Ton von der Liebe seines Volkes zu ihm und von seiner Liebe zu ihnen.

Und am selben Abend war er mit Madame Schratt zusammen. Diesem Mann ohne Genialität, ohne Mut und ohne Gerechtigkeit verdanke ich das Unglück meines Lebens.

Als er meinen Platz als Souverän und Oberhaupt des Hauses hätte einnehmen sollen, tat er dies nicht, weil er Angst hatte.

Nur bei zwei Gelegenheiten verhielt er sich *in Bezug* auf das, was mich betraf, anders; diese Umstände waren jedoch nicht entscheidend. Ein Mensch wird nicht danach beurteilt, wie er einem aus einem Wagen hilft, sondern nach seinem Verhalten bei einem großen Feuer; er weicht nicht vor den Flammen zurück, um einen zu retten!

PRINCESS VICTOR NAPOLEON (Prinzessin Clémentine von Belgien)

Franz Joseph war nicht in der Lage, sich ins Feuer zu werfen, um irgendjemanden zu retten. Man konnte sich nicht darauf verlassen, dass er in einer Gefahrensituation helfen würde. Er hätte Angst gehabt, seine Uniform zu ruinieren oder seinen Bart zu zerzausen!

Ach! Ich kann die Verzweiflung seines Sohnes und seiner Frau gut verstehen, deren einziger Gedanke im Leben darin bestand, diesem Nichts zu entfliehen.

Der Bruder des Kaisers, Erzherzog Louis Victor, war der Anstifter des Hasses, dessen Opfer ich wurde. Dieser Mann erfuhr später die Qualen einer unehrenhaften Verbannung und starb unehrenhaft . Gott hat ihn bestraft. Ich habe gesehen, wie Seine Macht diesen Schuldigen traf, der die Verfolgungen auslöste, unter denen ich leiden musste.

Viele Jahre lang legte er mir seine Hingabe zu Füßen. Ganz Wien wusste das, auch der Kaiser, und er besser als die meisten Leute, denn Skandale waren sein tägliches Brot. Für ihn war es fast eine Staatsangelegenheit zu wissen, ob es Erzherzog Ludwig Viktor gelingen würde, die Zitadelle meiner Tugend zu bezwingen.

Dennoch konnte der Prinz, wenn er wollte, gefällig sein; er hatte eine leidenschaftliche Natur, und seine übermäßige Neugier brachte ihn schließlich in den Skandal einer öffentlichen Bestrafung.

Ich fand mich damit ab, seine Komplimente und Blumen geduldig entgegenzunehmen. Wir alle kennen die Nöte der Welt. Ich musste die Beharrlichkeit eines Erzherzogs, des Bruders des Kaisers, mit einem Lächeln ertragen. Aber das Lächeln ist der Frau von der Natur speziell gegeben worden, damit sie gelegentlich ihre Gedanken verbergen kann!

Leider verlor Louis Victor, eifersüchtig auf die ehrenwerten Gefühle, die ein anderer, kein „Prinz", in mir geweckt hatte, die Geduld, und aus dem Gegenstand seiner Liebe wurde ich zum Gegenstand seines Hasses. Ich gestehe, dass ich eine Vorliebe für satirische Schlagfertigkeit hatte, die ich vom König geerbt hatte und die mir viele Feinde einbrachte. War der Erzherzog durch ein wenig Offenheit beleidigt? Verletzte Eitelkeit rächt sich schnell. Von nun an hatte ich in ihm einen offenen Feind. Er schwor, dass er mich zwingen würde, den Hof zu verlassen.

Ich hatte Eifersucht geweckt. Welche Frau hat das nicht? Meine Rivalinnen verschanzten sich um meinen ehemaligen Verehrer. Die üblichen Intrigen begannen. Meine Freiheit des Lebens wurde von einigen wohltätigen Seelen angegriffen, die nur daran dachten, sie zu zerstören, unterstützt von einem abgewiesenen Don Juan. Der Erzherzog brauchte nicht lange, um die notwendigen Einzelheiten zu arrangieren. Die Leute begannen darüber zu sprechen, wie ich diesen ehrenwerten Mann, den einzigen Menschen, der mein Leben erfüllt hat, beachtet hatte. Ich habe ihm immer mein ganzes Vertrauen und meine ganze Wertschätzung entgegengebracht.

Erzherzog Louis Victor ging zu seinem Bruder und erzählte ihm, er habe mich nachts mit eigenen Augen in einem beliebten Restaurant *unter vier Augen* mit einem Ulanenoffizier gesehen .

Drei edle Furien, die ich hier nicht nenne und die das alleinige Recht besaßen, die Tugend auf Erden zu vertreten, waren außer sich vor Empörung über diese Vergessenheit meines Ranges und ließen Seine Majestät wissen, dass sie mir in Anwesenheit des kaiserlichen Kreises den Rücken kehren würden, wenn man mir die Teilnahme am kommenden Staatsball gestatten würde.

Meine Schwester, die von diesem Aufruhr erfuhr, befragte mich und warnte mich. Ich hatte keine Schwierigkeiten herauszufinden, woher die Verschwörung kam, und beteuerte gegenüber Stéphanie meine Unschuld . An dem Abend, als Erzherzog Louis Victor seinem Bruder erzählte, er habe mich im Restaurant gesehen, hatte ich den Palast nicht verlassen. Ich darf hinzufügen, dass ich *nie, nie, nie mit jemandem* in einem Restaurant *unter vier Augen gesessen* habe. Wenn ich Gelegenheit hatte, bei einem öffentlichen

Abendessen oder Abendessen aufzutreten, wurde ich immer von einer oder mehreren Personen aus meinem Gefolge begleitet.

Und außerdem war ich zur selben Stunde, die mein Verleumder erwähnte, mit meinem Prinzen zusammen und wir hatten eine jener Diskussionen, die die täglichen Stürme unseres Lebens ausmachten. Der Prinz war Zeuge davon, und außerdem konnten die Diener bezeugen, dass ich keine Anweisungen für meine Kutsche gegeben und den Palast nicht verlassen hatte. Es wäre also nichts leichter gewesen, als dem Erzherzog und seinen tugendhaften Freunden zu widersprechen.

Meine Schwester war völlig überzeugt, aber da sie sich nicht zwischen Teufel und Meer stellen wollte, meinte sie, es wäre besser, wenn ich mich persönlich an den Kaiser wende. Die Kabale handelte jedoch schnell. Franz Joseph kam meiner Bitte zuvor, indem er *mich zu sich bestellte* . Ich sah ihn in Stéphanies Zimmer. Ich war in einem Zustand der berechtigten Wut, dass ich mich in der Gegenwart dieses berüchtigten Mannes leider nicht beherrschen konnte.

Zunächst dankte ich dem Souverän für seine Audienz und sagte (wobei ich meine Wut nur mit Mühe im Zaum halten konnte), er solle mich verteidigen und auf meiner Seite stehen; ich sei das Ziel der Angriffe einer elenden Verschwörung und er müsse dem ein Ende bereiten, indem er den Verleumder bestrafte. Ich bat ihn, eine Untersuchung durchzuführen, da ich ein absolutes Recht darauf hatte. Der Rest meiner Worte kann der Fantasie überlassen werden. Da der Kaiser wusste, welche Verteidigung ich wahrscheinlich vorbringen würde, hatte er seine Antwort nach der Formel eines der Leiter der Reichskanzlei vorbereitet, der ihn in seiner Jugend ausgebildet hatte. Er sagte Folgendes: „Madam, das alles hat nichts mit mir zu tun; Sie haben einen Ehemann; es ist seine Angelegenheit. Ich denke jedoch, dass Sie vorläufig besser eine Reise irgendwohin unternehmen und nicht beim nächsten Staatsball erscheinen sollten."

„Aber, Sire, ich bin ein Opfer; Sie machen mich zum Verbrecher."

„Madam, ich habe meinem Bruder zugehört, und als Victor gesprochen hat …", schloss er mit einem Zeichen, das kaiserlich und eindeutig war.

Ich war nicht die Art von Frau, die solche Missetaten schweigend hinnahm. Aber es gelang mir, meine Verachtung zu verbergen, und ich antwortete:

„Die Zukunft wird zeigen, Sire, wer von uns gelogen hat, der Erzherzog oder ich." Dann machte ich den vorgeschriebenen Knicks und der Kaiser verließ den Raum.

Nach meiner Rückkehr ins Coburger Schloss ging ich zu meinem Mann und sagte ihm, dass ich auf seine Ehre vertraue und dass er die abscheuliche

Verschwörung, in die ich verwickelt war, vereiteln werde und dass er seine Sekundanten zum Erzherzog Viktor schicken solle.

Der Fürst von Coburg antwortete kalt: Wenn ich die kaiserliche Gunst verloren hätte, *Er* hatte keine Lust, diese Macht durch ein Duell mit einem Erzherzog zu verlieren, der der Bruder des Herrschers war.

Nach dem ritterlichen Kaiser war ich tatsächlich einem anderen Galahad begegnet; ich war wütend, konnte aber nichts tun. Meine Wut hatte jedoch unerwartete Folgen. Der Prinz wollte nicht daran denken, dass ich an diesem Abend im Palast war. Er erklärte, er würde der Behauptung meines Verleumders nicht widersprechen. Das war der Tropfen, der das Fass zum Überlaufen brachte. Von diesem Moment an war mein Entschluss gefasst. Ich würde nicht länger bei einem Ehemann bleiben, der mich auf diese schändliche Weise verlassen hatte. Ich würde auf die Stimme hören, die sagte: „Madam, Sie sind in der Welt, in der Sie leben, verloren; sie ist feige und pervers. “ Aber mein Familiengefühl erwies sich als stärker als meine Wut. Ich sagte zum Prinzen: „Wir müssen uns trennen und unsere Freiheit wiedererlangen. Aber wir haben Kinder. Lassen Sie uns eine Szene vermeiden. Lassen Sie uns ein Jahr lang reisen, und wenn wir am Ende dieser Zeit keine bessere Art des Zusammenlebens gefunden haben, werden wir uns trennen; Sie müssen Ihren Weg gehen und ich werde meinen gehen.“

Für einen Mann wie den Prinzen von Coburg waren diese Worte das Schrecklichste, was man sich vorstellen konnte. Die Möglichkeit einer Trennung oder Scheidung würde Millionen von Menschen bekannt sein, dem König und anderen, und nicht nur dem Vater meiner Kinder; so etwas war unmöglich. Er sagte, ich sollte mehr darüber erfahren. Und das tat ich.

Da ich die ganze Geschichte von Anfang an erzähle, muss ich auch die anderen Gründe für Franz Josephs unfassbare Haltung mir gegenüber nennen. Diese waren mehr oder weniger politischer Natur, und ich möchte mich hier nicht mit politischen und noch weniger mit den Gründen, die ihn selbst betrafen, befassen. Aber gleichzeitig schreibe ich, um der Geschichte dieser Zeit ein paar neue Fakten hinzuzufügen und mich gegen falsche Anschuldigungen zu verteidigen.

Franz Joseph weigerte sich, mir zu helfen, und verließ mich vom ersten Augenblick an, weil er vorsichtig sein musste; er ließ meinem Mann daher völlige Freiheit, zu tun, was er wollte. Der Prinz von Coburg kannte das Geheimnis Meyerlings und das Ende von Rudolphs Verzweiflung. Außerdem hatte der Prinz einen Bruder Ferdinand, der im Außenposten von Nach einquartiert war. Oste in Bulgarien. Die Coburger waren eine Macht für sich. Franz Joseph beugte sich vor ihnen. Er wählte das kleinere von zwei Übeln und opferte mich.

Ich kannte ihn nur bei zwei Gelegenheiten als ritterlich. Einmal bat ich ihn, einen Hofkapitän auszutauschen, der mit mir und meinem Mann, der mit Erzherzog Viktor gemeinsame Sache machte, verbunden war, und er gewährte mir meine Bitte sofort. Als ich ein neues Leben begann, einem höheren Ideal gerecht wurde und die finstersten Beweise einer grausamen Verleumdung ignorierte, geschah es, dass der Prinz von Coburg einem Ehrenmann gegenüberstand, der bereit war, ihm Genugtuung zu leisten. Mein Mann legte eine Miene höchster Verachtung an den Tag. Der Kaiser erinnerte ihn dann daran, dass die Uniform eines Soldaten mehr als nur zur Schau diente. Er riet dem Prinzen von Coburg, zu kämpfen; er kämpfte.

Ich glaube, dass dies der einzige militärische Sieg war, den Franz Joseph über irgendjemanden errang; und für den Prinzen, einen österreichischen General, war es die einzige Schlacht, an der er persönlich beteiligt war.

* * * * *

Ich denke oft, dass die Vorsehung der Kaiserin gegenüber sehr gnädig war und sie nicht alt werden ließ, obwohl sie an die Kette gefesselt war, die das Kaiserreich in den Abgrund menschlicher Dummheit und Wildheit zog.

Soll ich sagen, dass meine Gedanken im Gebet bei ihr sind? Auch sie war eine Märtyrerin; in meinen täglichen Meditationen steht sie nur an zweiter Stelle nach der Königin. Der Unterschied in meinem Alter und Rang hielt mich zu meinem großen Kummer weiter von ihr entfernt, als mir lieb gewesen wäre. Zu der Zeit, als ich ihr näher hätte kommen können, war ich zwischen meiner Sehnsucht nach dem Ideal und den Eitelkeiten der Welt hin- und hergerissen. Wenn sie eine gelassene Kaiserin war, war ich eine verzweifelte Prinzessin! Aber ich hatte etwas mit ihr gemeinsam: die Liebe zur Natur und Freiheit und die Vorliebe für Heinrich Heine.

Ohne diesen Autor auf das gleiche Podest wie Goethe zu stellen, dessen Geist ich versucht habe, meinen eigenen zu beleben, habe ich viele glückliche Stunden mit der Lektüre von Heine verbracht, und je älter ich wurde, desto mehr habe ich den Dichter kennen und bewundern gelernt, der sowohl ein inspirierter Humorist als auch ein Philosoph war. Er war der De Musset Preußens und Judäas, der Witz *par excellence* Europas – Heine hatte von Frankreich eine Einheit von Gaben genommen und ihm gegeben, deren Mischung eine Menschheit verspricht, die von Rassenschranken befreit ist und von derselben Liebe zur ewigen Schönheit bewegt wird. Ein Hinweis auf die Versöhnung, die die Zukunft vielleicht bringen wird.

Es ist möglich, dass er Jude *war* ; die Apostel waren auch Juden. Aber ich verstehe und schätze die Gefühle der Kaiserin, die ihn in Hamburg besuchte, nach seinem Tod weiterhin freundschaftliche Beziehungen zu seiner Schwester pflegte und ihm schließlich auf Korfu ein Denkmal errichtete.

Rudolph sagte einmal über seine Mutter: „Sie ist eine Philosophin auf einem Thron." Sie hatte wirklich einen großen Verstand.

Der Tag, an dem ich die Ehre hatte , von der Kaiserin privat empfangen zu werden, war für mich ein aufregender Tag. Ich wusste, dass sie nur Schwarz, Weiß, Grau oder Violett trug, also arrangierte ich meine Toilette, ohne die Hilfe einer Schneiderin in Anspruch zu nehmen, und wenn ich den Schmeicheleien der Rue de la Paix Glauben schenken darf , wusste ich, wie ich mich selbst anziehen musste; aber ich gestehe, dass ich mir, da ich inzwischen in Sachen Kleidung sicherer geworden war, Zeit ließ, um zu entscheiden, was ich bei dieser Gelegenheit anziehen sollte. Am Ende entschied ich mich für ein violettes Kleid, das höchst geschmackvoll mit Lappentaucher besetzt war, und eine kleine Samtmütze. Ich kann ohne zu prahlen sagen, dass meine Toilette bemerkt und allgemein bewundert wurde.

Die Kaiserin war entzückend. Sie sprach von der Königin in wohlgewählten, einfachen Worten, als wäre sie eine Freundin, die ihr lieb war. So sprach sie über fast alles. Ihre Konversation war von hohem Niveau, aber gleichzeitig absolut natürlich. Sie sprach kaum jemals barsch und immer mit leisen und reinen Tönen. Sie besaß eine gefühlvolle Stimme – gedämpftes Kristall, aber dennoch Kristall. Ich habe noch nie ein Lächeln wie ihres gesehen; es war wie ein Lächeln vom Himmel; es bezauberte mich und berührte mich, es war gleichzeitig süß und ernst. Sie war wunderschön, eine himmlische Schönheit mit etwas Ätherischem in der Reinheit ihrer Gesichtszüge und den Linien ihrer Figur. Niemand ging wie Elisabeth von Österreich; die Bewegung ihrer Glieder war unmerklich , sie glitt; sie schien auf dem Boden zu schweben. Ich habe oft gelesen, dass eine berühmte und verehrte Frau mit „unnachahmlicher Anmut" ausgestattet war. Kaiserin Elisabeth besaß diese unnachahmliche Anmut wirklich. Und ihre großen Augen schienen eine ganz eigene, edle Sprache zu sprechen und auszudrücken, die die drei Tugenden Glaube, Hoffnung und Nächstenliebe verkörperte.

Bayern, ihr Geburtsort, hat über die Jahrhunderte hinweg die wesentlichen Elemente der keltischen Rasse bewahrt, die bis zur Donau reichte. Auch Süddeutschland ist reich an diesem alten europäischen Blut. Die Kaiserin verkörperte die feinsten Merkmale keltischer Schönheit. Sie war kein deutscher Typ – zumindest kein Typ Mitteldeutschlands –, sondern verkörperte sowohl moralisch als auch physisch in Perfektion all das, was München und Wien von Berlin unterschied und auch weiterhin unterscheiden wird.

* * * * *

Wenn ich in Gedanken zur Hofburg zurückkehre, überkommen mich viele Erinnerungen . Einige der eindrucksvollsten muss ich aufzeichnen.

So werde ich an Erzherzog Johann denken, der später als Johann Orth bekannt war, nach dem Namen einer von Maria Theresias Burgen an der Donau, dem von diesem seltsamen Wesen bevorzugten Ort.

Wie Rudolph, mit dem ihn eine enge Freundschaft und ein gewisses Verständnis verband, konnte Erzherzog Johann die Luft der Höfe nicht atmen. Er sagte einmal zu mir: „Du und ich, Louise, sind in vielerlei Hinsicht nicht dafür geschaffen, hier zu leben."

Er interessierte mich, aber sein sarkastischer Geist gefiel mir nicht. Er hatte keine von Rudolphs hohen Idealen. Als er verschwand, glaubte ich, er lebe irgendwo im Verborgenen und es bestehe die Möglichkeit, dass er wieder auftaucht. Vor kurzem las ich in den Zeitungen, dass eine Person, die durchaus Erzherzog Johann hätte sein können, gerade in Rom gestorben sei, wo er zwanzig Jahre lang zurückgezogen gelebt hatte. Rom zieht die einsamen und desillusionierten Seelen der Welt an. Wenn dieser unbekannte Mann wirklich Johann Orth war, war er tatsächlich in der Lage, über die Größe und den Verfall von Imperien zu meditieren.

Ich werde diesen mysteriösen Schatten verlassen und von zwei anderen Verstorbenen sprechen, deren Existenz uns stärker berührt und für an diesem Thema interessierte Gemüter ein Staatsproblem darstellt.

Ich sehe in meiner Vorstellung den Ball, auf dem Franz Ferdinand d'Este durch seine Zuneigung zur Gräfin Chotek zeigte , was sich schließlich zwischen ihnen ereignen würde. Er liebte sie und sie liebte ihn; sie heirateten. Das war ein großes Ereignis. Die Gräfin war klug und intelligent, und sie missfiel dem Kaiser persönlich nicht. Sie wusste, dass sie dieses engstirnige Wesen nicht beleidigen durfte. Aber ihre Rolle in den politischen Ereignissen Mitteleuropas war von dem Tag an, als Rudolfs Tod sie von einem Thron träumen ließ (wenn auch nur von dem von Ungarn), wichtiger, als man es sich vorstellte.

Mir ist mehr als einmal in den Sinn gekommen, dass Frankreich, wenn es die österreichische Politik gekannt und akzeptiert hätte, feststellen musste, dass die zur Herzogin von Hohenberg erhobene Gräfin Chotek ganz andere Vorstellungen hatte als die Berliner. Leider beging Frankreich den Fehler (und es wird mir verzeihen, dass ich es *en passant zu sagen wage*), Politik von Religion zu trennen und zu vergessen, dass die Religion das Wichtigste aller Politik ist. Es band sich die Hände, verband sich die Augen und rückte nach Europa vor. Es hatte kaum eine Chance, die Donau zu erreichen, die wichtigste aller europäischen Routen.

Ich wusste, wie sehr der König der Belgier die Blindheit Frankreichs bedauerte und was er zu diesem Thema zu mehr als einem angesehenen Franzosen sagte. Er lautete, der Nachteil demokratischer Regierungen bestehe darin, dass sie zahlreiche Denkschulen hervorbringen müssten, bevor sie über die wenigen Prinzipien verfügten, die die Grundlage und das ganze Geheimnis der Regierung bilden. Das religiöse Prinzip ist dabei nicht das geringste.

In einem Land, das früher von Staatsmännern wimmelte und das politisch durch korrupte Dummheit zugrunde ging, erlangte die Zerstörerin von Charakteren und Überzeugungen, Gräfin Chotek , eine Frau mit festen Überzeugungen, durch ihren politischen Verstand Bekanntheit.

Sie machte Ferdinand d'Este zu einem Mann, der Tatkraft und Energie besaß. Ihr größter Fehler und der ihres Mannes bestand darin, dass sie aus Angst, Schwäche zu zeigen, nicht wussten, wie man Güte zeigt. Der erbliche Erzherzog und seine Frau waren streng bei der Verwaltung ihres Grundbesitzes und erhoben sehr strenge Steuern auf das Volk.

Es brauchte nicht viel, um den latenten Hass gegen den Thronfolger in einem Staat zu schüren, der in sich selbst gespalten war. Zu dieser Rivalität kamen Eifersucht und allgemeine Unruhe hinzu, und gewisse Kleinigkeiten, die der Strenge von Franz Ferdinand und der Herzogin von Hohenberg geschuldet waren, wurden perfide gegen sie ausgenutzt. Der Tag ihres Todes war beschlossen, der Weg war vorbereitet und die Instrumente ausgewählt. Aber ich muss die schrecklichen Ereignisse von gestern übergehen, deren Ergebnis mich nicht berechtigt, darüber zu sprechen.

Der Erbherzog und seine Frau hatten eine mächtige Kamarilla gegen sich. Sie brauchten keine Parteigänger und hätten sich einer Kabale nach der anderen entgegenstellen können, aber ihre Gegner , die sich fast alle im Verborgenen aufhielten, verfolgten Pläne außerhalb der Monarchie.

Dies ist weder der Ort noch der Moment, um den Konflikt der Einflüsse zu diskutieren, dessen Schlachtfeld Wien war. Dies wird das Werk eines scharfsinnigen und unparteiischen Genies sein, das vielleicht in der Lage sein wird, die Welt über die allgemeine Wertlosigkeit des österreichischen Hofes während der zehn oder fünfzehn Jahre vor 1914 aufzuklären. Er wird der Welt dann die Geschichte eines der furchtbarsten Konflikte zwischen Eigennutz und Eitelkeit bekannt machen, den die Welt je erlebt hat.

Am Wiener Hof gab es eine Kamarilla, bestehend aus einer Gruppe mehr oder weniger ehrgeiziger Männer, die sich um den Herrscher scharten, jede Annäherung an ihn bewachten und den Prinzen nach Kräften aus Hass und Gier ausbeuteten. Als der Kaiser immer mehr zu einer Galionsfigur wurde, sahen sich die alten Günstlinge der kommenden Macht gegenüber. Diese Macht erkannte aus den weniger wichtigen Gründen, die bekannt sind, und aus anderen, wichtigeren als diesen, die morganatische Ehe von Franz Ferdinand und den glühenden Katholizismus der Herzogin von Hohenberg an , die aufgrund ihres Charakters und ihrer ehrgeizigen Träume für ihre Kinder sowohl innere als auch äußere Feinde hatte. So entstand eine dritte Kamarilla, die geheimste und furchterregendste, aus dem einfachen Grund, dass an einem Hof, wo Einzelne untereinander kämpfen, diese indirekt gegen die ganze Welt kämpfen. Sie verraten nicht nur diesen und jenen – sie verraten ihr ganzes Land.

KAPITEL IX
Meine Schwester Stéphanie heiratet den Erzherzog Rudolph, der in Meyerling starb

Meine jüngere Schwester verbrachte eine glückliche Kindheit in Brüssel. Mit neunzehn Jahren war sie eine strahlende Schönheit. Ohne zu wissen, wen sie schließlich heiraten würde, hatte man sie ermutigt, sich auf eine vorteilhaftere Ehe als ihre älteste Schwester zu freuen.

Der König war von meiner Heirat mit dem Fürsten von Coburg nie sehr begeistert gewesen. Er hatte höhere Ambitionen für mich. Meine Mutter hingegen wünschte die Heirat. Ihre Gründe dafür habe ich bereits genannt.

Um sich für seine enttäuschten Hoffnungen zu rächen, beabsichtigte der König, Stephanie mit einem Thronfolger zu vermählen. Er hatte Rudolf von Habsburg als möglichen Ehemann für sie in Betracht gezogen und die Königin war mit ihm einverstanden. Was für eine gewagte Idee! Denn so ehrenhaft das belgische Königshaus auch sein mochte, es hatte keinen so hohen Rang wie das österreichische.

Wie ich gleich erzählen werde, war mir das Vorhaben dieser Heirat nicht unbekannt, das unter den glänzendsten Vorzeichen begann und in einer entsetzlichen Tragödie endete.

Die Geschichte hat sich mehr für die letzte Katastrophe interessiert als für die Geschichte der frühen Tage des Ehelebens von Rudolf von Habsburg und Stephanie von Belgien. Auch ich werde das Finale besprechen und Rudolf beschreiben, wie ich ihn am Vorabend seines Todes kannte.

Rudolf war damals dreißig Jahre alt. Er hätte sich ohne weiteres als „Geliebter der Götter" bezeichnen können. Ein großer Hof lag ihm zu Füßen; die schönste Stadt der Welt nach Paris war ein Wohnsitz, wo ihm alles hätte gehören können. Das Volk der Monarchie setzte seine Hoffnungen für die Zukunft in ihn. Er hatte eine Frau, um die ihn alle beneideten; eine Tochter, die er mit Liebkosungen überschüttete; eine edle und gute Mutter, die er anbetete; und schließlich einen Vater, dessen großes Reich ihm zufallen würde; aber Rudolf, der Unglückliche und Unglückliche, zog es vor zu sterben.

Machen wir ein für alle Mal Schluss mit den Legenden um Meyerling und, soweit möglich, mit den damit verbundenen Lügen. Rudolf von Habsburg hat Selbstmord begangen!

Es wird gesagt, dass es dafür keinen Beweis gibt. Das ist falsch, denn der Beweis existiert. Ich kann ihn erbringen.

Die Geschichte der Liaison, die Rudolf von Habsburg und Maria Vetsera ins Grab brachte, wurde schon oft erzählt. Ich werde mich daher darauf beschränken, einige wenige Punkte zu erwähnen.

In der Liebe des Erberzherzogs zu Mary Vetsera steckte entweder ein grelles Verhängnis oder ein finsterer Einfluss …

Als ich kurz vor dem Schreiben dieser Seiten in Wien war, sortierte ich einige private Papiere, die mich an die Zeit erinnerten, als ich Rudolphs Vertraute und Freundin war. Nachdem ich meine Aufgabe erledigt hatte, machte ich eine Spazierfahrt.

An einer Biegung einer belebten Straße fiel mir der Anblick einer melancholisch wirkenden alten Frau in dunklem Gewand ins Auge. Meine Kutsche fuhr zu diesem Zeitpunkt langsam, und so konnte ich nicht übersehen, dass sie von zahlreichen Schicksalsschlägen erdrückt schien, unter der Last einer schweren Last zu Boden gebeugt war und dicht an den Gebäuden entlangging, wobei sie im Vorbeigehen fast die Mauern berührte. Ihr Gesicht zeigte äußerste Niedergeschlagenheit und Entsetzen und war von unzähligen tragischen Falten durchzogen. In dieser Trauererscheinung erkannte ich die Mutter von Mary Vetsera .

Was war aus der eleganten Frau von Welt geworden, die ich normalerweise immer als Anstandsdame ihrer damals in der Blüte ihrer bezaubernden Jugend stehenden Tochter traf?

Ich brauche nur die Augen zu schließen, um Mary Vetsera zu sehen – großartig und strahlend, wie sie bei einer Abendveranstaltung des deutschen Botschafters, Fürst von Reuß , auftrat – dem letzten aufsehenerregenden Auftritt des Mädchens in der Wiener Gesellschaft, das zur Heldin des „blutigen Rätsels" Meyerling werden sollte .

Aber das Rätsel ist ganz einfach.

ERZHERZOG RUDOLPH

Dennoch muss man hinter die Kulissen schauen, um alles zu sehen und alles zu wissen. Und das wird Journalisten immer schwerfallen, die verzerrte Versionen von „Tatsachen" erfinden, die die Feinde der „Geschichte" sind. Jeder Journalist verlässt sich weiterhin auf seine Vorstellungskraft oder auf seine Beobachtungen, die je nach Standpunkt variieren. Wenn die Wahrheit also lange auf sich warten lässt, ist das nichts Besonderes. Das Erstaunliche an der Presse ist nicht so sehr, dass sie voller Lügen ist, sondern dass sie manchmal die Wahrheit sagt.

Ich war gerade in der Botschaft angekommen. Der Prinz von Reuss verließ mich, um meiner Schwester und ihrem Mann bei der offiziellen Einreise zuvorzukommen.

Rudolph bemerkte mich und kam, als Stéphanie ging , geradewegs auf mich zu. „Sie ist da", sagte er ohne Umschweife. „Ach, wenn mich doch jemand von ihr befreien würde!"

„Sie" war Mary Vetsera , seine Herrin mit dem feurigen Gesicht. Auch ich blickte die Verführerin an. Zwei strahlende Augen begegneten meinen. Ein Wort beschreibt sie: Mary war eine kaiserliche Sultanin, die keine andere Favoritin fürchtete , so sicher war sie sich der Macht ihrer vollen und triumphalen Schönheit, ihrer tiefschwarzen Augen, ihres kameenartigen Profils, ihrer Kehle wie eine Göttin und ihrer fesselnden sinnlichen Anmut.

Sie hatte Rudolph völlig in sich aufgenommen und sehnte sich danach, dass er sie heiraten würde. Ihre Liaison hatte drei Jahre gedauert.

Mary Vetsera war ein Mitglied einer bürgerlichen Familie griechischen Ursprungs mit einigen Ansprüchen auf den Adel. Die Familie, die zahlreich und verarmt war, erhoffte sich viel von der Gunst des Thronfolgers. Die einzige, die sich vielleicht nicht um weltliche Angelegenheiten kümmerte, war eine Schwester des Idols, die im Gegensatz zu ihr nicht die Gabe der Schönheit besaß. Ihr Verdienst war von weniger vergänglicher Art. Als das Drama um Meyerling Rudolph und seine Liebe verschlang, verschwand diese Schwester der toten Mary in einem Kloster.

Bei der Soirée fiel mir auf, wie erschöpft mein Schwager war (die Soirée fand, wie ich erwähnen möchte, in der zweiten Januarhälfte 1889 statt), aber ich dachte, es wäre das Beste, ihn zu beruhigen, indem ich ein oder zwei Worte über Mary sagte, die ihm gefallen würden, und so bemerkte ich ganz einfach:

„Sie ist sehr schön." Dann sah ich meine perfekt gekleidete Schwester an, die, auf andere Weise, auch schön war und einen Rundgang durch das Zimmer machte... Mir zog sich das Herz zusammen. Alle drei, Stéphanie , Rudolph und Mary, waren unglücklich.

Rudolph verließ mich, ohne zu antworten. Einen Augenblick später kam er zurück und murmelte: „Ich kann mich einfach nicht von ihr losreißen."

„Verlasse Wien", sagte ich. „Geh nach Ägypten, nach Indien, nach Australien. Reise. Wenn du Liebeskummer hast, wird dich das heilen."

Er zuckte unmerklich mit den Schultern und sprach den Abend über kein Wort mehr.

Es war keine angenehme Soirée. Über der brillanten Versammlung lag eine Atmosphäre der Unruhe. Ich für meinen Teil war so deprimiert, dass ich bei meiner Rückkehr nach Hause nicht schlafen konnte.

Ich hatte sozusagen die gesamte allmähliche Entwicklung von Rudolphs Leidenschaft verfolgt.

Als ich am Wiener Hof ankam, war mir der Erzherzog sofort sympathisch, und er schenkte mir seine Freundschaft. Wir waren fast gleich alt. Ich wage zu behaupten, dass wir uns in vielen Punkten ähnelten. Unsere Ansichten zu bestimmten Themen waren identisch. Rudolph vertraute sich mir an, und ich fasste bald Vertrauen zu ihm.

Es kam oft vor, dass ich nach meiner Ankunft in Wien nicht immer auf der Hut war. Gott weiß, dass es daher lobenswert von mir war, dem Prinzen in der vertraulichen Art jener königlichen und fürstlichen Familien, die den patriarchalischen deutschen Geist in sich aufgenommen hatten, zu sagen:

„Heirate. Ich habe eine Schwester, die so ist wie ich. Heirate sie." Er wechselte sofort das Thema und antwortete: „Ich mag Middzi lieber." Middzi war ein hübsches Mädchen, ein perfekter Wiener Typ, eine Pariserin Osteuropas. Er hatte zwei Kinder mit ihr.

Aber schließlich siegte bei mir die Weisheit, vielleicht auch mein Wille und der durch die Mutterschaft gewonnene Mut, vieles zu ertragen, was später schlimmer und unerträglich wurde. Ich war damals weder „verrückt, extravagant" noch „zu jeder Art von Betrug fähig", wie meine Verfolger später sagten.

Im Gegenteil. Lange Zeit wurden meine guten Eigenschaften und Tugenden von Leuten gelobt, die mich später mit Schande überhäuften.

Zu dieser Zeit galt meine jüngere Schwester als bezauberndes, glückliches Ebenbild von mir, und so nahm Rudolph den Zug nach Brüssel. Stéphanie wurde so zur zweithöchsten Persönlichkeit Österreich-Ungarns – zur zukünftigen Kaiserin der Doppelmonarchie.

Der Erzherzog hatte keine Probleme, ihre Gunst zu gewinnen. Er war mehr als nur gutaussehend; er war faszinierend. Er hatte eine schlanke Figur, aber sie war gut proportioniert. Trotz seines zarten Aussehens besaß er eine starke Konstitution. Er ließ mich immer an ein Vollblut denken; er hatte die Form, den leichten Körperbau und das Temperament eines solchen. Seine Nervenstärke entsprach seiner Sensibilität. Sein blasses Gesicht spiegelte seine Gedanken wider. Sein Auge, dessen Iris braun und glänzend war, nahm verschiedene Schattierungen an und veränderte seine Form mit seinem Ausdruck. Er wechselte schnell von Liebe zu Zorn und von Zorn zu Liebe.

Er war ein verwirrender Mensch mit einer bezaubernden, wechselhaften und feinen Seele.

Rudolphs Lächeln machte vielleicht einen noch größeren Eindruck. Es war das Lächeln einer engelsgleichen Sphinx, ein Lächeln, das der Kaiserin eigen war; er hatte auch ihre Art zu sprechen, und diese Eigenschaften, zusammen mit seiner gewinnenden und geheimnisvollen Persönlichkeit, bezauberten alle, mit denen Rudolph in Kontakt kam.

belesen und immer offen für neue Ideen. Daher suchte er die Gesellschaft von Künstlern und Gelehrten. In der Gesellschaft von Männern wie den berühmten Malern Canon und Angeli sowie dem bedeutenden Professor Billroth fühlte er sich wohl.

Meine Leser dürfen kein Porträt meiner Schwester erwarten. Es wäre schwierig für mich, in lobenden Worten über sie zu schreiben, da ich bereits gesagt habe, dass sie mir ähnelte. Ich werde nur sagen, dass sie besser aussah.

Rudolph und Stéphanie bildeten ein harmonisches Paar. Sie bekamen eine Tochter, Elizabeth, heute Prinzessin von Windisgretz . Ihre materielle Unabhängigkeit verdankt sie dem Vermögen, das sie von ihrem Großvater, Kaiser Franz Joseph, geerbt hat, und diese Tatsache zusammen mit ihrer seelischen Unabhängigkeit hat sie zu einer sehr bemerkenswerten Persönlichkeit gemacht.

Nach der Geburt ihrer Tochter beschloss meine Schwester fast am Tag nach ihrem Kirchgang zu verreisen. Sie sagte, sie wolle ans Meer fahren und sich von den Folgen ihrer Entbindung erholen. Sie fuhr daher nach Jersey, wo sie einige Zeit blieb.

Rudolph war dagegen, dass sie wegging. Er verneinte die Idee, indem er sagte, dass sie bei ihm bleiben sollte, da er sie aufgrund seiner Pflichten als Thronfolger nicht begleiten könne.

Aber wir sind eine Familie, die sich, wenn sie sich einmal zu etwas entschlossen hat, nur schwer vom Gegenteil überzeugen lässt.

Stéphanie war stur. Sie hätte nie geglaubt, dass es die Pflicht einer jungen Ehefrau sei, so lange wie möglich in der Nähe ihres Mannes zu bleiben, insbesondere dann nicht, wenn dieser den Versuchungen des Wiener Hofes am stärksten ausgesetzt war.

Rudolph war äußerst verärgert über die Länge seiner Abwesenheit, die eigentlich nur damit entschuldigt werden konnte, dass sie nicht so lang war, wie sie hätte sein können.

Die Kronprinzessin erkrankte. Als sie den Händen der Ärzte entkam, die sie mit ihrer Fürsorge überhäuft hatten, wurde Rudolph gesagt, dass er in

Zukunft kaum noch Chancen hätte, wieder Vater ehelicher Kinder zu werden.

Der Schlag war hart. Von diesem Tag an versuchte er, seine Sorgen zu vergessen. Er versuchte, sie durch Alkohol, Jagd und andere Arten der Unterhaltung zu vertreiben. Sein Verlangen nach Vergessen wurde immer stärker.

In diesem kritischen Moment traf er Mary Vetsera . Als ich ihre Schönheit zum ersten Mal bemerkte, hätte ich mich beinahe verraten, da ich in eine unerwartete und unangenehme Lage gebracht worden war, die mir zeigte, welche Höhen die Leidenschaft in einer Natur wie der von Rudolph erreichen kann.

Eines Abends gaben wir ein Abendessen im Coburger Schloss. Der Kronprinz saß seinem Rang entsprechend zu meiner Rechten und meine Schwester mir gegenüber.

Natürlich gab es in Wien viele Gerüchte über die Verbindung zwischen Rudolph und Mary Vetsera . Stéphanie schwieg dank ihrer Charakterwürde, aber ich weiß, dass sie darunter litt. Ich hatte keine Angst, dieses heikle Thema gegenüber Rudolph zu erwähnen, und ich hatte meine Hoffnung zum Ausdruck gebracht, dass die Gerüchte übertrieben waren. Ich wollte glauben, dass er nur das Opfer einer vorübergehenden Laune war. Doch an meinem eigenen Tisch, wo die Dienerschaft anwesend war und die Gäste (insbesondere meine Schwester und ihren Mann) jede unserer kleinsten Bewegungen beobachteten, kam Rudolph auf die Idee, mir, geschützt durch die Tischdecke und die üblichen Tischdekorationen, die Miniatur einer Frau zu zeigen, die in etwas versteckt war, das wie ein Zigarettenetui aussah. „Das ist Mary", sagte er; „was halten Sie von ihr?"

Das Einzige, was ich tun konnte, war, so zu tun, als ob ich ihn weder sehen noch hören würde, und begann, über den Tisch hinweg mit meiner Schwester zu sprechen. Aber welche Torheiten würde Rudolph nach all dem nicht begehen? Es dauerte nicht lange, bis wir es herausfanden!

Mein Schwager starb am 30. Januar 1889 zwischen 6 und 7 Uhr morgens. Drei oder vier Tage zuvor kam meine Schwester eines Morgens zu mir – was für sie selten vorkam. Ich lag noch im Bett, ich war müde. Stéphanie wirkte ängstlich und verstört.

„Rudolph", sagte sie, „fährt nach Meyerling und beabsichtigt, dort einige Tage zu bleiben. *Er wird nicht allein sein.* Was können wir tun?"

Ich richtete mich auf meinen Kissen auf. Ich hatte eine seltsame, unheilvolle Vorahnung. Ich erinnerte mich an Rudolphs Worte bei der Soirée des Prinzen von Reuss . „Um Gottes Willen", rief ich, „geh mit ihm!"

Aber war das möglich? Leider nein. Als ich meine Schwester das nächste Mal sah, war sie bereits Witwe und mein Schwager war tot und aufgebahrt, sein blutleeres Gesicht war in einen weißen Verband gehüllt ...

Am Nachmittag des 28. Januar fuhr ich in Begleitung einer Hofdame durch den Prater. Es war ein schöner Wintertag, und die Sonne schien noch über Wien. Die Pferde ritten im Schritttempo, damit ich die Schönheit des Tages genießen und die Kutschen und Reiter wahrnehmen und ihre Grüße erwidern konnte.

Auf der Hauptallee bemerkte ich mit Erstaunen, dass Rudolph allein zu Fuß unterwegs war und sich angeregt mit der Gräfin L. unterhielt, von der man so viel gesprochen hatte und die so viel veröffentlicht hatte, deren Rolle im Zusammenhang mit Rudolph jedoch derart war, dass es mir nicht angenehm war, sie zu kennen.

Der Erzherzog sah meinen Wagen. Er gab mir ein Zeichen anzuhalten und kam auf mich zu. Dann sprach er zum letzten Mal mit mir.

Ich habe mich oft gefragt, warum seine banalen Worte mir so unbeschreibliche Angst machten. Ich erinnere mich noch an den Klang seiner Stimme und ich habe den eigenartigen Blick, der seine Worte begleitete, nicht vergessen. Rudolph war blass und fiebrig; er schien kurz vor einem Nervenzusammenbruch zu stehen.

„Ich gehe heute Nachmittag nach Meyerling ", verkündete er. „Sag ‚Fatty‘, er soll nicht heute Abend kommen, sondern übermorgen."

„Fatty", um es mit allem gebotenen Respekt zu sagen, war mein Ehemann. Der Prinz von Coburg war immer unter den Zechgenossen von Rudolphs Jagd- und anderen Vergnügungsgesellschaften.

Ich versuchte, meinen Schwager noch ein paar Augenblicke an meiner Seite zu behalten und ihn dazu zu bewegen, noch etwas zu sagen. Ich fragte ihn: „Wann kommst du mich besuchen? Du bist schon lange nicht mehr hier."

Er antwortete und sah mich dabei höchst seltsam an:

„Was hätte es für einen Sinn, Sie zu besuchen?"

* * * * *

Rudolph blieb vom Abend des 28. Januar bis zum Morgen des 30. allein mit seiner Herrin in Meyerling . Als seine Gäste zur Jagd eintrafen, war die Versammlung genau wie eines jener heidnischen Feste in den Tagen von Nero und Tiberius, als der Tod zum Bankett geladen war. Aber der zum Tode verurteilte Gast war der Prinz selbst, und er riss die herrische Herrin, die ihn zuerst an den Rand des Abgrunds gebracht hatte, mit sich in den Abgrund.

Sie wurden tot in ihrem Schlafzimmer aufgefunden. Es war ein schrecklicher Anblick, dessen Zeuge zuerst Graf Hoyoz und dann der Prinz von Coburg wurde.

Wenn Mary Vetsera tatsächlich die dominierende Kraft war und Venus ihre Trophäe nicht hergeben wollte, vergab Rudolph ihr in einem Anfall von Verzweiflung und Wut nicht, dass sie ihn in eine unmögliche Lage gebracht hatte; doch auch sich selbst vergab er nicht.

Am Morgen nach einer nervenaufreibenden Orgie kamen beide Liebenden um. Alles geschah blitzschnell.

Rudolph konnte nicht mehr zwei Haushalte führen. Er war ungestüm und doch versklavt und konnte eine Liaison nicht ertragen, die seine Energie lähmte , die zu lösen ihm aber die Kraft fehlte, so stark war Marys Einfluss auf ihn.

Romanautoren haben oft die schreckliche Situation der Knechtschaft des Körpers und die verzweifelten Proteste des Geistes geschildert, dem nur der Tod entkommen kann.

Rudolph hatte mit dreißig Jahren keinerlei Lebenslust mehr. Er war erschöpft vom Leben in der Atmosphäre eines Hofes, die ihn erstickte. Sein Tod durch eigene Hand hatte mehrere Ursachen, von denen die folgenden die wichtigsten sind:

Erstens sein bitteres Bedauern über eine Ehe, die ihm nicht das gebracht hatte, was er erwartet hatte, nachdem er enttäuscht worden war, keinen Sohn bekommen zu können. Die Unmöglichkeit, seinen Wunsch nach einer Scheidung zu erfüllen - ein gottloser Wunsch in den Augen seiner Verwandten, des Heiligen Stuhls und der katholischen Kirche. Und schließlich die Gewissheit, dass der Kaiser, dieses herzlosen Wesens, dieser lebenden Mumie, die sich mit selbstsüchtigen und kleinlichen Sorgen einbalsamiert hatte, keine lange Lebensdauer haben würde.

Rudolph bemerkte oft: „Ich werde nie herrschen; er wird mir nicht erlauben zu herrschen."

Und wenn er regiert hätte?

Ach, wenn er doch regiert hätte! Ich kannte alle seine Pläne und Ideen. Davon möchte ich nur sagen, dass ihn die Moderne nicht schreckte. Die kühnste moderne Idee wäre für ihn akzeptabel gewesen. In seiner Vorstellung hatte er die abgenutzte Maschinerie der österreichisch-ungarischen Monarchie bereits zerstört. Doch wie Teile einer unsichtbaren Rüstung , die durch sich ausdehnende Glieder zusammengehalten werden, schlossen sich ihm die Zwänge, die Formeln, die archaischen Ideen, die Unwissenheit und die Enttäuschungen, denen er immer zu entkommen wünschte, an. Sein Leben war ein ständiger Kampf gegen einen schwachen, abgenutzten, blinden und korrupten Hof, dessen Routine seinen Körper versklavte, ohne seinen Verstand zu fesseln. Er war gezwungen, entweder unterzugehen oder eine Zeit lang zu regieren und dann zu siegen, das brennende Gewand des Nessus abzuwerfen, die Fenster zu öffnen, die Chinesische Mauer niederzureißen und die Kamarilla zu vertreiben.

Doch die österreichisch-ungarische Monarchie sollte eher untergehen als sich zu verändern. Sie ging mit einem vorauseilenden Kurier in den Tod!

Die traurige Nachricht von Rudolphs Tod erreichte Wien am Morgen des 30. Januar. Allgemeine Bestürzung machte sich breit. Am Nachmittag kam einer der Adjutanten des Kaisers, um zu fragen, ob er weitere Nachrichten von mir erhalten könne.

Ich konnte kaum sprechen. Man hatte mir erzählt, der Fürst von Coburg hätte meinen Schwager ermordet!

Es gab in Wien und bei Hofe einige wohltätige Seelen, die nicht zugaben, dass Rudolphs Zuneigung zu mir bloß brüderlicher Natur war.

Ach, wenn man doch wüsste, welcher Eifersucht und Bosheit die Höchsten ausgesetzt sind!

Nach dem Tod des Kronprinzen waren alle möglichen Geschichten und skandalösen Gerüchte im Umlauf!

Ich sagte dem Adjutanten, dass ich außer der tragischen Nachricht vom Tod von Rudolph und Mary Vetsera nichts wüsste und dass mein Mann, der noch am selben Morgen um sechs Uhr aufgebrochen war, um bei Meyerling zu schießen , nicht zurückgekehrt sei.

Inzwischen hatte ich eine von Stéphanies Hofdamen gesehen, die mir von der Katastrophe erzählt hatte. Ich beherrschte meine Gefühle und fuhr zu meiner Schwester in die Hofburg .

Ich fand sie blass und schweigsam, in der Hand einen Brief haltend, dessen Geheimnis nun der Geschichte preisgegeben werden muss.

in Rudolphs Privatschreibtisch entdeckt worden war und an Stéphanie adressiert war, kündigte seinen Tod an. Er hatte sich bereits zu diesem Schritt entschlossen, als er mit mir im Prater sprach. Der Brief begann wie folgt:

"Ich verabschiede mich vom Leben." Das zu lesen war zu viel für mich. Die Worte waren durch meine Tränen verwischt. "Sei auf deine Weise glücklich", sagte er zu seiner Frau. Und sein letzter Gedanke galt seinem Kind. "Pass gut auf deine Tochter auf. Sie ist mir sehr lieb. Ich hinterlasse dir diese Pflicht." Unglückliches Kind, das keinen Vater hatte. Ich habe sie oft bemitleidet und bemitleide sie mehr denn je. Sie weiß nicht, was sie verloren hat.

Der Prinz von Coburg kehrte erst in der Nacht des 31. ins Schloss zurück, nachdem er viele Stunden allein mit dem Kaiser verbracht hatte. Er kam sofort in mein Zimmer. Sein verstörter Zustand und seine wilden Worte zeigten, wie verzweifelt er war. Ich drängte ihn, mir einige Einzelheiten der Tragödie zu erzählen. „Es ist schrecklich, schrecklich", sagte er. „Aber ich kann, ich darf nichts sagen, außer dass sie beide tot sind." Er hatte dem Kaiser geschworen, Stillschweigen zu bewahren, ebenso wie Rudolphs andere Freunde, die losgezogen waren, um auf Meyerling zu schießen . Das Geheimnis wurde gut gehütet. Die Diener, die hätten sprechen können, haben aus sehr guten Gründen nichts preisgegeben.

Als ich die Kaiserin auf ihren Wunsch hin besuchte, stand ich vor einer Marmorstatue, die mit einem schwarzen Schleier bedeckt war.

Ich war so aufgeregt, dass ich kaum stehen konnte.

Ich küsste leidenschaftlich die Hand, die sie mir reichte, und mit gebrochener Stimme wie die der Mutter auf Golgatha murmelte sie:

„Du weinst mit mir! Ja, ich weiß, dass auch du ihn geliebt hast."

O unglückliche Mutter! Sie betete ihren Sohn an. Er half ihr, das in Asche erstickte Leben zu ertragen, das sein boshafter Vater neben einem so edlen Menschen führte. Nachdem Rudolph ihr und seiner kaiserlichen Zukunft entrissen worden war, floh die Kaiserin von diesem Hof, der ihr fortan nichts mehr zu bieten hatte, und sie fand den Tod allein. Man weiß, durch welch plötzlichen und grausamen Schlag sie starb – unschuldiges Opfer der Strafe ihres Standes.

Ich sah, ich sehe in den aufeinanderfolgenden Dramen des Hauses Österreich eine Strafe des Himmels. Eine Kette blutiger Todesfälle, die an die Tragödien von Sophokles oder Euripides erinnert, ist kein reines Glücksspiel. Die Gerechtigkeit der Götter ist immer die Gottes. Der Wiener Hof war dazu bestimmt, grausam zu untergehen. Er hatte alles verraten; vor allem seine Traditionen, denn nichts Edles war mehr übrig – sogar seine Intrigen waren gemein. Er war nur ein Dienstbotenzimmer für die Diener aus Berlin. Und nachdem Franz Joseph am Vorabend des Krieges beim berühmten Eucharistischen Kongress erschienen war und als Fürst des Glaubens vor dem Altar gestanden hatte, ging er, um den langweiligen Tag im Haus von Madame Schratt zu beenden und sich den Hintertreppenklatsch aus Wien und die unappetitlichen Berichte der Polizei anzuhören!

Rudolph ist vor lauter Ekel gestorben!

KAPITEL X
Ferdinand von Coburg und der Hof von Sofia

Der Ruhm der Familie Coburg erreichte seinen Höhepunkt zur Zeit Leopolds I. und des Prinzgemahls.

Sie schenkten der Welt eine Reihe von Fürsten, die förmlich zum Regieren geschaffen waren. Ihr direkter Einfluss auf Belgien und indirekt auf England schuf eine Zeit des Friedens und eine „Entente", deren wohltuende Ergebnisse so bekannt sind.

Später, als mein Vater das glänzende Werk fortsetzte, das ihm König Leopold hinterlassen hatte, erwies sich Herzog Ernst, Prinzregent des Herzogtums Sachsen-Coburg-Gotha, in Brüssel als seinem Vetter nicht nachstehend. In Wien bewies auch Prinz Auguste , der so gut war und mit dem ich als Schwiegervater leider wenig zu tun hatte, dass er ein tapferer Mann war .

Von den verschiedenen Coburgern stellten die Wiener Brüder meines Mannes zusammen mit ihm die männlichen Nachkommen dar, die den Namen der Rasse weiterführten.

Ich werde vor allem Ferdinand erwähnen, den ehemaligen Zaren von Bulgarien. Auf den Zweig meiner Familie, dem er angehörte, werde ich nicht noch einmal eingehen. Seine Rolle in der zeitgenössischen Geschichte ist hinlänglich bekannt.

Ferdinand von Coburg, der noch lebt, während ich dies schreibe, ist eines der merkwürdigsten Wesen, die man sich vorstellen kann. Um ihn angemessen zu beschreiben, bedarf es der Feder eines Barbey d'Aurevilly oder ein Balzac.

Je klarer mein Verstand wird, je älter ich werde, und je mehr ich versuche, diesen seltsamen Menschen zu verstehen, desto weniger begreife ich ihn, wenn ich ihn vom gewöhnlichen Standpunkt der menschlichen Psychologie aus betrachte.

Ich habe gelesen, dass Frauen ein Rätsel sind. Ich glaube, dass es Männer gibt, die rätselhafter sind als jede Frau. Man kann sich nur fragen, ob dieser Mann sich nicht, noch mehr als Wilhelm II., eine künstliche Welt geschaffen hat, in der er leben wollte. Ich werde gleich sagen, *welche* Welt Ferdinand von Coburg meiner Meinung nach ansprach. Ich bin mir bewusst, dass jede fürstliche Erziehung, die darauf abzielt, das Selbstwertgefühl der Fürsten durch äußerlichen Respekt und Schmeichelei zu stärken, zwangsläufig ihre Eigenheiten betonen muss, es sei denn, ein gesunder Einfluss zügelt die Triebe weltlicher Eitelkeit.

Eine wirklich überlegene Mutter war nicht in der Lage, die unbestrittenen geistigen Gaben Ferdinands zu regulieren. Er wurde im Herbst der Tage von Prinzessin Clémentine geboren . Er war ihr Benjamin. Sie war ihm gegenüber schwach wie Wasser. Diese Stärke, die größer ist als alle anderen Stärken – nämlich die Liebe einer Mutter – hat auch ihre Schwächen. Schlechte Söhne missbrauchen diese, und nach den Gesetzen jener Gerechtigkeit, deren Wirken oft unsichtbar ist, deren Urteile und Strafen jedoch manchmal sichtbar sind, verdient dieser Sohn eine strenge Strafe.

Er war sechzehn Jahre alt, als ich im Coburger Schloss ankam. Er war schlank und elegant; sein Gesicht, das von azurblauen Augen erhellt wurde, besaß die ganze Schönheit der Jugend, gepaart mit etwas vom Typ Bourbon. Das Feuer der Intelligenz und der Wunsch, das Buch des Lebens zu lesen, beseelten ihn.

Er versprach, sich in jeder Hinsicht von seinem ältesten Bruder zu unterscheiden. In seinem moralischen Charakter schien er die guten Eigenschaften seines zweiten Bruders, der bezaubernden Auguste von Coburg, zu besitzen, aber sie halfen ihm nur dabei, das vornehme Auftreten zu entwickeln, das ihm später natürlich wurde und das unter einer glänzenden Erscheinung eine komplexe und stürmische Natur verbarg.

Ich war ein Jahr älter als er. Wir waren das Herz und die Seele des alten Palastes, und manchmal konnte ich seine Langeweile und meine eigenen Sorgen vergessen. Ich war Ferdinands Vertraute, und ich zögerte nicht, ihn mir zu eigen zu machen.

Obwohl Ferdinand mir gegenüber später feindselig war, widmete er sich in dieser Zeit der Befriedigung seiner Schwägerin und umgab sie mit Blumen, Aufmerksamkeiten und Freundlichkeiten. Doch es geschah (und blieb lange Zeit so), dass der älteste und der jüngste der Coburg-Brüder mir gegenüber feindselig waren, obwohl dieses Gefühl äußerlich nicht zu erkennen war. Ich muss diese Vorfälle erzählen, sonst wäre es schwer zu erklären, warum ich eines Tages so viele Feinde hatte. Diese Feindschaft hatte denselben elenden Grund, der für immer die Ursache so vieler menschlicher Dramen sein wird – nämlich die Eifersucht des Menschen und seine lüsternen Gelüste, die durch moralische Regeln vereitelt werden.

Ferdinand von Coburg, von seiner Mutter vergöttert, von der Gesellschaft als verwöhntes Kind akzeptiert, schon früh in die feinsten Vergnügungen eingeweiht, ließ sich von seiner überschwänglichen Vorstellungskraft in eine eigene Welt entführen. Ich sah und sehe in ihm noch immer eine Art modernen Totenbeschwörer, einen Magier *der Jahrhundertwende* . Er war ein Kabbalist, so wie M. Peladan ein weiser Mann des Ostens war, und aus diesen Abenteuern geht immer etwas hervor, das das Schicksal beeinflusst.

Wenn ich ihn anfangs nur seltsame Gesten machen sah, ohne zu erklären, was diese bedeuteten, so bin ich jetzt durch meine Erfahrung mit Menschen und Dingen zu dem Verständnis gelangt, warum er damals so unbegreiflich war. Er muss von einer Macht jenseits dieser Erde besessen gewesen sein. Aber er glaubte nicht an Gott; er glaubte an den Teufel. Ich werde nur das erzählen, dessen ich mir sicher bin. Ich werde nur sagen, was ich gesehen habe. Ich möchte in Bezug auf bestimmte Dinge nicht abergläubischer oder seelisch beunruhigter sein als Ferdinand von Coburg. Ich frage mich, welcher phantastischen Sekte, welcher satanischen Bruderschaft er in seinen frühen Tagen angehörte, zweifellos mit der Absicht, seine Ambitionen und seine außergewöhnlichen Träume für die Zukunft voranzutreiben.

Ich erinnere mich, dass Ferdinand mich in unserem Wiener Palast manchmal bat, für ihn zu spielen, wenn wir abends allein waren. Er bestand darauf, dass der Raum nur schwach beleuchtet war. Dann trat er ans Klavier und hörte schweigend zu. Um Mitternacht stand er feierlich auf, seine Gesichtszüge waren angespannt und verkrampft. Dann sah er auf die Uhr und lauschte auf den ersten der zwölf Schläge, und als sie sich dem Ende näherten, sagte er:

„Spielen Sie den Marsch aus *Aida*." Dann zog er sich in die Mitte des Raumes zurück, nahm eine zeremonielle Haltung ein und wiederholte unverständliche Worte, die mir Angst machten.

Ferdinand pflegte kabbalistische Formeln zu artikulieren, wobei er die Arme ausstreckte, den Körper beugte und den Kopf nach hinten warf. Unter den mysteriösen Phrasen tauchte oft ein Wort auf, das wie *Koptor*, *Kofte* oder *Cophte klang*. Eines Tages bat ich ihn, es aufzuschreiben. Er zeichnete Buchstaben nach, aus denen ich nichts erkennen konnte, außer dass ich eine Art griechische Schriftzeichen zu erkennen schien.

Nach diesen Sitzungen befragte ich ihn, weil ich während der Sitzungen schweigen und den Marsch aus *Aida spielen musste*. Er antwortete immer: „Der Teufel existiert. Ich rufe ihn und er kommt!"

Ich glaubte das nicht; ich meine, ich glaubte nicht an den tatsächlichen Besuch des Teufels, aber ich war trotzdem ein wenig verängstigt, und als mein Schwager wieder mit seinen Beschwörungen begann, schaute ich mich um, um zu sehen, ob irgendetwas Ungewöhnliches im Zimmer war. Aber außer Ferdinand und meiner eigenen Neugierde – und vielleicht der unentdeckten Vision unserer beider Zukunft – war nichts Ungewöhnliches da!

Voller Exzentrizitäten vergrub er Handschuhe und Krawatten, die er getragen hatte. Damit war eine ziemliche Zeremonie verbunden, bei der ich manchmal mithelfen musste. Ferdinand grub das Loch selbst und wiederholte seltsame Sätze mit geheimnisvoller Miene.

Sein Mund würde dann jenen bitteren Ausdruck annehmen, der im Laufe der Zeit noch stärker geworden ist. Hat er tatsächlich mit dem Fürsten des Bösen jongliert und sich dadurch den herrschsüchtigen Geist angeeignet, der in ihm so stark geworden ist?

Versuchte er mit diesen Praktiken eine Art Gehirnstimulans zu erreichen, unter dessen Einwirkung meiner Meinung nach die Autosuggestion gefährlich wird?

Ich überlasse es den Ärzten, Okkultisten und Kasuisten, diesen Fall zu diagnostizieren. Ich bin lediglich ein Zeuge, mehr nicht.

Ferdinand war noch nicht Prinz von Bulgarien. Er war nur als charmanter Leutnant der österreichischen Jäger bekannt, der von den Husaren gewechselt hatte, weil er kein Verständnis für das Tier hatte, von dem man fallen kann und das allgemein als die edelste Eroberung des Menschen gilt. Ich möchte klar sagen, dass Ferdinand von Coburg ein elender Reiter war. Wer hätte gedacht, dass dieser Offizier von edler Herkunft, der in ein Infanterieregiment gewechselt war, später einen Thron besteigen und davon träumen würde, Kaiser von Byzanz zu werden?

Er entwarf seine Krone und arrangierte seinen Staatseinzug und seine Krönung, genau wie es der unglückliche Kaiser Wilhelm tat, der sich in Nôtre Dame de Paris zum *Weltkaiser krönen wollte* , und ich zögere nicht zu sagen, dass er von einer Zeremonie träumte, zu der der Papst kommen würde, ob er wollte oder nicht, und dass alle Bekenntnisse in seiner kaiserlichen, erhabenen und heiligen Person vereinbar sein sollten.

Es ist heutzutage wirklich unmöglich, dass ein Mann nach der alten Formel der absoluten Macht König ist. Diese Art von Wein ist zu stark; er steigt einem in den Kopf.

Früher sah oder verstand ein Fürst, selbst ein Alleinherrscher, nicht, dass eine kleine Zahl treuer Menschen ihn ebenso beschützte und zurückhielt, wie sie ihm dienten. Drei Viertel seiner Regentschaft verbrachte er gewöhnlich im Krieg und teilte das harte Leben und die Entbehrungen eines Soldaten. Jetzt hört er tausend Stimmen, tausend Menschen und den Ruf tausender Pflichten. Er kämpft nicht mehr persönlich, und es gibt außerdem lange Friedensperioden. Der Komfort umgibt ihn und entnervt ihn; wunderbare Erfindungen und Entdeckungen haben alles um ihn herum verändert. Aber obwohl die Werte und Aspekte der Gesellschaft und der Individuen völlig verändert sind, liegt ihm immer noch alles zu Füßen.

Es ist schon etwas Besonderes, die Kenntnis der Realitäten zu verlieren, wie sie der unglückliche Zar Nikolaus verlor, wie sie Wilhelm II. verlor und wie sie Ferdinand von Bulgarien verlor. Denn Ferdinand ergriff die Macht und verteidigte sie wie ein Alleinherrscher, und ich bin überzeugt, dass er mir dankbar sein wird, wenn ich mich nicht weiter über seine Politik und die Methoden seiner Politik auslasse.

Er hatte den Thron mit Hilfe von Prinzessin Clémentine erlangt , die ehrgeizig auf ihren geliebten Sohn war. Wie schade, dass sie nicht länger lebte! Umso mehr, als Ferdinand in seinem Drang nach Autorität versuchte, seine Mutter zu überstimmen, der er manchmal in seiner herrischen Art Worte sagte, die sie glücklicherweise aufgrund ihrer Taubheit nicht hörte. Wenn sie auf der Erde geblieben wäre, um ihm Ratschläge zu geben, hätte er vielleicht ein besseres Leben führen können. Ob er auf sie gehört hätte oder nicht, ist eine andere Frage.

Gleichzeitig war sie es, die ihm die Sofia-Krone verschaffte und ihn während seines gefährlichen Regierungsantritts unterstützte. Sie spendete dem Fürsten und seinem Fürstentum Millionen .

Die Thronbesteigung Ferdinands als Fürst wurde zunächst bekämpft, dann aber anerkannt; schließlich nahm er den Titel des Zaren an. Er hätte wie Fouquet sagen können: „Quo non ascendam ?“ Alles gelang ihm. Bald wurde er so selbstsicher, dass man ihn tatsächlich zu Pferd sah. Ich kann dies wahrheitsgemäß bestätigen, da ich eines seiner Lieblingspferde auswählte ; dieses besondere kam aus unseren Ställen in Ungarn und war eine große, stabile und starkrückige braune Stute. Ferdinand war ein großer, kräftiger Mann, der ein Tier mit einem stämmigen Temperament brauchte, das vor Gewehren, Jubelrufen oder Militärmusik nicht zurückschreckte. Ich probierte die Stute selbst im Prater in Anwesenheit des Gesandten des Prinzen aus. Wir hatten wirklich genau das Richtige für Ferdinand gefunden, aber ich hätte es mehr als bedauert, es selbst gehabt zu haben, denn es war insgesamt zu langweilig, kein Geräusch schreckte es auf; und es wurde nach Sofia geschickt, wo Ferdinand auf diesem schönen Tier, auf dem er wahrscheinlich davon träumte, Konstantinopel zu erobern, prahlte. Sein Krieg gegen die Türken ist nicht vergessen. Er glaubte, er stehe bereits vor den Toren Byzanz' ... Aber ich möchte nicht erzählen, was jeder weiß. Ich möchte lieber das geheime Drama in einem neuen Licht zeigen, das seine teuflische Verachtung Gottes und der moralischen Gesetze der christlichen Zivilisation hervorrief, als er seine Söhne taufte und in der „orthodoxen“ Religion erzog, aus der der Bolschewismus hervorging – genau wie der europäische Krieg aus dem Luthertum hervorgegangen ist und genau wie die schrecklicheren Prüfungen Englands aus seinen religiösen Streitigkeiten erwachsen werden.

Ferdinand von Bulgarien, im katholischen Glauben geboren, heiratete zunächst Marie Louise von Parma, die Tochter des Herzogs von Parma, des treuen Dieners des römischen und apostolischen Glaubens. Diese Ehe, die geschlossen wurde, als er Fürst von Bulgarien war, war nicht ohne die ausdrückliche Bedingung vereinbart worden, dass die Kinder getauft und im Glauben ihrer Mutter und ihrer Vorfahren erzogen werden sollten. Dies stellte einen formellen Vertragsartikel dar. Ferdinand stimmte feierlich zu. Als er jedoch glaubte, dass die Unterstützung Russlands ihm bei seinen Plänen in Bezug auf Konstantinopel nützlich sein könnte, zögerte er nicht, seine Gelübde zu brechen; er übergab seine beiden Söhne dem russischen Schisma. Marie Louise von Parma, Mutter der Seelen ihrer Kinder, floh, verraten, zurückgewiesen und in ihrem Glauben an ihren Ehemann gebrochen, sofort aus dem Konak von Sofia und kam nach Wien, um ihren Kummer und ihre Angst in den mitfühlenden Armen ihrer Schwiegermutter zu verbergen, die durch die Gotteslästerung ihres Sohnes ebenso gequält wurde.

Wer sich mit der Gewissensfrage, insbesondere wenn es um religiöse Überzeugungen geht, einigermaßen auskennt, wird die Intensität dieses Dramas leicht verstehen.

Ich war damals im Coburger Palast. Ich sah, wie die Prinzessin von Bulgarien dort ankam, nachdem sie aus dem Palast geflohen war, wo ihre unschuldigen Kinder nach Ansicht dieser frommen Mutter ihre Hoffnung auf Erlösung verloren hatten. Das war zweifellos eine schwere Last. Gott ist viel größer, als wir ihn uns vorstellen. Unsere Interpretationen seiner Gerechtigkeit werden, obwohl sie durch Offenbarung inspiriert sind, sein Mitgefühl immer unterschätzen, denn uns fehlen die Worte, um das Überleben der Seelen auszudrücken, geschweige denn zu erklären.

Die arme Prinzessin war natürlich äußerst unglücklich. Ich erinnere mich noch gut an ihr bleiches Gesicht voller Kummer, ihre Empörung und ihren Wunsch, ihre Ehe am römischen Hof annullieren zu lassen.

Aus Angst, Ferdinand könnte kommen und sie mit Gewalt nach Sofia zurückbringen, bestand sie darauf, in der Nähe von Prinzessin Clémentine zu bleiben , die in einem kleinen Zimmer neben ihrem ein Feldbett aufstellen ließ. Außer in diesem Zufluchtsort fühlte sich die Prinzessin von Bulgarien nicht sicher.

Die Staatsräson und die Unmöglichkeit, ohne ihre Kinder zu leben, die als Gefangene des Throns ihres Vaters zurückgehalten wurden, erwiesen sich letztlich als stärker als die Rebellion und Verzweiflung der Prinzessin. Einige Monate später willigte sie ein, nach Sofia zurückzukehren.

Das Haus Parma war ebenso verblüfft wie sie selbst. Der Heilige Stuhl hatte Ferdinand exkommuniziert. Dieser Fluch versetzte die ganze Familie Parma in Trauer; sie waren so vertrauensvoll und stolz auf Ferdinands Liebe gewesen und hatten ihr Vertrauen dadurch bewiesen, dass sie ihm eine ihrer Töchter schenkten.

Als nächstes sah ich die arme Prinzessin von Bulgarien in Sofia. Sie war heldenhaft zu ihren ehelichen Pflichten zurückgekehrt; sie hatte sich gerade von ihrer Niederkunft erholt.

Wer weiß – wer wird es jemals wissen –, was in ihrem Kopf vorging? Sie war von innerem Kummer zerfressen und starb vielleicht daran. Sie war eine jener sensiblen Seelen, die tatsächlich an einem gebrochenen Herzen sterben.

Ich habe oft an sie gedacht. Sie war eine Märtyrerin der Liebe ihrer Kinder. Ein Besuch in Sofia im Jahr 1898 ist mir unauslöschlich im Gedächtnis geblieben.

Mein Mann begleitete mich, aber zwischen ihm und seinem Bruder herrschte immer etwas Unklares und Unbestimmtes, wahrscheinlich die unterbewusste Feindschaft, die ich bereits erwähnte. Wir hätten jedoch nicht herzlicher empfangen werden können. Das Leben des Herrschers war in diesem noch primitiven Land wunderbar gut organisiert. Im Palast fehlte es an nichts. Dort waren Ost und West glücklich vereint.

Ferdinand stellte mir als persönlichen Wächter einen ehrlichen Räuber zur Seite, der malerisch nach orientalischer Art gekleidet war. Von dem Zeitpunkt an, als dieser Mann den Befehl erhielt, mich zu bewachen und nur meinen Befehlen zu gehorchen, stand er vor meiner Tür und rührte sich Tag und Nacht nicht von der Stelle. Mein Mann selbst hätte ohne meine Erlaubnis nicht hereinkommen können. Ich habe nie verstanden, wie dieser wilde Wachposten es schaffte, immer vor Ort zu sein.

Mein Schwager schenkte mir die feinste und raffinierteste Aufmerksamkeit. Er ernannte mich zur Königin dieser Festtage. Ich war überwältigt von der Huldigung seines Gefolges. Jede Mahlzeit war ein dekoratives und kulinarisches Wunder. Sybariten hätten die Küche im Palast von Sofia zu schätzen gewusst.

Ich habe Mahlzeiten, die Mahlzeiten sind, immer geschätzt. Ein gutes Abendessen zu essen, kostet nicht mehr als ein schlechtes; es ist eine Schwäche des Körpers und des Geistes, ein Verbrechen gegen den Schöpfer, wenn man mit Sorgfalt zubereitete Nahrung verachtet. Wenn uns die Gabe des Geschmacks gegeben wurde und es gute Dinge auf der Erde gibt, dann sind sie für den einen wie für den anderen gleichermaßen gut. Ferdinand jedenfalls war dieser epikureischen Überzeugung treu.

Jeden Abend nach dem Abendessen gab es im Palast einen Tanz. Die bulgarischen Offiziere waren äußerst unternehmungslustige Tänzer. Sie waren in Wien oder Paris erzogen worden und verstanden sich auf die Kunst der Konversation. Sie zeichneten sich durch eine instinktive Ausstrahlung von Adel aus, wie alle Söhne einer virilen und im Wesentlichen landwirtschaftlichen Rasse mit einer gesunden und weiten Einstellung.

Tagsüber erwies der Prinz seiner Hauptstadt und seinem Königreich die Ehre . Wir erinnerten uns an das Coburger Schloss und an unsere früheren Ausflüge und Feste. Im Geiste kehrten wir in jenen Wald von Elenthal zurück , der uns in unserer Jugend so lieb war. Wir fuhren, begleitet von einer Eskorte, die ich nie aufgehört habe zu bewundern. Ich weiß nicht, ob die bulgarischen Straßen verbessert wurden, aber zu der Zeit, von der ich schreibe, gab es nur wenige davon, und sie wurden auf Kosten der Vorsehung instand gehalten. Ein kurzes Stück von der Hauptstadt entfernt wurden sie zu Feldwegen. Aber die Eskorte folgte ohne mit der Wimper zu zucken, völlig gleichgültig gegenüber Hindernissen aller Art, die eine ohnehin schon zu schmale Straße behinderten. Ich habe selten gesehen, dass Mensch oder Tier beim Überqueren von Graten, Mauern und Gräben ebenbürtig waren. Es war Hexerei zu Pferd.

Ferdinand war allem gegenüber, was nichts mit seiner Schwägerin zu tun hatte, äußerst gleichgültig. Ich sah ihn an und musste an die Teufelsanbetung unserer Jugend denken. Er war immer seltsam. Ich sah jetzt, wie ich es vor langer Zeit gesehen hatte, das Amulett in seinem Knopfloch, als Schmuck getarnt, einen Knopf in Form einer gelben Margerite, wunderschön gearbeitet aus Metall in der gleichen Farbe wie das Herz der Blume. Jedes Mal, wenn ich ihn nach diesem „Gri-Gri" fragte, nahm er eine ernste Miene an und gab mir zu verstehen, dass es etwas sei, worüber er nicht sprechen könne.

Er hatte uns inständig gebeten, ein wenig Zeit mit ihm zu verbringen. Hatte er dieselbe Idee, die er mir einmal beim Abendessen offen erklärt hatte und die er privat auf andere Weise betonte? Ich kann es nicht glauben.

Ich glaube, dass er, von seinen Gedanken mitgerissen, nicht mehr Herr seiner selbst war. Ich weiß nicht, ob ich jemals verrückt war, wie sein älterer Bruder so gerne glauben wollte, aber ich bin absolut sicher, dass Ferdinand von Coburg nicht immer im Besitz seiner Sinne war.

Ja, dieser spirituelle Gelehrte, dieser Kunstliebhaber, dieser Blumenliebhaber, dieser entzückende Freund der Vögel in seiner Voliere, denen er Kindermärchen erzählte und die er wie ein professioneller Vogelbeschwörer bezauberte, dieser versierte Mann von Welt, dieser Sohn von Prinzessin Clémentine und dieser Enkel von Königin Marie nahm oft eine Art dämonische Persönlichkeit an und gab sich den bösen Freuden der Zauberei hin.

Bei einem Abendessen, an das ich mich erinnere, als wäre es gestern gewesen, sagte er leise, so dass mein Mann es nicht hören konnte (mein Mann saß mir gegenüber auf dem Platz der Prinzessin, die wegen Unwohlsein abwesend war):

„Sie sehen hier alles. Na gut! Alles ist mein Königreich; ich lege es, mich eingeschlossen, Ihnen zu Füßen."

Ich konnte diese romantische Erklärung nur als phantastische Galanterie und nicht als wörtliche Aussage begrüßen. Ich versuchte zu antworten, als hätte ich die Bemerkung als Scherz aufgefasst. Aber abgesehen von seinem Gesichtsausdruck, der den ruhigen Ton seiner Stimme Lügen strafte, hatte ich mehr als einen Grund, Ferdinand zu misstrauen, jetzt, da seine Fantasie von Verlangen beherrscht wurde.

Tatsächlich kam er noch am selben Abend zu mir, nahm mich von den Tänzern weg und führte mich in ein anderes Zimmer, wo eine Fenstertür den Blick auf die orientalische Nacht und die Stille des kleinen Parks freigab, und erkundigte sich, ob ich verstanden hätte, was er gesagt hätte.

Sein Ton war harsch und sein Blick streng. Er hatte etwas Herrisches und Faszinierendes an sich. Ich war sehr beunruhigt. Er beharrte brüsk darauf:

„Es ist das letzte Mal, dass ich anbiete, was ich angeboten habe. Verstehen Sie?"

Mein Blick schweifte in den Salon. Neben mir sah ich den Prinzen von Bulgarien, der so anders war als sein Bruder, noch jung, schön und voller Macht. Aber das Bild von Prinzessin Marie Louise lief vor meinen Augen vorbei, und auch die Vision der Königin... Ich schüttelte den Kopf und murmelte ein erschrockenes „Nein".

Ich muss bleich wie Wachs ausgesehen haben. Ferdinands Gesicht veränderte sich. Seine Züge nahmen einen finsteren Ausdruck an; auch er wurde blass und drohte mir mit heiserer Stimme und sagte höhnisch:

„Pass auf. Du wirst es bereuen. Bei , Kophte ' (?)."

Er fügte jene unverständlichen Worte hinzu, die er immer benutzte, wenn er mich bat, um Mitternacht im abgedunkelten Salon den Marsch aus *Aida zu spielen*.

An diesem Abend spürte ich, dass etwas Gefährliches auf mich zukam. Und so war es auch: Von diesem Moment an schloss sich Ferdinand von Coburg seiner Feindschaft gegen mich an. Und seine Feindschaft war keine Kleinigkeit.

Ich bin mir durchaus bewusst, dass diese Tatsachen den meisten Leuten unglaublich erscheinen werden. Sie wirken eher wie ein alter Roman von Anne Radcliffe! Aber alles, sowohl im öffentlichen als auch im privaten Leben von Ferdinand von Coburg, *war* unglaublich. Ich möchte nicht auf das Urteil eingehen, das die Geschichte bereits über ihn gefällt hat. Ich möchte nicht über seinen Untergang jubeln, sondern zeigen, in welch unvorstellbarer

Umgebung ich lebte. Ich war Mitglied einer Familie, in der alles perfekt und gleichzeitig abscheulich war. Leider war ich damals nicht in der Lage, das Gute zu lieben und das Böse zu meiden. Ich brauchte zwanzig Jahre, um diesem Zustand zu entkommen.

Ferdinand von Coburg hat seine Strafe auf Erden angetreten. Da ich ihn kenne, bin ich sicher, dass er sehr leidet, auch wenn er manchmal Trost vom Teufel bekommt!

Ich glaube, er hält sich für einen Übermenschen. Dieser Narr Nietzsche hat in Deutschland vielen Leuten den Kopf verdreht, indem er eine uralte Theorie wiederbelebte, in der sich Übermenschen noch Kavaliere, Krieger, Helden und Halbgötter nannten. Er hat ihnen umso mehr geschadet, als ihre Übermenschlichkeit , die vom krankhaften Materialismus des Jahrhunderts befallen war, sich von dem Ideal trennte, das diese mächtigen Menschen einst beseelte und sie zu Ehren erhob , anstatt sie zum Verbrechen zu verleiten. Es ist sicher, dass verabscheuungswürdige Motive und Methoden nur in einer schrecklichen materiellen und moralischen Niederlage enden können. Ferdinand von Coburg, der seit seiner Jugend ehrgeizig war, war ein Schüler Nietzsches zu der Zeit, als seine Theorien Berühmtheit erlangten. So gewann Nietzsche ein Wesen als seinen Schüler, das heute eines der bemerkenswertesten Opfer Zarathustras ist.

KAPITEL X I
Wilhelm II. und der Berliner Hof – Der Kaiser der Illusion

Ich möchte von Wilhelm II. sprechen, als wäre er tot. Er gehört nicht dieser Welt an, er gehört einer anderen an.

Man muss mir verzeihen, dass ich mit Anekdoten sparsam umgehe. Es wäre mir schmerzlich, jemanden, der gestorben ist, wieder zum Leben zu erwecken. Ich möchte mich darauf beschränken, Wirkungen zu erklären, deren Ursache ich kenne.

Es war kindisch, sich unter hochtrabenden, eitlen Worten so etwas Kleinliches wie die Verhaftung und den Prozess gegen eine in Scham versunkene Regierung zu wünschen.

Die Gesellschaft kann bei Verbrechen gegen die Zivilisation kein göttliches Gesetz anerkennen, da sie den Menschen unter die Stufe des Tieres stellen.

Wilhelm II. stürzte vom Thron und wurde von einer mächtigeren Hand als der irdischen Justiz verhaftet. Er hat das schlimmste Gefängnis von allen kennengelernt – die Verbannung; das schrecklichste Regime – die Angst; die schrecklichste Strafe – die des Gewissens. Wer wird das Geheimnis der Nächte dieses flüchtigen Verräters seines Volkes kennen, das er mit Täuschungen und Lügen fütterte und das er ins Verderben, in den Bürgerkrieg und in die Schande führte ? Denn er entehrte nicht nur sich selbst, sondern er entehrte auch Deutschland, indem er seine Waffen entehrte .

Wo ist der ehrliche Deutsche, der sich vom Rausch des Krieges erholt hat und den Namen Löwen, der *Lusitania* , des Giftgases und anderer Schrecken ohne Schaudern hören kann? Die Verantwortung für all diese Verbrechen muss jedoch Wilhelm II. tragen.

Es wird Jahrhunderte dauern, bis der Makel seiner mörderischen Torheit verwischt ist. Er bildet den Schatten, der über dem unglücklichen Reich liegt und es den Nationen der Entente als monströs erscheinen lässt.

Aber ich möchte gleich sagen, weil ich davon überzeugt bin: Deutschland ist das, was das kaiserliche Preußen aus ihm gemacht hat und wieder aus ihm machen würde.

Aufgrund ihres Selbstvertrauens und ihrer Aufrichtigkeit akzeptierte sie alles als Evangelium, was ihr Herrscher, der Erbe siegreicher Vorfahren, ihr verkündete, bekannte und lehrte.

Es ist schwerer, ein Königreich zu erben, als man denkt, und ich sage das ohne Ironie. Wilhelm II. war kein Mensch wie sein Großvater, der ausrief, als er das Opfer der Kürassiere von Reisdroffen sah : „Ach, meine tapferen Männer!" Wilhelm II. hatte nichts von seinem Vater, der den Namen Friedrich der Edle verdiente und an zwei Krankheiten starb, einer Kehlkopfkrankheit und einer fieberhaften Ungeduld, zu herrschen.

Wilhelm II. war als Junge bezaubernd. Als Kind war er ein liebenswürdiger Spielkamerad . Wir haben gemeinsam die Erdbeerbeete von Laeken geplündert – ein Frevel, der nur seinetwegen verziehen wurde.

Ich habe seine Karriere verfolgt, soweit es möglich war. Ich hielt ihn für großartig. Ich habe viel von seiner Macht gehört, nicht nur von seinem eigenen Volk, sondern von allen Völkern. Er hatte eine wunderbare Rolle zu spielen. Er wusste nicht, wie er sie spielen sollte; er konnte es nicht; ihm fehlten die Mittel dazu und vielleicht vor allem eine kluge und gute Frau. Er hatte keine tiefe Seele. Eine andere Frau hätte ihm diese Eigenschaft vielleicht verliehen.

Franz Joseph war zu Beginn seiner aktiven Laufbahn als Kaiser geradezu brillant; er wirkte zweifellos vornehm. Dreißig Jahre später nahm sein Gesicht einen vulgären Ausdruck an, den seine ersten Porträts nicht vermuten ließen, obwohl er aus der Ferne immer noch den Eindruck erweckte, „jemand" zu sein. Aber die hohe *Moral* der Kaiserin spiegelte sich gewissermaßen in ihm wider.

Wilhelm II. war mit seiner Frau weniger gesegnet, und je länger er lebte, desto schlechter wurden sein Aussehen, seine Sprache und sein Auftreten. Zwei Männer – der verstorbene König Edward VII. und mein Vater, der König der Belgier – haben ihn genau eingeschätzt und ihm nichts Gutes für die Zukunft prophezeit.

Die vertrauliche Meinung meines Vaters über ihn ist mir oft in den Sinn gekommen, aber das würde ein eigenes Kapitel erfordern und uns weit führen. Ich beschränke mich auf die Feststellung, dass der König immer vorausgesehen hatte, dass Deutschland, berauscht von den kriegerischen Reden Wilhelms II., eines Predigers des alten preußischen Regimes, sich schließlich über Belgien, Frankreich und die ganze Welt hermachen würde.

Die Verteidigung der Maas war ein überzeugender Beweis für die Voraussicht des Königs. Aber wir werden nie alles erfahren, was der König sagte, tat und was er in dieser Angelegenheit tun wollte.

Leider haben bestimmte Parteien und einflussreiche Männer in Belgien seine Pläne zu Unrecht bekämpft, anstatt sie umzusetzen. Das Land hat unter diesem Fehler grausam gelitten.

Wie gelangte Wilhelm II. zu jenen falschen Schlüssen, die die Throne Mitteleuropas hinwegfegten und so viel Unheil anrichteten? Es war nicht, wie die Entente dachte, das Ergebnis eines verhängnisvollen Umfelds, das gleichermaßen durch die Ambitionen Deutschlands und seine barbarischen Instinkte geschaffen worden war. Der deutsche Kaiser verfügte über eine ungeheure Macht. Er war in Wahrheit ein absoluter Monarch, und infolgedessen mischten sich weder der Reichstag noch der Bundesrat oder die verschiedenen Landtage in seine Angelegenheiten ein. Das kaiserliche Kabinett regierte die Armee, die ihrerseits die Nation regierte. Somit war alles auf die Person des Kaisers ausgerichtet , dieser großartigen Frucht preußischer Disziplin und Stärke.

Doch in dieser Frucht, die an ihrer Wand einen solchen Eindruck machte, versteckte sich ein Wurm. Wilhelm II. war ein Lügner; er belog andere und sich selbst, ohne zu wissen, dass er ein Lügner war. Er lebte ständig in einer Welt der Fiktion. Kurz gesagt, er war ein Schauspieler.

Aber er war der schlechteste aller Schauspieler; er war ein Amateur, ein Mann von Welt, der Komödien – und Dramen – spielt und der so von seinem eigenen kleinen Talent eingenommen ist, dass er mehr Schauspieler als nur Schauspieler wird und infolgedessen immer und überall mitspielt.

Diese Leidenschaft für das Theater ist Wilhelm II.' Entschuldigung und zugleich seine Verurteilung. Es ist seine Entschuldigung, weil er sich so gut in die verschiedenen Charaktere hineinversetzen konnte, die er spielte, dass er in jedem von ihnen aufrichtig war. Es ist seine Verurteilung, weil ein König und ein Kaiser eine Realität, ein Wille, eine Weisheit sein sollten; aber er war nichts davon.

Persönlich war er hohl und volltönend. Er wusste nicht viel. Aus der Nähe machte er nicht wie Franz Joseph den Eindruck eines Botschaftschefs , aber er machte immer den Eindruck, der am besten durch ein Zitat illustriert wird, das ich im *Figaro* gelesen habe : „Haben Sie mich in der Rolle Karls des Großen oder als lutherischen Bischof gesehen?" (denn er war *summus episcopus*) – „oder als Admiral oder als Dirigent eines Orchesters?" Seine vielen Talente wurden aufgezählt. Sie lassen sich alle auf eines reduzieren – die Kunst der Selbsttäuschung, um andere zu täuschen. Unter dieser Fassade der Selbsttäuschung verbarg sich eine leere Seele, ohne Ehrenmaßstab , ohne Haltung, der jeder Art von Schmeichelei, Eindrücken oder Umständen ausgeliefert. Kaum hörte er eine Rede, äußerte er seine Meinung und nahm eine Haltung ein, die der Rolle der darzustellenden Figur entsprach.

Man kann ihn als den besten Sohn der Welt bezeichnen, denn er war nicht böse; er war schlimmer – er war schwach. Wenn mich mein Gedächtnis nicht täuscht, war es Chamfort , der schrieb: „Die Schwachen sind die Vorhut der Armee der Bösen." Wilhelm II. war der Kundschafter der Vorhut; sein Stab war die Armee. Er, der sich so sehr vor dem Donner fürchtete, usurpierte den Platz von Jupiter, dem Donnerer , aber dieser Amateursoldat war viel zu nervös, um selbst den Lärm der Schlacht zu ertragen. Als seine Offiziere ihn zu ihrem eigenen Vorteil davon überzeugten, dass er militärisches und maritimes Talent besaß, träumte er von der Rolle des „Weltkaisers" und bereitete sich auf die Eroberung der Erde vor.

Seine treuen Anhänger waren in ihrer eigenen Falle gefangen und berauschten sich an der von ihnen hervorgerufenen Berauschung. Das kaiserliche Kabinett war Schauplatz einer ununterbrochenen Orgie gigantischer Pläne. In Wien wurde die Fantasie der Menschen entflammt. Die Bagdadbahn in Mitteleuropa ließ das frühere Nahost-Projekt wieder aufleben. Und eine ganze Kamarilla, die an den Vorteilen interessiert war, die diese großartigen Unternehmungen mit sich brachten, lobte sie in den höchsten Tönen.

Wenn Kaiser Franz Joseph im Jahr 1914 auch nur über einen Funken Vernunft und gesunden Menschenverstand verfügt hätte, hätte er die gewaltigen Ungewissheiten der Berliner Probleme erkannt und sich für den Frieden eingesetzt, ohne dabei den Schrei der Kriegsopfer aus den Augen zu verlieren.

Auf sich allein gestellt, ließ Wilhelm II. die schlimmsten und barbarischsten Mächte auf die Völker los, die in die Schrecken des Krieges hineingezogen wurden.

Ich habe gesagt, dass es ihm an Tiefe mangelte. Er war in Wirklichkeit inkonsequent. Obwohl er tausend Rollen spielte, hatte er keine Persönlichkeit.

Ein Mensch ist nur aufgrund seiner Persönlichkeit „jemand". Viele Narren und unehrliche Menschen erreichen ihre Ziele im Leben durch Intrigen, Zufall, Günstlingswirtschaft und menschliche Torheit. Aber sie sind trotzdem nichtsdestotrotz töricht und unehrlich, und deshalb ist die Welt so böse.

Wilhelm II. gab sich ritterlich, blieb aber in seiner Einstellung grob. Das zeigte sich oft in seinen Scherzen mit den Offizieren der Garde. Er hatte weder Takt noch Urteilsvermögen. Sein Mangel an Takt war auf seine schlechte preußische Erziehung zurückzuführen; auf seine Studienzeit in Bonn, die er Saufgelagen opferte; und als junger Mann auf seine Vorliebe, die Berliner Kasinos zu besuchen. Sein Mangel an Urteilsvermögen war das Ergebnis einer angeborenen Eitelkeit, die sich zu seinem eigenen Schaden und dem Deutschlands zu entwickeln begann. Der eitle Mensch ist das Wesen, das von allen getäuscht wird, weil er damit begonnen hat, sich selbst zu täuschen. Und er ist normalerweise ein hoffnungsloser Idiot.

Wilhelm II. sagte einmal zu mir, in dem Glauben, er mache mir ein Kompliment: „Sie wären ein guter preußischer Grenadier." Das Kompliment kam mir „pommersch" vor.

Hätte Wilhelm II. über Takt und Urteilsvermögen verfügt, hätte er gewusst, wie man eine Politik ohne Drohungen und Gewalt verfolgt und eine Diplomatie verfolgt, die den Betrügereien, denen Deutschland während seiner Herrschaft so ausgesetzt war, völlig entgegengesetzt gewesen wäre.

Unfähig, die Zeit zu beurteilen, in der er lebte, belastet durch preußische Traditionen und voller Eifer als nomineller Herrscher des Hauses Preußen, der aus einer nach Brandenburg ausgewanderten schwäbischen Familie stammte, überzeugte er die Oberschicht Deutschlands, dass er sein Ansehen gefestigt hatte. Das Mittelalter hatte verheerende Auswirkungen auf ihn und durch ihn auf ganz Deutschland.

Neben zinnenbewehrten Bahnhöfen und durch Gangway -Galerien befestigten Postämtern führte der Einfluss des Mittelalters den Kaiser-König und sein Volk zurück zu den alten Hassgefühlen, den alten Kämpfen und den alten Ideen, als ob sich die Welt im Lauf der Jahrhunderte nicht verändert hätte . Das Ergebnis war, dass Wissenschaft, Erfindungen und Entdeckungen zunächst der Kriegsindustrie, der Fortsetzung von Eroberungen, der gepanzerten Faust und all den Torheiten dienten, denen sich Soldaten, Schriftsteller und Militärjournalisten zu bedienen suchten und die darin ihr tägliches Brot fanden.

Doch jene Nationen, die durch Kommunikation und Gedankenaustausch in engeren Kontakt miteinander gekommen sind, haben begonnen, auf friedlichem Wege Lösungen für Schwierigkeiten zu finden – Lösungen, die bis jetzt nur durch Kriege abgewendet werden konnten. Damit meine ich die Erhaltung und Entwicklung der menschlichen Gattung, ihre bessere Verteilung auf der Erde und ihr Recht auf mehr Glück und Gerechtigkeit.

Wilhelm II. mangelte es an Tiefe (ich erwähne diese Tatsache noch einmal), weil es ihm an moralischer Stärke mangelte. Nicht, dass er unmoralisch gewesen wäre. Ohne ein Heiliger zu sein, erfüllte er die Rolle des Ehemanns und Vaters bewundernswert. Er war in allem ein eifriger Amateur. Doch mangelte es ihm an moralischer Stärke, weil seine lutherische Haltung, die es ihm erlaubte, die Rolle eines protestantischen Predigers zu spielen, keine religiöse Rolle war . Seine Predigten als Oberhaupt der Kirche lehrten ihn nicht, demütig, wohltätig und gerecht vor Gott zu sein.

Entgegen der allgemeinen Meinung, insbesondere wenn das religiöse Problem nicht untersucht wurde, ist weder das Luthertum noch der Calvinismus eine Religion. Die schönen Seelen, denen man begegnet, die diese religiösen Überzeugungen hatten und haben, wären schön, egal, welchen Glauben sie hatten oder sogar ohne Glauben. Sie besitzen eine angeborene Schönheit, die das Göttliche berührt. Aber eine Phase des religiösen Glaubens kann keine Religion sein. Schismen sind die Zufälle des Lebens der Kirche. Ein Riss in einem Kostüm ist kein Kostüm – im Gegenteil! Das Luthertum war ursprünglich keine Form der Anbetung; es war eine Revolte, und diese Art der Revolte wird immer mehr Rebellen als Gläubige hervorbringen. Eine Revolte gegen Rom – *Los von Rom!* Gottloser Schrei! Dies ist nicht nur ein Fall von „Erlöse uns von Rom", es ist auch ein Fall von „Erlöse uns von der christlichen Religion, von der Einheit der katholischen Kirche, auch Universalkirche genannt, die unsere einzige Chance auf Frieden auf Erden ist." Es ist eine Ablehnung des Latinismus und des Hellenismus; es ist der Rückschritt Mitteleuropas ins skandinavische Walhalla; Es ist keine Welt, die sich ausdehnt, es ist eine Welt, die einengt. Es stellt nicht die freie Harmonie der Handlungen und Gedanken der Menschen dar; es ist die erzwungene Einheitlichkeit des Paradeschritts und das Schweigen beim Paraden in den Reihen der preußischen Garde.

Wenn Wilhelm II., der für die Verletzung der Neutralität Belgiens, den Brand von Löwen, die Massaker von Dinant und so viele andere Gräueltaten verantwortlich ist, meiner Ansicht nach nicht tot wäre und ich ihn noch einmal sehen würde, würde ich zu ihm sagen:

„Du elender Mensch! Hast du Goethe gelesen? Kannst du dir vorstellen, was derjenige, der schrieb: ‚Der Mensch ist nur groß, soweit der Himmel in ihm ist', von dir denken würde? Du besitzt den Himmel nicht. Du hast Gott mit dem Luther des Hasses und der Verneinung vertrieben, der dein Gott war; du bist eine bloße Nichtigkeit."

KAPITEL XI I
Die Holsteins

Ich lernte Auguste von Schleswig-Holstein kurz nach ihrer Hochzeit mit Prinz Wilhelm von Preußen kennen und erlebte sie später als deutsche Kaiserin am Berliner Hof.

Gunst zu gewinnen ; nicht dass sie eine bösartige Frau gewesen wäre, aber ihre beschränkte Geisteshaltung und ihr Anspruch auf die Vollkommenheit deutscher Tugenden machten sie zu keiner freundlichen Richterin über Frauen.

Als Pessimistin und Zuchtmeisterin widmete sie sich ganz ihren häuslichen Pflichten und der Anbetung des Gottes Luthers, dem sie mit einem Eifer diente, der anderen Göttern feindlich gesinnt war, und mit einer solchen Frömmigkeit, dass sie Deutschland erbaute. Aber sie hatte keine Vorstellung von dem unermesslichen Mitleid und der unendlichen Herrlichkeit des wahren Gottes. Deutschland, das schon immer ein sentimentales Land war, bewunderte diese Frau und Mutter, ihren Mann und ihre Kinder, die aus der Ferne betrachtet wirklich eine großartige Familie bildeten, zutiefst.

Aber beurteilen wir den Baum nach seinen Früchten. In dieser königlichen Ehe gab es keine intimen Dramen, keine moralischen Konflikte; alles schien anständig und in Ordnung zu verlaufen. Aber keines der Kinder aus der Ehe von Wilhelm II. und Augusta von Schleswig-Holstein hat irgendeine Rücksichtnahme durch die Menschen verdient. Und aus Mitleid mit ihnen werde ich nicht mehr sagen.

Ich war mit dem alten Berliner Hof vertraut, dem von Wilhelm I. Ich habe die alte und gebrechliche Kaiserin Augusta, die immer sehr eng geschnürt wirkte, oft auf einem Sofa im Kaiserlichen Salon sitzen sehen, dicht an einem Vorhang, der zur Seite gezogen wurde, und der Hofkreis bildete sich dann um sie herum. Sie war ausnahmslos freundlich zu mir und sprach in ausgezeichnetem Französisch mit mir. Kaiser Wilhelm I. ging einfach und freundlich von einer Person zur anderen.

Kronprinz Friedrich machte auf mich den Eindruck eines guten, belesenen, edlen und spirituellen Menschen, und seine Frau, die Tochter von Königin Victoria, war aufgrund ihres offenen und angenehmen Wesens und ihrer bemerkenswerten Intelligenz attraktiv.

Graf von Bismarck und Marschall von Moltke waren die beiden Löwen dieses unzeremoniellen Hofes. Da ich noch jung war, musterte ich beide neugierig. Graf Bismarck war laut; er sprach laut und gab sich oft einer gewissen derben Fröhlichkeit hin. Marschall von Moltke sagte nichts; ihm schien das alles peinlich zu sein. Aber seine durchdringenden Augen machten seinen Mangel an Worten wett, und ich für meinen Teil hatte nicht den Wunsch, diese sphinxartige Person zu beleidigen .

Mit der Thronbesteigung Wilhelms II. wichen der patriarchalische Hof Wilhelms I. und der englisch-deutsche, aber kurzlebige Hof Friedrichs des Edelmütigen einem Hof anderer Art. Die Zeremoniellität offizieller Präsentationen wurde intensiviert und häufiger. Der neue Kaiser wollte sich mit kriegerischem Pomp umgeben, doch die Anwesenheit Augustas von Schleswig-Holsteins reduzierte die feierlichsten Zeremonien des letzten Berliner Hofes immer auf die Ebene alltäglicher Pracht. Zu dieser Zeit hatte die Kaiserin große Mühe, sich geschmackvoll zu kleiden und zu frisieren. Ihre Anwesenheit auf dem Thron genügte, um ihn in ein bürgerliches Sofa zu verwandeln. Später verbesserte sich ihr Geschmack in Sachen Chiffon.

Als Wilhelm II. nach Wien kam, wurde er mit den Ehren empfangen , die seinem Rang gebühren. Um ihm die Ehre zu erweisen, habe ich mir bei meiner Toilette besondere Mühe gegeben .

Da ich an seine schwerfälligen Sprüche gewöhnt war, hätte ich nicht erwartet, ihn auf Französisch, das er selbst in seinen kühnsten Ausdrücken hervorragend beherrschte, sagen zu hören : „Haben Sie den Stil Ihrer Frisur und Ihrer Kleider in Paris übernommen?"

„Manchmal in Paris, aber meistens in Wien", antwortete ich. „Ich repräsentiere die Mode und entwerfe meine eigenen Kleider."

„Du solltest Augustas Hüte aussuchen und ihr bei ihren Kleidern helfen. Die arme Kleine sieht immer schäbig aus."

Aus diesem Grund besuchte die deutsche Kaiserin dieselben Geschäfte wie ich und kaufte Kleider, die ich mitentworfen hatte. Die Frage der Hüte war mit Schwierigkeiten verbunden, da sie einen dieser großen Köpfe hat, denen man nur schwer etwas anpassen kann. Aber es scheint mir gelungen zu sein, den Wunsch ihres Mannes zu erfüllen, indem ich seiner Frau diesen kleinen Dienst erwies. Er dankte mir freundlich, obwohl er zu denen gehörte, die uns nie die empfangenen Gefälligkeiten verzeihen.

Die Holsteiner, aus denen die Kaiserin stammte, hatten, wie man weiß, ihr Herzogtum verloren, das früher dänisch war und in die Hände der Preußen gefallen war. Als Ehefrau für den Prinzen, der eines Tages Wilhelm II. heißen sollte, schlug Graf von Bismarck Augusta von Schleswig-Holstein vor, die ein ausgeglichenes Temperament besaß und seiner Meinung nach die Launen eines jungen und leidenschaftlichen Ehemannes ausgleichen würde.

Diese Heirat hatte den Vorteil, dass die Holsteiner auf andere Weise als durch das Schwert mit dem Haus Berlin verbunden wurden. Sie legalisierte in den Augen Europas die etwas schroffe Methode, mit der Preußen das Herzogtum annektiert hatte. Der politische Wert dieser Heirat war die Mitgift, die Augusta sicherlich fehlte, durchaus wert.

Die hochgewachsene und schöne zukünftige Kaiserin war weder hübsch noch hässlich, sondern eher hübsch als hässlich. Ihre Frömmigkeit wurde groß herausgestellt, aber es gibt Frömmigkeiten, auf die man besser verzichten sollte, wenn sie auf falschen Grundlagen beruhen. Dies war der Fall beim religiösen Eifer von Augusta von Holstein, die, als sie Kaiserin wurde, begann, ihren Mann als Oberhaupt der protestantischen Kirche zu betrachten – einen Mann, dem es an Eklektizismus mangelte und der Unsinn über die römische Kirche, die christliche Religion und das Latinum redete. Aber man hätte ihn zurückhalten und ihm die Folgen seines lutherischen Geschwätzes vor Augen führen sollen, das mit Anrufungen Wotans und des Gottes Thor vermischt war.

Ein weiterer, nicht weniger schwerwiegender Punkt war, dass die Holsteiner, die ruiniert oder fast ruiniert waren, versuchen mussten, ihr Vermögen wieder aufzufüllen. Augusta war gezwungen, darüber nachzudenken und vor allem ihren Bruder Gunther zu etablieren, der das Leben eines deutschen Offiziers aus einer Adelsfamilie führte, ohne die Mittel dazu zu haben. Wilhelm II. ordnete die Dinge von Zeit zu Zeit, aber er zeigte nicht viel Enthusiasmus. In keinem Fall spielt Geld eine größere Rolle als bei Leuten, die einem Hof angehören. Ohne Geld ist nichts von Wert, denn diese Klasse von Leuten wird nur an dem Geld gemessen, das sie ausgibt.

Bei Gunther von Schleswig-Holstein war dies nicht der Fall. Er war intelligent und kultiviert. Es wird auch gesagt, dass er in geschäftlichen Angelegenheiten gut informiert war. Er hat als Mann des Wissens den Vorsitz bei Kongressen übernommen, und wenn er sich während des Krieges auch nicht besonders als Soldat hervorgetan hat, so hat er doch als Finanzier geglänzt. Als junger Offizier waren diese praktischen Eigenschaften nicht zu erkennen. Er musste eine gute Ehe eingehen. Viele Heiratsversuche scheiterten. Als junger Mann recht ansehnlich, wurde er mit zunehmendem Alter nicht besser. Als ich ihn zu Beginn seiner Hofkarriere auf verschiedenen Jagdgesellschaften in Thüringen sah, sah er nicht schlecht aus. Als Gunther von Schleswig-Holstein um meine Tochter Dora anhielt und wir unsere Zustimmung gegeben hatten, bat er mich, den Termin festzulegen. Ich konnte nicht umhin zu sagen:

„Was? … Denkst du ernsthaft darüber nach, meine Tochter zum Altar zu führen, ohne dass sich jemand um deine schreckliche Nase kümmert?"

Tatsächlich hatte er eine rote Nase von vielseitiger, unbestimmter Form. Nicht jeder ist wie der Prinz von Condé oder Cyrano. Eine missgestaltete Nase ist sicherlich unpraktisch.

Seine Schwester drängte auf seine Heirat mit meiner Tochter. In Berlin war ihr derselbe Gedanke gekommen, der zwanzig Jahre zuvor den Prinzen von Coburg nach Brüssel geführt hatte. Das immense Vermögen des Königs der Belgier war inzwischen unbestritten. Man stellte Berechnungen über sein Einkommen an, und man sprach von einer Milliarde Franc, die eines Tages unter drei Erbinnen aufgeteilt werden sollte. Das weckte leidenschaftliche Spekulationsideen, denn eine Milliarde Franc galt schon damals als etwas.

Der Herzog von Holstein, der das Aussehen seiner Nase verbessert hatte, sprach erneut von seiner Hochzeit mit meiner Tochter.

Dora war noch jung. Zu dieser Zeit waren mein Mann und ich am tragischen Punkt eines fast endgültigen Bruchs angelangt. Ich hoffte, dass dieser in aller Stille vonstatten gehen würde. Nicht ich war es, die all die Skandale losließ. Es traf sich, dass wir beschlossen hatten, ein Jahr lang von Wien fernzubleiben. Deshalb fuhren wir an die Riviera. Gunther von Holstein begleitete uns. Von dort fuhren wir nach Paris, wohin ich meinen Haushalt mitnahm. Das wurde als Verbrechen angesehen. Die Leute schienen zu vergessen, dass mein Mann zu meinem Haushalt gehörte.

Seine Gesellschaft, so selten sie auch war, war mir nur lästig, und meine war ihm zweifellos nicht angenehmer. Wenn es zwischen uns zu Schwierigkeiten kam, fand ich ständigen Trost in der Gesellschaft meiner Tochter. Ihre Mutter war alles für sie; mein Kind war alles für mich. Zumindest war Dora mein. Ihr Bruder hatte mich schon lange verlassen, also hielt ich sie fest. Ich beschützte sie; ich machte so viel aus ihr, wie ich konnte. Aber da ich nun an dem Punkt der Geschichte der Heirat meiner Tochter mit einem Verwandten der Hohenzollern angelangt bin und den Einfluss erläutere, den der Berliner Hof auf Doras und meine Zukunft haben sollte, kann ich mir das Vergnügen nicht versagen, auf diesen Seiten den idealen Mann meiner Hingabe zu porträtieren, der, nachdem er meine moralische Sicherheit gewährleistet hatte, mir auch eine neue Lebensperspektive gab.

Ich will es nicht leugnen. Den gewöhnlichen Gesetzen der Welt zufolge verstieß seine Anwesenheit damals an der Riviera und später in Paris gegen alle Traditionen gewöhnlicher, respektabler Sitten.

Bestimmte Situationen können nur auf eine Weise beurteilt werden, die ihnen angemessen ist. Wenn es wahr ist, dass der Graf von Géza aufgrund meiner Bitten – der Bitten einer verzweifelten Frau, die sich isoliert und der Gnade des Mannes ausgeliefert sah, der immer noch ihr Ehemann war – Mattachich war zur selben Zeit wie ich an der Côte d'Azur und verkehrte mit meinem Gefolge als Ehrenmann (wie es in den Haushalten von Prinzessinnen üblich ist). Dann muss ich meinen Lesern zustimmen, dass mein zukünftiger Schwiegersohn nichts zu bemängeln hatte. Diese Aussage ist meiner Meinung nach ausreichend.

Gunther von Holstein erwies dem Grafen Respekt und Freundschaft und bat ihn, um dies zu beweisen, als sein Stellvertreter bei einer Ehrenangelegenheit zu fungieren, die er arrangieren konnte. Doch was noch schlimmer war: Dora, die offenbar eine Art Instinkt hatte, welche schwierigen Zeiten ihr in Berlin bevorstanden, gab ihrem Verlobten ihren Ring zurück und löste ihn von seiner Verlobung.

Gunther von Holstein bat den Grafen Mattachich , sich bei mir für die Verhinderung des Bruchs einzusetzen, und ich willigte ein.

Für diese Freundlichkeit sollte man mir eine niederträchtige Belohnung zahlen.

Ich wollte nicht vor ihrer Hochzeit von meiner Tochter getrennt werden und sie vor allem nicht in Wien im Coburger Palast zurücklassen. Als wir zur Riviera aufbrachen, hatte ich den versammelten Dienern mit Tränen in den Augen gesagt, dass ich nie wieder dorthin zurückkehren würde, und der Prinz hatte zugehört, ohne ein Wort zu sagen, das meiner Behauptung widersprach. Ich fürchtete den Einfluss Wiens, wo mein unglücklicher Sohn schließlich umkam und wo er aufgrund seines Fehlverhaltens dazu bestimmt war, seine Tage auf schreckliche Weise zu beenden. Eine schreckliche Strafe für seine Fehler und den moralischen Vatermord, den er begangen hatte, als er seine Mutter verleugnete. Nein! Dora musste um jeden Preis bei mir bleiben.

Der Herzog von Holstein bestand jedoch darauf, Dora seiner Familie und den Hohenzollern vorzustellen. Er gab mir sein Ehrenwort, sie zurückzubringen, wenn ich ihr erlaube, für ein paar Tage in Begleitung ihrer Gouvernante nach Berlin zu reisen. Ich ließ diesen Soldaten aus Berlin dies schwören, aber „besiegt ist, wer das Rad des Siegerwagens antreibt", und ich ließ sie gehen.

Sie kam nicht zurück. Sie wurde von mir ferngehalten. Das war das offene Eingeständnis der Verschwörung, die die traurigen Wechselfälle herbeiführen sollte.

Von der Hochzeit meiner Tochter mit Gunther von Schleswig-Holstein erfuhr ich erst aus der Zeitung, als ich in der Wiener Anstalt Döbling einsaß . Ich war gerade dorthin gebracht worden.

Dieses Komplott – habe ich es schon erwähnt? – war eines der übelsten Komplotte überhaupt. Es ging dabei um Geld.

Ich war nicht verrückt, aber meine Feinde dachten, dass ich inmitten von Wahnsinnigen ganz bestimmt verrückt werden würde. Wahnsinn ist ansteckend. Mein Untergang war vorbestimmt. Als Wahnsinniger oder Verrückter wäre ich nicht in der Lage, meine eigenen Angelegenheiten zu regeln. Ich hätte keine Bürgerrechte und meine Vertreter könnten mit meinem Eigentum machen, was sie wollten. Der König war alt und zweifellos würde es nicht lange dauern, bis er „hinüberging". Es war also sicher, dass jedes seiner Kinder etwa drei Milliarden Millionen erben würde. Sollte ich ein solches Vermögen erben dürfen, das ich mit Sicherheit in feindliche Hände geben und dann verprassen würde?

Es ist nicht verwunderlich, dass mein Sohn, der Mann meiner Tochter, vielleicht sogar meine Tochter selbst, die damals unter der Herrschaft Wilhelms II. und seiner Frau gefangen saß, den Wünschen des Fürsten von Coburg zustimmte, der darauf aus war, sich für die bitteren Gefühle zu rächen, die er in meinem Herzen hervorgerufen hatte.

Foto: E. Bieber
HERZOG GÜNTHER VON SCHLESWIG-HOLSTEIN

Außerdem würde seine Rache nicht nur mich treffen. Sie würde den Grafen treffen und vernichten, den er wegen seines angeblichen Einflusses auf mich hasste. Und wie könnten sie diesen Einfluss verstehen? Die Menschen sehen nur, was sie sehen wollen. Es übersteigt ihr erbärmliches Fassungsvermögen, höhere Wesen mit erhabenen Seelen und Bestrebungen zu verstehen, und sie bezeichnen als Schande, was in Wirklichkeit ein Opfer ist.

Ich werde schnell über die Schande und den Kummer hinweggehen und nur so viel erzählen, wie nötig ist, um der Welt den erhabenen und reinen Charakter des Grafen bekannt zu machen, der als Bayard ohne Furcht und ohne Tadel furchtlos einem Militärtribunal gegenübertrat.

Ich beschränke mich auf die Feststellung, dass in dem beispiellosen Drama der unaufhörlichen Verfolgungen, das ich vom Jahr 1897 bis zum Sieg der Entente ertragen musste, die Kaiserhäuser von Berlin und Wien die Stütze und Unterstützung der verschiedenen Angriffe, des Drucks, der Beschimpfungen, Diffamierungen und Verleumdungen waren, die mich mit Sicherheit erdrückt hätten, wenn sich die öffentliche Meinung nicht instinktiv dagegen empört hätte.

Und die Öffentlichkeit erfuhr nichts über die Vor- und Nachteile des Falles.

Gestärkt durch die öffentliche Anteilnahme konnte ich der Unterdrückung widerstehen. Die Gerechtigkeit ist langsam, aber sicher.

Die führenden österreichischen Geistesärzte weigerten sich, mich für verrückt zu erklären, und man fand eine Anstalt in Deutschland, wo ich eine lebenslange Haftstrafe verbüßen sollte. Ich sagte dann zu Wilhelm II.:

„Als Komplize dieses Verbrechens werden Sie letztendlich bestraft.“

Ich dachte damals darüber nach, dass der Mann, der an dem Verbrechen beteiligt war, ein gesundes Wesen in den Abgrund des Wahnsinns zu stoßen, auch zu anderen Gräueltaten fähig war. Ich glaubte nicht, dass Gott zulassen würde, dass er ungestraft davonkam.

Er wurde bestraft.

Derselbe Schlag traf auch seine Lebensgefährtin, die Frau, die so intolerant gegenüber den Fehlern anderer war und auf der Höhe ihrer unchristlichen Tugend so kompromisslos handelte. Als Feindin ihres Nächsten hätte ihr Einfluss ausgereicht, um den Krieg herbeizuführen, denn die schlimmste aller kriegerischen Neigungen ist der Geist der Intoleranz.

Es ist nicht hinreichend bekannt, aber es ist eine Tatsache, dass der schreckliche Konflikt von 1914 bis 1918 lediglich das Ergebnis des erbarmungslosen und unmenschlichen Hasses des lutherischen Preußens war, das von dem Wunsch zu dominieren, zu regieren und zu unterdrücken zerfressen war.

Der Krieg wurde durch Unglauben verursacht. Nur der Glaube kann dauerhaften Frieden schaffen.

Belgien und Frankreich müssen verstehen, dass Deutschland Preußen zwar in seiner Gewalt hatte und reich machte, es ihm jedoch nie gefiel.

Deutschland kann nur durch Vertrauen und Zuneigung gewonnen werden.

Die katholischen Kirchen, die nicht weniger großzügig sind als die Sozialisten, die zwar zum größten Teil aufrichtig sind, aber dem Willen Gottes gleichgültig gegenüberstehen, sollten ein Beispiel der Versöhnung geben. Die Bischöfe hätten dann eine große Rolle zu spielen. Religiöse Konferenzen und Pilgerfahrten könnten Gelegenheiten für Begegnungen auf besserer Grundlage bieten, und bevor ich sterbe, möchte ich Deutsche, Belgier und Franzosen in der Gegenwart des Gottes der Liebe vereint sehen, im selben Glauben und in derselben Hoffnung, und durch die Liebe zu Seinem Gesetz würden sie dann den Friedenskuss austauschen.

KAPITEL XII I
Die Höfe Münchens und Altdeutschlands

Bei jedem meiner Aufenthalte am Wiener Hof habe ich bedauert, Ludwig II. nicht persönlich gekannt zu haben. Als ich ihn das erste Mal sah, hatte er sich bereits in seine Träume und seine traumhaften Schlösser geflüchtet.

Wie Rudolph war er von großem Misstrauen ergriffen, nicht gegenüber der Menschheit, sondern gegenüber denen, die die menschlichen Angelegenheiten leiteten. Er fand nicht wie Rudolph einen Ausweg im Selbstmord. Ludwig II. schuf sich ein Paradies der Kunst und Schönheit, in dem er sich zu verlieren suchte , fern von seinem Volk, das er liebte und von dem er im Gegenzug geliebt wurde.

Einmal sah ich ihn im Münchner Park allein in seiner Staatskarosse sitzen, eskortiert von ziemlich theatralischen Vorreitern. Hinter den geschliffenen, goldgerahmten Glasfenstern saß er imposant und regungslos.

Er war eine erstaunliche Erscheinung, die von der Menge begrüßt wurde, ohne dass er davon Notiz zu nehmen schien.

Nach seinen Extravaganzen war der Hof gezwungen, zu sparen und konnte problemlos eine mehr oder weniger bürgerliche Existenz annehmen.

Ich freute mich, die patriarchalischen Gebräuche des Regenten, Prinz Luitpold, zu sehen . Ich hatte damals nicht viel politische Erfahrung und sah nur die Oberfläche der Dinge. Die ungeduldige Gehorsamsverweigerung Bayerns gegenüber Preußen, von der ein intelligenteres und weniger gespaltenes Europa so viel Nutzen hätte ziehen können, entging mir. Ich sah in dem Regenten lediglich eine Figur aus einer von Töpfers Geschichten.

Den größten Teil seiner Zeit widmete er, auch noch im hohen Alter, körperlichen Übungen. Schießen und Schwimmen waren seine Lieblingsbeschäftigungen . Er badete das ganze Jahr über täglich in einem der großen Teiche auf seinem Gut in Nymphenburg . Und wenn er nicht schoss, ging er spazieren. Sein Äußeres ließ keinen Rückschluss auf seinen Rang zu. Ich traf ihn an einem Herbsttag in Wien in einer der kleinen Straßen hinter dem Lusthaus, die vom Prater abzweigen ; er war in Hemdsärmeln; Mantel und Zylinder hingen an der Spitze des Spazierstocks, den er über der Schulter trug. Er schien glücklicher als ein König.

Sein unzertrennlicher Gefährte, ein Pudel, der nicht weniger zottig und haarig war als sein Herr, begleitete ihn. Sie sahen einander völlig ähnlich. Aus der Ferne hätte ein Kurzsichtiger den Hund leicht mit dem Regenten und den Regenten mit dem Hund verwechseln können.

Ludwig III., sein Sohn und Nachfolger, erbte den einfachen Geschmack seines Vaters, den er noch weiter vereinfachen wollte. Aber Übertreibung ist in jeder Hinsicht ein Fehler. Sein Missbrauch der Einfachheit war praktisch seine einzige Möglichkeit, in der zeitgenössischen Geschichte Eindruck zu machen. Die Geschichte wird die Erinnerung an diesen mittelmäßigen König von Bayern nicht bewahren, aber sie wird sich an seine unmoderne Kleidung erinnern, seine Ziehharmonikahosen, seine eckigen Stiefel mit Gummiabsätzen und seine zerknitterten Socken, mit denen er seinen demokratischen Geschmack demonstrieren wollte. Er hätte besser daran getan, sich daran zu erinnern, dass die Pflicht eines Königs darin besteht, den einfachen Mann auf die Ebene des Throns zu heben und den König nicht auf die Ebene des einfachen Mannes herabsinken zu lassen.

Aufgrund seines schlechten Geschmacks war er nicht beliebt. Vergebens stellte er seine Liebe zu Bier, groben Witzen, Würstchen und Kegeln zur Schau. Die Bayern erinnerten sich an Ludwig II. als einen guten König und zugleich als einen großartigen, spektakulären König.

Die Leute fühlen sich geschmeichelt, wenn ein König, der ein König ist, sich ihnen gegenüber nachgiebig zeigt. Sieht er jedoch aus wie ein Fuhrmann, sind sie nicht stolz, wenn sie sehen, dass er den Staatswagen wie einen Karren lenkt.

Der bayerische Hof, der vor 1914 seine frühere Stellung wiedererlangt hatte, geriet zwischen Skylla und Charybdis, als der bayerische Kronprinz und der Mann von Berlin mit den Blitzen des Krieges spielten. Die Wittelsbacher verschwanden wie Rauch in der Niederlage der preußischen Ambitionen.

Sie wären möglicherweise noch in München gewesen, wenn sie die legitimen bayerischen Ambitionen gefördert und diese ausschließlich vom politischen und religiösen Bedarf ihres Landes aus beurteilt hätten.

Man muss jedoch bedenken, dass die deutschen Throne bedroht waren. Weder die strenge Disziplin Berlins, noch die „mach was du willst"-Herrschaft Münchens, noch die Mischsysteme, die zwischen diesen beiden Extremen existierten, hätten den Anachronismus abgenutzter Formen aufrechterhalten können, den das Volk instinktiv ablehnte, indem es von Jahr zu Jahr dem Sozialismus und Republikanismus mehr Aufmerksamkeit schenkte.

Die deutschen Könige sind verschwunden. Es ist nicht unmöglich, dass sie zurückkehren; wenn nicht dieselben, dann andere, die vielleicht besser geeignet sind, zu herrschen. Die Nationen sind in ihrer Wahl der Regierungsmethoden eingeschränkt. Die Monarchie ist die Form, die ihnen gefällt oder vielmehr die sie häufiger tolerieren als jede andere. Die Monarchie entspringt dem Familienprinzip, das ein ewiges Prinzip ist. Der wahre König ist ein Vater. Die Monarchie kann in Deutschland und anderswo wiedergeboren werden, aber ihre Macht wird mit der Zeit verändert und eingeschränkt werden. So wie sie in Deutschland existierte, ist sie aufgrund ihres Archaismus zum Aussterben verurteilt.

Nur die Kirche hat das Privileg, nicht zu veralten, da die Menschheit ständig zu einer unveränderlichen Lehre zurückkehrt. Monarchien veralten, weil Menschen gleichen Blutes, gleichen Namens und gleicher Rasse danach streben, unbeeinflusst von den ständigen Veränderungen der Lebensbedingungen zu existieren. Wenn sie erschöpft sind, kommt die Zeit der Republik. Aber weil das Familienprinzip die Grundlage der sozialen Existenz ist und weil eine Republik das Individuum gegenüber der Familie bevorzugt, verschwindet die Republik ihrerseits und die Monarchie erscheint wieder. So ist der Lauf der Welt.

Deutschland würde dies als erstes zugeben, wenn es auch nur über einen philosophischen Sinn verfügte. Es ist eine weitverbreitete Legende, dass Deutschland einen philosophischen Geist besitzt, und nichts ist unbesiegbarer als eine Legende. Tatsächlich aber gibt es auf der Erde keine Nation, die zugleich metaphysischer und weniger philosophisch ist als die deutsche Nation. Nur die Metaphysik hilft ihrem Volk, zu träumen und diese Träume als Realität zu akzeptieren. Sie führt sie in keiner Weise zu einem Zustand weiser Klarsicht.

Die deutsche Nation ist in die Grube gefallen, die ihr das kaiserliche Preußen gegraben hat. Jeder Hof, ob wichtig oder nicht, war davon überzeugt, dass Berlin und die Hohenzollern die Herren der Stunde sein würden.

Gewisse protzige Monarchien spürten den Druck eines eher im Gehrock gehaltenen Sozialismus und versuchten, sich der Sozialdemokratie anzupassen, so wie sich die Sozialdemokratie ihnen anpasst.

Dennoch konnte man einige beobachten, die ihre traditionelle Zeremonie ungestört fortführten.

Eine solche Monarchie war der kleine Hof von Thurn und Taxis in Regensburg, der malerischste und unterhaltsamste Hof, den ich je gekannt habe.

Ich habe in Regensburg oft Kegel gespielt, aber was für ein Schauspiel boten wir! Wir spielten Kegeln mit unseren Diademen und unseren langen Schleppenkleidern. Es galt die Etikette, eine große Kugel zu handhaben und zu werfen. Mehr als eine Tiara wurde unsicher, und mehr als eine Spielerin stöhnte in ihrem Schmuck, ihrer Seide und ihren Stickereien, ganz zu schweigen von ihren Korsetts. Glücklicherweise hielten die Kleider damals mehr aus. Wenn dies heute geschehen wäre, wo Frauen sich so knapp wie möglich durchsichtig kleiden, was hätte man dann nicht alles gesehen?

Man darf nicht denken, dass es sich um ein zufälliges Kegelspiel handelte, das ich in voller Hoftoilette spielte. Es war Mode. In Regensburg wurde alles in einer Prozession durchgeführt, der ein Zeremonienmeister vorausging. Und aus diesem Grund war es, wie Victor Hugo irgendwo sagt, sehr drollig.

Das Leben in Regensburg war angenehm. Der Prinz und die Prinzessin unterhielten sich prächtig. Der Palast eignete sich hervorragend für die Bewirtung, da er eine prächtige Residenz war, königlich eingerichtet und von Gärten umgeben, die mit Liebe gepflegt wurden. Die Küche entsprach der Küche, die Ferdinand von Bulgarien so am Herzen lag. Das Reizvolle daran war, dass das altmodische Zeremoniell so wohlgeordnet war, dass gewisse Übertreibungen angesichts der Schönheit von Rhythmus und Anordnung, die an die Würde vergangener Tage erinnerte, schnell vergessen wurden.

Wir fuhren in prächtigen Staatskarossen zu den Rennen, denen ebenso gut gekleidete Vorreiter vorausfuhren. Der Graf von Stanfferberg , der Stallmeister, ein alter österreichischer Offizier, ritt neben dem Wagen des Prinzen, und die Hofkapitäne waren so aufmerksam, dass jeder von ihnen, wenn es keine Stufe am Wagen gegeben hätte, mit seinen Personen den Platz eingenommen hätte.

Wenn wir ins Theater gingen, taten wir das in voller Montur und wurden von Fackelträgern in die Fürstenloge geführt.

Eine solche Etikette verpflichtete einen dazu, die Würde seines Standes zu wahren. Doch dem Prinzen und seiner Frau gefiel dieses Zeremoniell; sie lebten nur, um den Prunk vergangener Jahrhunderte fortzuführen.

Es hieß, Prinzessin Margarete von Thurn und Taxis habe eine gewisse Ähnlichkeit mit Marie Antoinette. Der Prinz, der an diese Ähnlichkeit glaubte, wollte seiner Frau ein Set Diamanten schenken, das einst der unglücklichen Königin von Frankreich gehört hatte. Er kaufte sie und die Prinzessin trug sie. Ich befürchtete, dass dies fatale Folgen haben könnte, aber am Hof von Thurn und Taxis gab es keinen Aberglauben. Man sah die Zukunft durch eine rosarote Brille, und um das Aussehen der Prinzessin den historischen Diamanten anzupassen, wurde einmal anlässlich eines Hofballs der berühmte Lentheric aus Paris geholt, um die Haare der Prinzessin „à la Frigate" zu frisieren und sie in eine Art Marie Antoinette zu verwandeln, die man nur sehr ungern auf dem Weg zum Schafott gesehen hätte.

Als der Wind der Revolution über Deutschland hinwegfegte, blieb den entthronten Fürsten diese Strafe erspart. Sie gingen ins Ausland und nicht aufs Schafott. Deutschland, sich selbst überlassen und nicht mehr von Berlin berauscht, hat keinen einzigen seiner Herrscher von gestern massakriert. Und diese Tatsache allein sollte allen, die von Deutschland sprechen, ohne es wirklich zu kennen, zu Recht Anlass zum Nachdenken geben.

Im kleinen Herzogtum Sachsen-Coburg-Gotha unterschied sich das Leben deutlich von dem am Hofe von Thurn und Taxis. Hier schlossen sich Natur und Kunst die Hand. Es gab keine prunkvollen Prozessionen, keine einstudierte Etikette, nur eine charmante und vornehme Einfachheit, die den Geschmack dieses deutschen Prinzen von hoher und menschlicher Kultur widerspiegelte – meines Onkels, des regierenden Herzogs Ernst II., dessen Freundlichkeit mir gegenüber ich bereits erwähnte.

Er wurde nie müde, mich zu verwöhnen, und er wollte, dass ich mich im Palast wie eine Königin fühlte. Seine Zuneigung änderte sich nie. In seiner Gesellschaft und der meiner Tante, der Herzogin, die ebenfalls sehr liebevoll und freundlich zu mir war, habe ich oft das Elend meiner Ehe vergessen.

Seine Hirschjagden im schönen Thüringer Land durch Tannen- und Buchenwälder waren für mich ein berauschendes Vergnügen.

Ich folgte dem Beispiel des Herzogs. Er war ein guter Schütze und Reiter. Sein Alter machte ihm nichts aus. In den Bergen ritt ich oft auf einem weißen Maultier, und der Herzog bemerkte den Farbtupfer, den mein Reittier und ich in dieser ländlichen Gegend erzeugten.

Abends, wenn das Wetter schön war, speisten wir unter den großen Bäumen, die von wohlgeordneten Laternen erhellt wurden. Normalerweise trug ich ein leichtes Kleid, um dem Herzog zu gefallen. Er mochte es auch, wenn ich mich mit einer Blumengirlande schmückte, die er jeden Tag selbst anfertigte, als Zeichen der zarten Huldigung des höflichsten aller Onkel.

bei Herzogin Marie in Rosenau habe ich viele glückliche Stunden verbracht. Ihre Töchter waren reizende Mädchen. Welch strahlende Erscheinung war Prinzessin Marie, die heutige Königin von Rumänien! Einmal gesehen, vergisst man sie nie mehr!

Coburg, die Wiege einer Familie, die Europa so viele Könige und Königinnen, Prinzen und Prinzessinnen, königliche und kaiserliche, geschenkt hat, war Zeuge zahlreicher Zusammenkünfte der heutigen Generation. Eine Hochzeit, eine Verlobung oder ein Feiertag führten die Mitglieder der Familie Coburg regelmäßig in ihr Heimatland. Jung und Alt waren froh, zurückzukehren und einige der Pflichten zu vergessen, die ihre Position verlangte; andere waren froh, die Last ihrer Studien zu vergessen. Jeder versuchte, er selbst zu sein und sich wie ein gewöhnlicher Mensch zu benehmen.

Die Freuden eines normalen Lebens sind für diejenigen sehr verlockend, denen diese durch ihre Stellung und ihre Pflichten verwehrt sind. Die breite Öffentlichkeit hat eine falsche Vorstellung von den Königen. Sie glaubt, sie seien anders, als sie sind, während sie in Wirklichkeit so sein möchten wie alle anderen.

Zweifellos gibt es Fürsten wie Wilhelm II., die meinen, sie seien aus einem anderen Holz geschnitzt als der Rest der Menschheit. Sie haben ihren Kopf verloren, indem sie vor dem Spiegel posierten und den Weihrauch der Schmeichelei einatmeten. Das sind bloße Unfälle. Jeder Mensch, der ähnlich litt, wäre genauso schlimm dran, ganz gleich, welcher Klasse er angehörte. Allerdings hätte die Krankheit dann nicht dieselben sozialen Folgen. Auch der Monarchismus ist immer mehr unter Kontrolle geraten und ist praktisch auf eine symbolische Funktion beschränkt, da er mehr von einem Menschen als von einem anderen abhing. Er hätte sowohl wirksam als auch einflussreich sein können, wenn der Fürst Persönlichkeit besessen hätte; aber wenn er mittelmäßige Eigenschaften ohne ernsthaften Einfluss irgendeiner Art besaß, war er bloß eine Null. Nach ihm würde vielleicht ein besserer Herrscher kommen. Aber alles ist eine Lotterie, und das allgemeine Wahlrecht und die Wahlen der Parlamente sind nicht weniger blind als das Schicksal.

In Coburg kam ich in enge Verbindung mit Kaiserin Friedrich, die starb, ohne dass ihre Ambitionen erfüllt wurden, und die in ihrer Isolation groß war. Mit einem Auge, das keine Illusionen kannte, sah sie, wie die königliche und kaiserliche Krone Preußens und Deutschlands rasch von ihrem Mann auf ihren Sohn überging. Der Egoismus und die Eitelkeit der „Persönlichkeit" weckten in ihr mehr Angst als Hoffnung. Und mit welch einem Ausdruck des Mitleids ruhten ihre Augen auf der Mittelmäßigkeit ihrer Schwiegertochter!

die Romanows und ihre Verwandten blieben Coburg treu. Die Großfürsten, die Brüder der Herzogin Marie, und ihre Schwägerinnen, die Großfürstinnen Vladimir und Serge, die beide auf unterschiedliche Weise schön waren, brachten Anklänge an den stattlichen und komplexen Hof Russlands mit, jenen asiatischen Hofes, der für das heutige Jahrhundert, wie ich immer empfand, tausend Meilen und tausend Jahre jenseits seiner Vorstellungskraft lag.

Zu den anderen denkwürdigen Zeremonien, die ich an der Wiege der Familie miterlebt habe, gehört die Hochzeit des Großherzogs von Hessen mit Prinzessin Melita , der späteren Großherzogin Cyril. Das Fest schien von Glück erfüllt zu sein. Die Liebe war eingeladen – ein seltener Gast bei fürstlichen Verbindungen.

Über die Verlobung des armen „Nick" mit Alice von Hessen, die ebenfalls in Hessen gefeiert wurde, will ich nicht viel sagen.

Der spätere Zar Nikolaus II. erschien als trauriger, schüchterner, nervöser und unbedeutender Mann, zumindest aus weltlicher Sicht. Seine Verlobte war distanziert, in sich gekehrt und egozentrisch . Schon ihr Umfeld war besorgt über ihre visionären und ziemlich exzentrischen Neigungen.

Sie hatte Prinzessin Beatrice (die Heinrich von Battenberg geheiratet hatte) als Königin Victorias Vorleserin und Lieblingsgefährtin abgelöst . Die Königin wünschte ihrer Enkelin den russischen Thron und arrangierte die Hochzeit, deren Verlobungszeremonie ich miterlebte. Die alte Königin hatte den Vorsitz. Aber alles war nicht fröhlich. Wenn es auch nur einen Augenblick lang so aussah, als ob Freude herrschte, so schien sie doch erzwungen. Man fühlte sich niedergedrückt von der Last eines unbekannten Unglücks. Vielleicht wollte das Schicksal Alice von Hessen und Nikolaus von Russland vor ihrem bevorstehenden Schicksal warnen.

KAPITEL XIV
Königin Victoria

Kann ich den Namen Königin Victoria erwähnen, ohne daran zu denken, dass der Prinz von Coburg und ich oft bei unserer Tante und unserem Cousin zu Gast waren? Sie war eine der gastfreundlichsten Frauen, schwelgte in den Freuden des häuslichen Lebens und scharte ihre Verwandten am liebsten um sich, am liebsten die Coburger , deren Familie der Prinzgemahl angehörte.

Obwohl die Königin sehr klein war und an einer fast missgestalteten Korpulenz litt und ein übermäßig rotes Gesicht hatte, wirkte sie dennoch sehr vornehm, wenn sie, gestützt von einer der prächtigen indischen Dienerinnen, die ihre persönlichen Dienerinnen waren, den Raum betrat. Gewöhnlich trug sie ein weißes Taschentuch, das so arrangiert war, dass die Spitzenborte zu sehen war, und sie bevorzugte ein schwarzes Seidenkleid mit kleiner Schleppe und dem Mieder V-förmig geschnitten. Um den Hals trug sie ein Medaillon mit einer Miniatur von Prinz Albert, ihrem unvergesslichen Ehemann, und auf dem Kopf eine Witwenhaube aus weißem Krepp; Handschuhe trug sie nur sehr selten. Zu besonderen Anlässen funkelte der Koh-i-noor , dieser wundervolle Diamant, der Schatz aller Schätze Indiens, in tausend Feuern in den Falten der Krepphaube.

Die Königin hinterließ mit ihrer Persönlichkeit keinen großen Eindruck, obwohl ihre Bewegungen, ihr Tonfall und ihr Blick höchst eindrucksvoll waren. Ihre Nase zitterte seltsamerweise, was beinahe ein Hinweis auf ihre Gedanken war. Und wie soll ich diesen erstaunlich kalten Blick beschreiben, den sie auf den Familienkreis zu werfen pflegte? Der kleinste Fehler in der Kleidung, der kleinste Verstoß gegen die Etikette wurde sofort bemerkt. Ein Hinweis oder ein Tadel folgte in einer Stimme, die keine Antwort duldete. Dann kräuselte sie die Nase, ihre Lippen pressten sich zusammen, ihr Gesicht nahm eine noch dunklere Röte an und die gesamte königliche Person schien von einem Sturm der Wut erfasst zu werden.

Doch als der Sturm vorüber war, lächelte die Königin ihr bezauberndes Lächeln, als wollte sie die Erinnerung an ihre frühere schlechte Laune auslöschen .

Beim Ankommen oder Gehen verbeugte sie sich stets mit einer kleinen, merkwürdigen Schutzbewegung vor ihren Mitmenschen.

Einmal hatte ich das Pech, sie zu verärgern.

Die Königin verabscheute die damals in Mode gekommenen, gelockten Fransen, die die Stirn verdeckten. Viele erinnern sich noch an diese eher unvorteilhafte Mode. Ich gebe zu, dass ich sie übernommen habe. Mode ist

Mode. Dieser Frisurenstil ärgerte die Königin sehr, und sie sagte eines Tages zu mir: „Sie müssen Ihre Haare anders frisieren, und zwar auf eine Art, die einer Prinzessin angemessener ist."

Sie hatte recht. Leider war der Prinz von Coburg, dem diese Lockenfrisur ebenso missfiel, anwesend, als unsere Tante diese Bemerkung machte. Hätte sie ihm den Koh-i-noor gegeben , hätte er sich nicht mehr darüber freuen können. Ich wurde daher von meinem Mann mit einer ordentlichen Rüge bedacht, die mich dazu brachte, die Kritik der Königin nicht zur Kenntnis zu nehmen. Meine Haare blieben weiterhin in Locken auf meiner Stirn hängen.

In Windsor wie auch auf der Isle of Wight fuhr die Königin jeden Abend gegen 18 Uhr aus – egal, wie das Wetter war. Normalerweise hatten wir die Ehre , sie zu begleiten. Gelegentlich mussten wir ziemlich lange auf die Königin warten. Schließlich kam vor der Königin, mit einem Plaid am Arm und einer Flasche Whisky über der Schulter, John Brown, der treue Schotte, dessen Taten im *Court Circular eine so prominente Rolle spielten* und der wie viele andere seiner Art ein unveröffentlichtes Feuilleton in der Geschichte der Höfe darstellt.

Er ging voran, ließ sich im Gespann zweier grauer Pferde nieder, und die Fahrt, die etwa zwei Stunden dauerte, begann.

Der Abend brach herein. John Brown bewegte sich auf seinem Platz. Er drehte häufig den Kopf, in der Hoffnung, den Befehl der Königin zur Rückkehr zu erhalten. War diese Angst auf seine Angst vor Rheuma oder vor einer Erkältung zurückzuführen, die trotz der beruhigenden Wirkung des Whiskys seine Gesundheit beeinträchtigt und ihn daran gehindert hätte, seine Pflichten gegenüber der Königin zu erfüllen? Ich kann es wirklich nicht sagen. Ich weiß nur, dass John Brown Fahrten in der Dämmerung an einem feuchten Abend verabscheute. Sie beeinflussten immer seine Laune und er versuchte nicht, seine Gefühle zu verbergen – aber im Übrigen versuchte er nie, etwas zu tun, das seiner Neigung widersprach.

Sogar die Kinder der Königin erlebten John Browns Autokratie.

Es geschah, dass der Prinz von Wales, der spätere große König Edward VII., einmal seine Mutter wegen dringender und unerwarteter Angelegenheiten besuchen wollte. Doch John Brown öffnete die Tür zum Zimmer der Königin und sagte entschieden: „Sie können die Königin nicht sehen, Sir."

Auch wenn sich Königin Victoria in ihrem privaten Alltagsleben einige Momente der Entspannung gönnte, war sie dennoch eine große Herrscherin und eine imposante Persönlichkeit. Ihr Jubiläum, das mit einer Pracht gefeiert wurde , an die sich meine Zeitgenossen noch gut erinnern werden, zeigte ihren wahren Status in der Welt. Die Prozession durch London inmitten einer begeisterten und jubelnden Bevölkerung, die Kavalkade von Königen, Prinzen, Rajas und anderen Vertretern der Dominions, prächtig in ihren prächtigen Uniformen und mit Edelsteinen übersät, war ein Schauspiel, das „Tausendundeine Nacht" würdig war.

So etwas werden wir nie wieder sehen. Die Menschen werden die weltliche Macht nie wieder so ehren wie damals, als sie eine Frau ehrten, die so edel die Vergangenheit, die Gegenwart und die Zukunft des Vereinigten Königreichs, des indischen Empires und der Kolonien repräsentierte.

Sagen Sie nicht „Eitelkeit der Eitelkeiten". Pomp und Circumstance haben ihre Daseinsberechtigung. Eine Gesellschaft, die nicht eine Theokratie, eine Aristokratie und einen Pomp im Verhältnis zu ihren Institutionen besitzt, ist eine sterbende Gesellschaft. Es wird immer notwendig sein, zu den Äquivalenten von Souveränität, Hof und Göttlichkeit zurückzukehren, ohne die das entkrönte soziale Gebäude eine Scheune oder eine Ruine sein wird.

Es geschah anlässlich einer der großen Jubiläumsfeiern, dass ich aufgrund meiner lästigen und unverbesserlichen Angewohnheit der Unpünktlichkeit zu spät kam, um meinen Platz im königlichen Gefolge einzunehmen. Ich gebe zu, dass ich oft absichtlich zu spät kam, weil ich wusste, dass dies den Prinzen von Coburg mehr erzürnte als alles andere, und er begann den Tag immer mit der Aussage, dass er im Voraus wusste, dass ich nicht pünktlich sein würde.

Frauen, die dieses Buch lesen, werden verstehen, wie schwierig es ist, pünktlich zu einer Verlobung zu erscheinen, wenn man zum ersten Mal ein besonderes Kleid trägt. Männer werden diese weiblichen Schwierigkeiten nie verstehen!

Ich gebe offen zu, dass ich es diesmal anders hätte regeln sollen; ich wollte nicht im Unrecht sein. Das Staatszeremoniell verlangte, dass bei der Aufstellung des Gefolges niemand fehlen durfte. Und da ich aufgrund meiner Heirat, meines Ranges und meiner Stellung erst gegen Ende des Gefolges erscheinen musste, mussten eine ganze Reihe von Königen und Königinnen warten, bis ich erschien.

Als ich eintrat, war ich natürlich in einem Zustand äußerster Verwirrung. Aber zu dieser Zeit war ich auf dem Höhepunkt meiner Schönheit. Ich wusste, dass ich schön war und bewundert wurde. Ich sah, dass die meisten Augen sich mir gegenüber ohne Mitgefühl wandten. Die Frauen schauten verärgert, aber glücklicherweise dauerte es nicht lange, bis die Männer, die zunächst streng wirkten, mir gegenüber nachsichtiger wurden. Ich war geblendet vom Licht dieser irdischen Sonnen!

Aber wer zögerte, war verloren! Ich musste die Situation sofort zu meinem Vorteil nutzen. Schweigen und Gleichgültigkeit begegneten der Erscheinung des Täters, der es gewagt hatte, den Weg der Königin von England und ihres illustren Gefolges aufzuhalten. Mir wurde klar, dass mein Auftritt von der Art sein musste, die nur einmal im Leben gelingt.

Ich ließ mir Zeit – und legte alle nur denkbare Anmut in meinen Knicks vor der Königin und meine Verbeugung vor dem versammelten Hof.

Ich ging auf meine Mutter zu, um ihr die Hand zu küssen. Sie war überglücklich, das schmeichelnde Gemurmel zu hören, das auf meine Bitte um Verzeihung folgte. Sie zog mich an sich und sagte dabei: „Du bist dazu bestimmt, eine Königin zu sein.“

Sogar jetzt noch steigt mir eine Träne vom Herzen in die Augen. Was für eine seltsame Natur wir doch besitzen! Aber wenn man metaphorisch auf den Stufen eines Throns geboren wurde, verspürt man das Bedürfnis nach Erfolg, Huldigung und Beifall. Man bewahrt nicht nur die Erinnerung an sie, sondern behält auch den Wunsch nach ihnen und das Bedauern, wenn sie nicht mehr existieren.

KAPITEL XV
Das Drama meiner Gefangenschaft und meines Lebens als Gefangener – Der Beginn der Folter

Mein Unglück ist leider in aller Welt bekannt. Aber es lastet nicht am schwersten auf mir.

Auch wenn Verleumdung und Verfolgung, unterstützt von den mächtigsten Einflüssen, immer wieder Schlag auf Schlag versetzt haben, so ist doch zumindest eine Wahrheit klar: *Ich war nicht – ich bin nicht – verrückt* , und diejenigen, die versuchten , mir das Gegenteil zuzusichern, taten dies zu ihrer Schande und, wie ich hoffe, auch zu ihrem Kummer.

„Trotzdem", hieß es, „ist die Prinzessin eigenartig." Andere, besser informierte, erklärten nachdrücklich: „Sie ist schwachsinnig."

Das nicht, dem Himmel sei Dank!

Gegen meine „Ausgaben", meine „Verschwendungssucht", meine „Schulden" und „die Tatsache, dass ich meine Interessen und meinen Willen an mein Umfeld abtrete" wurde Einspruch erhoben.

Lassen Sie uns kurz auf diese „Besonderheiten" und „Schwächen" eingehen.

Es ist völlig richtig, dass ich zuweilen verschwenderisch war. Ich habe gesagt und wiederhole es immer wieder, dass diese Verschwendung eine Art war, mich für die Zwänge und die Kleinlichkeit einer bedrückenden Habgier zu rächen.

Es stimmt, und das habe ich auch zugegeben, dass ich, obwohl ich dachte, ich würde in der natürlichen Laufbahn der Ereignisse ein beträchtliches Vermögen erben, in manchen Dingen schwach war und gewissen Versuchungen nicht widerstanden habe.

Die Leute reden von den phantastischen Summen, die ich ausgegeben habe. Ich schätze, dass ich seit 1897, dem Jahr, in dem ich um meine Freiheit kämpfte, keine zehn Millionen Francs ausgegeben habe. Es wurden noch höhere Zahlen genannt, aber diese sind die Übertreibungen von Spekulanten und Wucherern, die von meinen Feinden geschickt wurden, um ihre Sache zu unterstützen und um von „Torheiten" zu zeugen, nachdem sie mir ihre wertlosen Wertpapiere untergeschoben hatten.

Jeder kennt die erbauliche Geschichte des deutschen Gläubigers, der vor dem Brüsseler Gericht erschien und dazu beauftragt wurde, meine Schulden aus den Mitteln zu begleichen, die mir aus dem Erbe des Königs zufielen. Er meldete eine Forderung über sieben Millionen Mark an, die nach gebührender Untersuchung und Überprüfung dessen, was er tatsächlich vorgestreckt und erhalten hatte, auf null reduziert wurde.

Manöver gegen meine Unabhängigkeit niederzuschreiben , die alle das einzige Ziel haben, mich in eine Lage zu bringen, in der ich weder leben noch handeln kann, würden meine Leser sagen: „Das ist unmöglich, sie flirtet."

Doch die unwahrscheinlichsten Liebesgeschichten werden nicht veröffentlicht. Sie werden erst im Leben offenbart.

Bedenken Sie: Ich musste mich zwischen Sklaverei, Irrenhaushaft oder Flucht und in der Folge einer aktiven Verteidigung meiner persönlichen Rechte entscheiden.

Ich bin geflohen und habe mich verteidigt. Aber um mich zu fangen und zu brechen, wurde mein Unterhalt auf einen Hungerlohn reduziert und später wurde mir sogar die Möglichkeit genommen, mein tägliches Brot zu verdienen.

Ich hatte die beste Mutter verloren; der König, getäuscht und verärgert, aber in allem, was mich betraf, diplomatischer als ich, stellte den Schein über die Pflichten seines Gewissens und interessierte sich nicht weiter für das grausame Schicksal seiner ältesten Tochter.

Seit meiner Inhaftierung standen meine Schwestern und der Rest meiner Familie auf der Seite des Königs. Ich fühlte mich von meinen Verwandten vergessen, die mir jahrelang in der Anstalt nicht einmal nahe kamen.

Entweder war ich verrückt, oder ich war nicht verrückt. Mich auf diese Weise im Stich zu lassen, zeigte, dass ich es nicht war.

Die Presse war schließlich empört über diese Vernachlässigung. Dann kamen meine Verwandten, aber oh, sehr selten! Es war so schmerzhaft, so peinlich für sie – aber es war nicht peinlich für mich.

Als ich entkam, wich ihr vorgetäuschtes Mitleid offener Wut …

Ich musste jedoch überleben und so viel wie möglich für die Dienste zurückgeben, die man mir erwiesen hatte. Schließlich war ich gezwungen, vor Gericht zu gehen – ein neues Verbrechen!

Mein Verbrechen bestand nicht in meiner Rebellion gegen einen Ehemann und eine unmöglich gewordene Scheinehe … War ich die erste Frau, die zu einer Ehe gezwungen wurde? … Mein Verbrechen bestand darin, jenen beklagenswerten Geist an den Tag zu legen, den die Welt selten verzeiht – den Kampfgeist, den Geist des Widerstands.

Die Welt mag eine Frau nicht, die sich verteidigt, und ich gebe zu, dass ich die Geheimnisse des Verfahrens und die hinterhältigen Wege des Gesetzes schon immer nicht verstanden habe, aber eine Frau, die sich entschlossen verteidigt, um der Prinzipien, der Ehre und des Rechts willen, diese Frau ist abscheulich ... Sie möchte gegenüber der etablierten Autorität beweisen, dass sie im Recht ist; sie verursacht einen Skandal; sie schreit: „Ich bin nicht verrückt!" Sie schreit: „Ich bin bestohlen worden!" Eine solche Frau ist ein öffentliches Ärgernis.

Normalerweise machen wohlerzogene Leute, die eingesperrt und ausgeraubt werden, nicht viel Aufhebens darum. Aber im Fall der Tochter eines Königs und der Frau eines Prinzen, die es ablehnt, für verrückt oder betrogen gehalten zu werden, ist es unverzeihlich, dass sie einen Skandal verursacht. Hätte sie das Richtige getan, hätte man nicht über sie geredet. Sie stünde immer noch im Schatten der Linden des Hofes; und da sie sich gerne literarisch betätigen möchte, hätte sie ein Buch über die Herrlichkeit der menschlichen Gerechtigkeit in Belgien und anderswo schreiben können.

Vielen Dank! Ich habe immer noch mein Gewissen. Ich werde es nicht aufgeben. Ich werde missverstanden, verleumdet und bestohlen sterben, mein letztes Wort wird ein Wort des Protests sein. Was mir vorgeworfen wurde, muss gerechtfertigt werden; ich werde es wiedergutmachen. Ich muss mich für meine vergangenen „Extravaganzen" nicht schämen.

Gott sei Dank wurden meine „Opfer" stets vollständig und stets zu ihrem eigenen Vorteil entschädigt.

Ich würde mich als entehrt betrachten , wenn ich dafür gesorgt hätte, dass jemand etwas verliert, das ihm zusteht, egal wie klein der Betrag ist. Ich hätte mich lieber mit den Betrügern geeinigt, als mit ihnen zu streiten.

Nachdem ich so ausführlich über meine Ausgaben geschrieben habe, möchte ich mich nun der sogenannten Übergabe meines Vermögens und meines Testaments an mein Gefolge zuwenden.

Niemand möge sich täuschen! In dieser Hinsicht hat die Verleumdung immer nur einen einzigen Menschen getroffen, den, dem ich mein Leben geweiht habe, so wie er mir sein Leben gelobt hat. Seine Feinde haben ihm ihre eigenen niederen Beweggründe zugeschrieben. Sie wollten nicht sehen und leugnen, dass er durch seine Seelengröße weit über allen erbärmlichen Berechnungen des Eigennutzes stand.

Vergeblich warf er alles, was er besaß, alles, was er jemals besitzen würde, in den Abgrund. Welch erhabene Selbstverleugnung, erstickt vom Hass unter seinen abscheulichen Erfindungen!

Oh, edler Freund, was hat das heulende und monströse Biest des Hasses nicht alles über Sie gesagt?

Zweifellos waren Sie, wie ich, nicht in der Lage, betrügerischen Finanziers, hinterlistigen Gesetzeshütern und verräterischen Freunden zu widerstehen. Aber zu wagen, zu unterstellen, Sie hätten jemals meinen Willen unterdrückt, meine Schritte in die Irre geführt, meine Taten verfälscht – ach! das ist eher absurd als schändlich.

Ich besitze und besitze seit jeher eine Widerstandskraft, die in der Lage ist, dem Ideal der Ehre und Freiheit alles zu opfern. Sonst wäre ich nur eine Puppe oder ein Wetterhahn, der auf jeden Atemzug reagiert.

Voller Bewusstsein hinsichtlich der wesentlichen Aspekte der Menschenwürde wäre ich dann die personifizierte Bewusstlosigkeit hinsichtlich der Dinge von zweitrangiger Bedeutung.

Ist das nicht dumm?

Doch lassen wir dieses Thema beiseite und werfen wir ein neues Licht auf die unglaublichen Versuche eines Hasses, den nichts entwaffnen konnte, bis zu dem Tag, an dem eine andere Gerechtigkeit, nicht die des Menschen, so unwürdig besetzte Throne stürzte und mich von den Verfolgungen befreite, denen ich ausgesetzt war.

Am Vorabend ihres Sturzes glaubten die deutschen und österreichisch-ungarischen Monarchen noch, sie könnten mit mir machen, was sie wollten. Das Unrecht, das mir widerfuhr, ist nur ein Beispiel dafür, was sie zu tun wagten. Wie viele Verbrechen haben sie begangen, die noch immer verborgen sind! Und welche Verderbtheit haftet sogar in ihrer Erinnerung!

Der Beginn der Intrigen, die meinen Sturz herbeiführten, ist weltweit bekannt.

Ich war mit meiner Tochter in Nizza. Dora, die meine Hoffnung und mein Trost zugleich war, wurde mir von ihrem Verlobten weggenommen, der mit dem Fürsten von Coburg im Bunde war und sein feierliches Versprechen brach.

Der Prinz spürte instinktiv, dass ich fliehen wollte, und er wusste, dass mit mir auch seine Hoffnungen auf mein Erbe vom König der Belgier dahin sein würden.

„Vielleicht lässt sie sich scheiden", dachte er bei sich. „Vielleicht heiratet sie wieder."

Ich hatte an Scheidung gedacht. Das würde vielleicht erst viel später passieren. Aber wenn ich mich schon von einem Versprechen an einen Mann lösen musste, der die Gründe zerstört hatte, die die Grundlage des gesprochenen Gelübdes bildeten, zögerte ich, mich von meinen Gelübden an einen unsichtbaren und stummen Gott zu lösen, der nicht verdirbt, täuscht oder verfolgt.

Die Unauflöslichkeit der Ehe ist eine Sache, die Trennung der fleischlichen Bande eine andere. Je länger ich lebe, desto mehr bin ich davon überzeugt, dass die Scheidung eine Plage ist. Wir müssen den Mut haben, zuzugeben, dass Einzelfälle keine Rolle spielen dürfen, sondern nur das Interesse der Gemeinschaft. Je höher der Wert der Ehe, desto besser wird die Gesellschaft. Das Eheband ist zu etwas allzu Zerbrechlichem geworden, und infolgedessen besitzt die Gesellschaft keine Festigkeit. Die Kirche hat recht. Aber wer von uns stolpert nicht, und wer von uns missachtet nicht die Tatsache, dass das göttliche Gesetz seinem Wesen nach ein menschliches Gesetz ist?

Der Graf empfing in Nizza die Sekundanten des Fürsten von Coburg, dem der Hof von Franz Joseph diese Aufgabe übertragen hatte. Das Duell brachte die beiden Gegner im Februar 1898 in der Kavallerie-Reitschule in Wien einander gegenüber. Der Leutnant schoss zweimal in die Luft und der General schoss zweimal auf den Leutnant. Dann wurden ihnen Schwerter gereicht. Der Leutnant behandelte den General weiterhin mit Respekt und berührte ihn leicht an der rechten Hand.

Damit verstärkte er den Hass, den der Prinz ihm gegenüber bereits empfand. Drei Wochen später wurde er in die abscheuliche Geschichte mit den gefälschten Wechseln verwickelt, die frei erfunden war und der der Reichsrat später volle Gerechtigkeit widerfahren ließ.

Das unmögliche Urteil, das einen der edelsten Menschen entehren sollte, wäre niemals verkündet worden, wenn ich als Zeuge aufgerufen worden wäre.

Doch meine Feinde beeilten sich, mich einsperren zu lassen. Meine Aussagen wurden unterdrückt und der Angeklagte verurteilt.

Noch immer lebt ein Mann, still und verborgen, der, wenn ich richtig rechne, fünfundsiebzig Jahre alt sein muss. Ich schreibe diese Zeilen in der Hoffnung, dass er sie lesen kann, bevor er endgültig von der Welt verschwindet.

Wenn ich mich jetzt an ihn erinnere, sehe ich ihn an der Schwelle des Irrenhauses stehen, in das mich sein Hass geworfen hatte, und ich sehe ihn am Tor des Gefängnisses, in das er den Grafen Geza geworfen hatte. Mattachich soll eingesperrt werden. Aber ich möchte, dass er weiß, dass seine Opfer ihm vergeben haben. Sie könnten heute Genugtuung von der österreichischen Justiz verlangen, die jetzt von den Zwängen früherer Jahre befreit ist. Seine Opfer werden ihn verschonen. Derjenige, der uns alle richten wird, soll diesen alten Mann richten. Ich weiß nicht einmal, wer die Werkzeuge seiner Rache waren.

Vor nicht allzu langer Zeit wurde mir in Wien ein armes Geschöpf gezeigt, das zu drei Teilen blind war und mit einem Fuß schon im Grab stand. Auch hörte ich den Namen des jüdischen Anwalts, der heute von allen ehrenwerten Leuten im österreichischen Judentum verachtet wird. Er war der Urheber, Anstifter und Ratgeber jenes unversöhnlichen Hasses, der zu meinem Untergang führte.

Ich drehte mich zu ihm um und dachte dabei, dass dieselbe Person, die so stur auf seinem System der Polizeistrenge beharrte und dem Machtmissbrauch diente, auch die Hand der Frau bewaffnet hatte, die meinen Sohn tötete …

Und tief bewegt fragte ich mich:

„Haben sie es verstanden?"

Ja, vielleicht. Zweifellos sind sie nicht mehr das, was sie waren. Das Leben muss sie auch verändert haben.

Können sie sich ohne Schmerzen an den gestrigen Tag erinnern?

Offen gesagt, wir flohen, um diesen Feinden zu entkommen. Ich dachte nicht lange darüber nach und glaubte, sie hätten unsere Verhaftung angeordnet. Ich glaubte auch den Worten der Abgesandten im Sold des Prinzen. Wir waren damals in Frankreich, wo ich kein Risiko einging. Ich wollte nach England gehen und Königin Victoria, die mir so viele Beweise ihrer Zuneigung gegeben hatte, um Hilfe und Schutz bitten.

Meine treue Hofdame, Gräfin Fugger, teilte meine Ängste und begleitete mich auf meiner überstürzten Flucht.

Kaum waren wir in London angekommen, erhielten wir von angeblichen Freunden allerlei geheimnisvolle Hinweise. Wir mussten sofort zurück, sonst wären der Graf und ich verloren. Wir verließen London daher, ohne dass ich einen Versuch unternahm, die Königin wieder zu treffen, an der wir auf unserer Reise vorbeigekommen waren, da sie gerade England verlassen hatte und in den Süden Frankreichs aufgebrochen war.

Wir waren nicht aus dem Holz geschnitzt, aus dem Verbrecher gemacht sind. Sie sind gefühlloser. Befangen in unserer allzu leichtgläubigen Vorstellungskraft dachten wir dann darüber nach, bei der Mutter des Grafen im Château de Lobor Zuflucht zu suchen .

Niemand hat je verstanden, warum und wie ich es überstanden habe, nach Kroatien in das Haus der Gräfin Keglevich zu gehen .

Ihr zweiter Ehemann, der Stiefvater des Grafen Geza Mattachich war Mitglied der Kammer der ungarischen Magnaten, Abgeordneter und Freund der Vasallen Kroatiens. Ich war überzeugt, dass niemand es wagen würde, mich unter seinem Dach zu entführen.

Unser Abenteuer war inzwischen ein öffentliches Thema. Die Zeitungen aller Länder berichteten darüber. Das Duell war der Höhepunkt dieser schrecklichen Publizität. Und da Verleumdung und ihre Manöver bis dahin noch keine Wirkung gezeigt hatten, betrachtete man uns als romantische Menschen, deren Aufrichtigkeit Kritik entwaffnete und Sympathiegefühle hervorrief.

Wenn ich daran denke, dass man mir seitdem Doppelzüngigkeit vorgeworfen hat, muss ich lächeln. Es gibt nur wenige Fälle eines offeneren Lebens als meines. Ich habe vor meinen Freunden nie verheimlicht, wie viel mir mein Leben mit meinem Mann abverlangt hat, und als ich machtlos war, habe ich nie ein Geheimnis aus der Hilfe gemacht, die ich in einem ritterlichen Retter fand, der mir durch die Vorsehung in den Weg gestellt wurde.

Doch die Welt vergibt denen nicht, die keine Maske der Doppelzüngigkeit tragen und die Gefühle ihres Herzens nicht verbergen.

So viele Menschen sind gezwungen, ihre Gefühle zu verbergen. Aber wir, aber ich ... wirklich, wo ist das Verbrechen?

Ich bin durchaus bereit zu sterben; ich habe keine Angst vor der Gerechtigkeit Gottes.

Gefestigt durch unsere gemeinsame Loyalität waren wir törichterweise davon überzeugt, dass wir in Frankreich, England, Deutschland und anderswo in Gefahr wären; wir waren gewarnt worden, dass mein Mann vorhabe, mich in eine Anstalt zu stecken – Gunther von Holstein hatte mir das erzählt und davon gesprochen, dass sein allmächtiger Schwager mich beschützen würde ... Was für eine unvergessliche Komödie! Wir kamen in Kroatien an und waren überzeugt, dass ich unter dem Dach der Keglevichs sicher sein würde.

Der Graf vertraute mich seinen Verwandten an, solange es dauerte, bis er eine Trennung vom Fürsten von Coburg erwirkte. Die Gespräche verstummten. Die öffentliche Meinung war auf meiner Seite, vor allem in Agram , wo der Graf und seine Familie mit Zuneigung betrachtet wurden. In Wien wurde sogar die feindliche Kamarilla entwaffnet. Wir waren jetzt nur noch zwei Geschöpfe wie so viele andere; die eine verletzt durch ihre zerbrochenen Ketten, die andere bereit, ihr zu helfen. Und diese Hingabe würde vielleicht eines Tages durch die Zeit geheiligt werden.

Oh Träume! Oh Hoffnungen! Wir sind eure Spielzeuge. Die schreckliche Realität erhebt sich und zerreißt uns.

Wir hatten nicht vorhergesehen, welch abscheuliche Anschuldigungen gegen uns erhoben werden würden.

Plötzlich wurde sein Stiefvater, der bei Hofe wohlbekannt war und auch sonst Einfluss hatte, von uns getrennt. Offenbar hatte man ihm im Vertrauen von dem Verbrechen erzählt, das seinem Stiefsohn zur Last gelegt wurde, und die Anklage tat ihre Wirkung.

Diese Erklärung für seinen Verhaltenswandel ist die nachsichtigste, die ich geben kann.

die Unterstützung des Grafen Keglevich fehlte, befand sich die Gräfin, hin- und hergerissen zwischen der Liebe zu ihrem Sohn und ihrem Mann, in einer sehr heiklen Lage, und unsere Feinde hatten daher bei Agram freies Feld .

Allerdings gab es zwei Parteien: Auf unserer Seite waren die Studenten und die Bauern, und gegen uns waren die Polizei und die Behörden.

Als der Graf merkte, dass wir die Unterstützung der Studenten und der Landbevölkerung hatten, bekam er Angst und lieferte uns aus. Der Anwalt des Prinzen – dieser Mann, dessen Namen ich nicht nennen darf – erhielt die volle Macht. Der Kaiser willigte ein, ihn handeln zu lassen, wie er es für richtig hielt, und er hatte eine Tasche voller Haftbefehle.

Ich muss im Namen von Franz Joseph sagen, dass man ihm versichert hatte, der Graf wolle mich töten. Darauf soll der Herrscher geantwortet haben:

„Ich will keinen zweiten Meyerling . Tun Sie, was nötig ist."

Dem Prinzen und seinen Mietlingen fehlte es nicht an Erfindungsgabe. Sie hatten gute Vorkehrungen getroffen und ihre Pläne gut durchdacht. Am Bahnhof von Agram stand ein Sonderzug für die Frau bereit, die aus Staatsgründen für verrückt erklärt werden sollte, und für den Mann, der in den Augen der Welt zum Verbrecher *erklärt* werden sollte, wurde eine Zelle im Militärgefängnis vorbereitet .

Dies und vieles andere war in ganz Österreich bekannt.

Agram erwartete mich auf Anweisung der Polizei ein Arzt (ein Beamter, den ich noch nie gesehen hatte) mit meiner Geisteskrankheitsbescheinigung und einer Krankenschwester der Irrenanstalt Döbling .

Diese Leute und eine *Gruppe* von Detektiven lauerten uns eine ganze Woche lang auf. Alles hing davon ab, uns in die Stadt zu bringen. Sie hätten es nicht gewagt, uns auf dem Lande im Schloss Lobor festzunehmen , wo uns unsere Verteidiger im Handumdrehen zu Hilfe geeilt wären .

Die Militärbehörden befahlen dem Grafen, nach Agram zu gehen , und da er ein Offizier auf Urlaub war, war er gezwungen, der Anweisung Folge zu leisten.

Wir hatten eine Vorahnung von einem „Putsch". Aber unsere Lage im Schloss war durch die veränderte Haltung des Schlossbesitzers, der inzwischen abgereist war und die Gräfin Keglevich mitgenommen hatte, unangenehm geworden. Es schien uns, als könne nichts schlimmer sein als diese grausame Entfremdung. Der Graf musste jedoch Befehle befolgen, und so beschloss auch ich, nach Agram zu gehen . Es war mir unmöglich, der Gefahr aus dem Weg zu gehen, die ihm drohte.

So gingen wir. Ich ging mit meiner ergebenen Gräfin Fugger zum Hôtel Pruckner . Der Graf begab sich in die für ihn reservierten Räume und ich in die meinen. Wir kamen spät in der Nacht an.

Am Morgen gegen neun Uhr, als ich noch im Bett lag, wurde die Tür meines Zimmers aufgebrochen. Der Anwalt des Prinzen trat ein, gefolgt von schwarz gekleideten und behandschuhten Männern – Polizisten in voller Montur. Den Hintergrund bildeten der Arzt und die Krankenschwester aus Döbling .

Der Sonderzug wartete mit Dampf im Bahnhof. Einige Stunden später, ohne dass ich mich hätte sammeln können, wurde ich plötzlich aus der normalen Gesellschaft gerissen und fand mich in einer Zelle der Anstalt Döbling am Stadtrand von Wien wieder. Durch ein Gitter in der Tür konnte ich ständig beobachtet werden. Das Fenster war von außen vergittert. In der Ferne hörte ich Schreie und Geheul.

Man hatte mich in den Teil der Anstalt gebracht, der für Wahnsinnige reserviert war. Ich sah einen Patienten, der zum Lüften entlassen worden war, in einem kleinen Sandhof herumrennen, dessen Wände mit Matratzen gepolstert waren. Er sprang und warf sich hin und her und stieß dabei durchdringende Schreie aus.

Ich wich entsetzt zurück und hielt mir Augen und Ohren zu. Ich warf mich auf mein schmales Bett und versuchte, bitterlich schluchzend, meinen Kopf unter dem Kissen und der Bettdecke zu verbergen, um weder etwas hören noch sehen zu können.

Was wäre aus mir geworden ohne die Erinnerung an die Königin und ohne Gottes Hilfe? Mein Glaube hat mich gestärkt und mir den Mut eines Märtyrers verliehen.

Unterdessen wurde dem ebenfalls verhafteten Grafen in Agram mitgeteilt, dass er auf Grundlage des österreichischen Militärgesetzbuches von 1768 angeklagt sei – wer sich gleich herausstellen wird –, Wechsel gehandelt zu haben, die die Unterschriften der Prinzessin Louise von Sachsen-Coburg und der Erzherzogin Stéphanie trugen .

Ich sollte für verrückt erklärt werden und er sollte zum Fälscher erklärt werden!

Das Schlimmste, was sie mir angetan haben, war nichts im Vergleich zu dem, was sie gegen ihn getan haben.

Ach! diese Justiz des Gerichtshofes, die die Revolution inzwischen hinweggefegt hat! Ach! dieser Kodex einer Armee, die Sklave eines Thrones und nicht Wächter des Landes ist! Welch ein Widerspruch zum gesunden Menschenverstand zu Beginn des 20. Jahrhunderts!

Und dann staunen wir, wenn das Volk aufsteht!

Der Graf wurde ins Gefängnis gesteckt, weil derselbe namenlose Mann, der sich als Polizeiagent in meine Angelegenheiten eingemischt hatte, ihn beschuldigte. Der Gouverneur von Agram stand unter seinem Befehl. Er glaubte dem Wort dieses kleinen Anwalts – oder schien es zumindest zu glauben –, der behauptete, Graf Geza Mattachich hatte meine Unterschrift und die meiner Schwester Stéphanie auf Rechnungen gefälscht, die sich bereits neun Monate in den Händen der Wiener Wechseldiskontierer befanden, die plötzlich (!) entdeckt hatten, dass es sich bei den Unterschriften um Fälschungen handelte.

Da meine Unterschrift eigenhändig von mir verfasst war, war es nicht ratsam, mich zu Wort kommen zu lassen.

Die Unterschrift meiner Schwester war eine Fälschung und wurde nachträglich hinzugefügt, aber von wem und warum?

Es wäre höchst unratsam gewesen, mir diese Frage zu gestatten. Der Graf wusste nichts von diesen Rechnungen und der Verwendung der darin enthaltenen Gelder.

Es wäre höchst unratsam gewesen, wenn ich vor Ort gewesen wäre. Ich wurde rundum gut bewacht.

Der Graf befand sich nach der österreichischen Militärjustiz in der Gegenwart eines *Auditors* , eines Amtsrichters, der *Ankläger, Verteidiger und Richter in einer Person war* .

All das mag unglaublich erscheinen. Doch es kam noch schlimmer. Am 22. Dezember 1898 wurde der Graf zum Verlust seines Ranges und seines Adelstitels sowie zu sechs Jahren Gefängnis verurteilt, weil er einer „dritten Person" rund 600.000 Gulden „erschwindelt" hatte.

Aber am 15. Juni zuvor, als die gefälschten Wechsel fällig wurden, war die dritte erwähnte Person ... vollständig vom Fürsten von Coburg entschädigt worden, der berechtigt war, für mich zu handeln, seit ich in Döbling angekommen war , und der Graf war verloren. Ja, verloren und für immer – zumindest dachte das sein Henker. Aber obwohl der Graf dank eifriger Freunde eine von den Wechseldiskontierern unterzeichnete Erklärung erhalten hatte, die bescheinigte, dass sie keine Ansprüche hatten und dass ihnen von Graf Geza kein Schaden zugefügt worden war Mattachich , dieser Nachweis wurde vom *Wirtschaftsprüfer* zurückgewiesen und einbehalten . Er stand nicht einmal im Register.

Und das abscheuliche Urteil gab vor, den Grafen, diesen Herrn unter den Herren, zu einem Fälscher und Dieb zu machen, obwohl er unschuldig war und jeder seine Unschuld kannte.

Aber ich verweile bei Schandtaten, an die ich nicht weiter erinnern muss. Es ist bekannt, dass das Urteil vier Jahre später vom Reichsrat aufgehoben wurde , dank der empörten Sozialistenpartei. [1] Der Graf wurde von der Höhe des Parlamentsgerichts aus gerächt, und die Art von Justiz, die die österreichische Armee entehrte , hat aufgehört zu existieren und wurde von den Ruinen einer Monarchie und eines Gerichts verschlungen, das zu lange ein Verbrecher war.

[1] "Auszug aus den Protokollen der Reichsratssitzung vom 17. April 1902. Rede des Abgeordneten Daszynski :

„Meine Herren, das zweite Urteil, das auf Antrag auf Revision des ersten Verfahrens verkündet wurde, stellt fest, dass Monsieur Mattachich keine einzige der Unterschriften gefälscht hat!

„Dieses Urteil des Militärobergerichts ist in der ganzen Angelegenheit von großer Bedeutung. Denn, meine Herren, wenn das Militärobergericht die Berufung einfach abgelehnt hätte, könnten wir immer noch glauben, dass Geza Mattachich hatte die beiden Unterschriften gefälscht. Da Mattachich aber niemandem geschadet hat, da die Wucherer das Geld samt hohen Zinsen, insgesamt mehrere Hunderttausend Gulden, am Fälligkeitstag der Wechsel zurückgeholt haben, da von all diesem Geld kein einziger Heller in Mattachichs Tasche geflossen ist , was ihm übrigens nicht zur Last gelegt wurde, haben wir das Recht, uns zu fragen, welches Interesse Mattachich-Keglevich – abgesehen von der Eingeständnis einer sonderbaren Neigung zur Perversität seinerseits – daran haben könnte, die als gültig anerkannten Wechsel der Prinzessin von Coburg durch eine gefälschte Unterschrift zu bestätigen?

„Und nun, meine Herren, wenn wir die Frage stellen *qui prodest* ? Unsere Antwort lautet sicherlich nicht Mattachich-Keglevich , denn das hätte kein

anderes Ergebnis zur Folge, als ihn ins Zuchthaus Möllersdorf zu schicken
– aber gut für Geldverleiher. Für sie war es von größtem Vorteil, einer echten
Unterschrift eine gefälschte hinzuzufügen, denn es ist eine unter Wucherern
wohlbekannte Tatsache, dass eine gefälschte Unterschrift mehr wert ist als
eine echte, und ich werde Ihnen sagen, warum.

„Mit einer beglaubigten Unterschrift kann der Ehemann, der diese Art von
Schuld zu begleichen hat , sagen: ‚Ich bin damit einverstanden, den
Hauptbetrag zu zahlen, nicht aber die überhöhten Zinsen.‘ So hat der Fürst
von Coburg in vielen Fällen bezahlt. Aber diesmal antworteten die
Wucherer: ‚Nein, dank der Fälschung sind wir in der Lage, eine Szene zu
machen – zu drohen: Wir haben eine Waffe in der Hand, die sich gegen den
Fürsten von Coburg und gegen die Hofkreise richtet.‘

„Meine Herren, ich habe Ihnen hinreichend bewiesen, dass das zweite Urteil
die Angelegenheit auf eine andere Grundlage gestellt und ein ganz neues
Licht auf die Sache geworfen hat . Mattachich nutzte diese Tatsache aus und
legte Berufung beim Court of Sovereign Appeal ein, und dieses Gericht
entschied, dass es nach Prüfung des Verfahrens Anlass hatte, das zweite
Urteil zu bestätigen und die Berufung des Verurteilten abzuweisen.

„Gleichzeitig, meine Herren, haben sich zahlreiche Fakten angesammelt, die
die Unschuld von Mattachich eindeutig beweisen . Insbesondere wurde ein
Brief vorgelegt, der ebenfalls gefälscht war und den Richtern die
einzuschlagende Linie vorgab.

„Bei diesem Dokument handelte es sich um einen in deutscher Sprache
verfassten Brief an Leopold II., den König der Belgier. Es ist mehr als
erwiesen, dass es eine Fälschung war. Es war nicht im Interesse Mattachichs
geschrieben worden, sondern im Interesse der Geldverleiher. Und die
Urheber dieser Fälschung befanden sich eher in der Gesellschaft von
Wucherern als in der von Mattachich .

„Denn, meine Herren, es handelt sich hier nicht um einfache Geldverleiher.
Wir haben es nicht mit ‚Direktoren eines Kommissionshauses‘ zu tun, wie
sie in den Urteilen genannt werden, sondern mit listigen Geschäftsleuten, die
verschiedenen Personen des Hofes zu einem völlig wucherischen Zinssatz
Geld leihen und denen die Unterschriften dieser Personen, insbesondere der
verwitweten Erbprinzessin Stéphanie , vollkommen bekannt sind.

„Also gut! Ich sage Ihnen, meine Herren, wenn ich Ihnen auch nicht alle
Elemente des *Prozesses vorlegen kann* , so stütze ich mich doch nicht nur auf
vage Vermutungen, sondern auf Zeugenaussagen, auf absolut
unwiderlegbare Behauptungen, die beweisen, dass Mattachich-Keglevich ,
der vier Jahre im Zuchthaus schmachtete, unschuldig ist.

„Acht Tage vor seiner Verhaftung erklärten sie sich bereit, in einer notariellen Urkunde anzuerkennen, dass sie ihm jede ‚Gelegenheit zur Flucht' (‚Hört, hört!') gegeben hätten, unter der Bedingung, dass er die Prinzessin Louise im Stich lasse.

„Meine Herren, man hat nicht vor, einem Mann wie Mattachich-Keglevich durch notarielle Urkunde seine Freiheit zuzusichern, in ein fremdes Land auszureisen. Diese Leute wollten ihn einfach loswerden, sie wollten die Rache des Prinzengatten befriedigen, und aus diesem Grund wurde ein gerichtlicher Militärmord begangen. Und als ob das nicht genug wäre, wurde Prinzessin Louise auf Befehl des damaligen Ratspräsidenten Graf Thun wie eine unglückliche Fremde aus dem Gebiet der im Reichsrat vertretenen Königreiche und Länder verbannt , obwohl sie die Frau eines österreichischen Generals war. (‚Hört, hört!') Ja, meine Herren, wir werden diese Tatsache jetzt öffentlich machen; lesen Sie morgen im Sitzungsbericht meine Interpellation zu diesem Thema, und Sie werden dann die Daten und alle damit verbundenen Einzelheiten finden. Ja, meine Herren, im Interesse gewisser erhabener Persönlichkeiten, die über große Reichtümer verfügen, geschehen bestimmte Dinge, die niemals passieren könnten, wenn wir ein wahrhaft konstitutioneller Staat wären. ('Sehr richtig!')

„Und nun, meine Herren, frage ich Sie: Wer ist dafür verantwortlich, dass diese Personen einzig und allein deshalb ins Gefängnis geworfen wurden, damit der reiche Fürst von Coburg seine Rachegelüste befriedigen konnte? Waren es etwa Offiziere? Nein, ich sage Ihnen ganz offen, die Offiziere waren unschuldig. Sie hätten niemals ein solches Urteil gefällt, wenn Mattachich und die Zeugen vor ihnen erschienen wären, wenn der Angeklagte die Zeugen hätte befragen dürfen, wenn die Presse über die Debatten hätte berichten können, wenn der begabte Leutnant die Redefreiheit vor Publikum gehabt hätte, wenn er sich von einem Anwalt hätte vertreten lassen können? Ist es nicht wahrhaft bösartig, Leute ins Gefängnis zu werfen und sie von einem Auditor und von Richtern verurteilen zu lassen, die nichts von der Sache wissen? Meine Herren, ich möchte niemanden der Fälschung beschuldigen, ich möchte niemanden anklagen. Es ist nicht meine Absicht, eine Institution anzuprangern, die die tödliche Quelle aller Fehler und Irrtümer ist.

„Und da wir hier Gelegenheit haben, über derartige Vorgänge im öffentlichen Parlament zu debattieren, wende ich mich an den Herrn Minister für Nationale Verteidigung : Möchte er, der ein Mann der Ehre ist , möchte er, nicht nur als alter Mann mit weißem Haar, sondern auch als Soldat mit reinem und ruhigem Gewissen, die Verantwortung für die Qualen und Folterungen, die einem unschuldigen Menschen zugefügt wurden, auf seine Schultern nehmen? Wird er schweigen oder wird er sprechen?

„Wenn er vielleicht heute nicht in der Lage ist, eine Entscheidung zu treffen, hat er kein Recht, länger zu zögern, Licht in diese mysteriöse Angelegenheit zu bringen.“

KAPITEL XV I
Lindenhof

Kann sich irgendjemand das Leid einer Frau vorstellen, die aus der Welt getilgt und in ein Irrenhaus eingewiesen wird – als bewusste Gefangene eines abscheulichen Machtmissbrauchs?

In Döbling und später in Purkesdorf wären meine Qualen, wenn ich allein hätte leiden müssen, für menschliches Versagen unerträglich gewesen. Aber in der Hoffnung auf göttliche Gerechtigkeit gab mir das Wissen, dass ein anderer allein meinetwegen eine schlimmere Strafe erdulden musste, die Kraft, durchzuhalten. Der Verlust der Ehre ist ebenso schrecklich wie der Verlust der Vernunft. Ich konnte mich nicht der völligen Verzweiflung hingeben, während der Graf seinen Verfolgern mit einer Würde heldenhaft Widerstand leistete, die später anerkannt wurde, als die Debatten im Reichsrat ein neues Licht auf meine Angelegenheiten warfen.

Aber was für schreckliche Stunden habe ich hinter mir! Was für qualvolle Nächte! Was für schreckliche Alpträume! Was für Tränen, was für Schluchzen! Vergeblich versuchte ich, mich zu beherrschen. Glücklicherweise hatten meine Wärter Mitleid mit mir. Das war ein kleiner Trost. Ich hatte sogar das Gefühl, dass die Ärzte, die durch die Verantwortung für meinen Fall in Verlegenheit gebracht wurden, mich freundlich ansahen. Mit Ausnahme von zwei oder drei elenden Geschöpfen, die aus Habgier oder Dummheit von meinen Feinden gekauft wurden, habe ich kaum einen Arzt gefunden, der nicht angewidert war von der Ungerechtigkeit, die mir widerfuhr, und der nichts lieber wollte, als die Verantwortung, mich in einem Irrenhaus zu halten, auf jemand anderen abzuwälzen.

Da die öffentliche Meinung in Österreich äußerst feindselig war, hielten es mein Henker und seine Komplizen für ratsam, mich in eine ruhige und reizende Anstalt in Sachsen zu verlegen. Ich wurde daher nach Lindenhof gebracht , in der Nähe der kleinen Stadt Koswig mitten in den Wäldern, weniger als eine Stunde mit der Bahn von Dresden entfernt.

Lindenhof ! Die eigentliche Bedeutung bedeutet „Die Linden des Hofes". Beruhigende Linden! Bezaubernde Linden! Der Name erinnerte mich an „ Unter den Linden" in Berlin und an die Verpflichtungen, die ich meinem Schwiegersohn und seiner Familie gegenüber hatte, die nun durch die Nachricht meiner Gefangenschaft in Sachsen beruhigt waren. Das Erbe des Königs sollte nicht in meine verschwenderischen Hände fallen!

Kein Mitglied meines mir liebgewonnenen Gefolges durfte bei mir bleiben. Meine gute Gräfin Fugger war gezwungen, mich von morgens bis abends der

Obhut meiner Gefängniswärter zu überlassen. Als Entschädigung sollten mich die Leute in Lindenhof mit der Ehrerbietung behandeln, die meinem Stand gebührt. Die Furcht vor der öffentlichen Meinung ist bei Fürsten der Anfang der Weisheit.

Es war unmöglich, dass jetzt jemand sagen konnte, ich sei nicht wie eine Prinzessin und Königstochter behandelt worden, wie bei meinen früheren Erfahrungen. Ich hatte ein eigenes Haus, eine Kutsche, Dienstmädchen und eine Begleiterin! Ich durfte ausgehen, wenn Dr. Pierson, der ärztliche Leiter, es für ratsam hielt. Aber mein Haus war von den Mauern eines Irrenhauses umgeben; der Kutscher und der Lakai waren Polizisten; die Begleiterin hatte diese Position nur inne, um mich gefangen zu halten und ausführliche Berichte über alles zu erstellen, was ich sagte oder tat.

Mein Käfig war zwar vergoldet und hatte verschiedene Ausblicke auf das Land und die angrenzende Stadt. Aber trotzdem war es ein Grab, und ich erkannte, dass ich für alle, die mich einmal gekannt hatten, tot war, angefangen bei den Mitgliedern meiner eigenen Familie.

Ich habe gesagt, dass meine Verwandten, beschämt über das Verbrechen, dem sie stillschweigend zugestimmt hatten, Jahre verstreichen ließen, bevor sie die „Invaliden" besuchten. Erst als die öffentliche Meinung ihr herzloses Verhalten verurteilte , beschlossen sie, mich zu besuchen.

Die Empörung über die Schlechtigkeit der Strafe, die dem Grafen Mattachich auferlegt wurde , war stärker geworden als die Macht, die ihn vernichten wollte. Durch die Erwähnung seiner erinnerte sich die Presse an meine Existenz. In diesem Moment kamen meine Tochter und meine Tante, die Comtesse de Flandre , zu mir, und meine Schwester Stéphanie gab ein Lebenszeichen von sich.

Ich hatte meine geliebte Mutter verloren, ohne sie je wiederzusehen. Ihre Briefe – obwohl gut und grausam zugleich – waren meine wertvollsten Erinnerungen. Aber jedes Mal, wenn ich sie las, brach es mir das Herz, denn ich hatte das Gefühl, meine Mutter sei davon überzeugt gewesen, dass ich wirklich verrückt sei.

Was den König betrifft – leider! – so ließ er mir keine Nachricht zukommen. Zweifellos war sein Geist, wie der der Königin, vergiftet worden – war auch er sich der Schuld des Grafen nicht sicher? Welche List war in seinem Fall nicht angewandt worden! Um das Spiel meines Mannes und meines Schwiegersohns spielen zu können, musste mein Vater unbedingt an unsere „Verbrechen" glauben.

Was konnte ich tun, allein in meinem Irrenhaus, ohne Hilfe und ohne Freiheit?

Aber ich ahnte, welche Komplotte in Brüssel geschmiedet wurden und welche Unterstützung meine Feinde sich verschafft hatten, um über eine arme, gequälte Frau zu triumphieren. Ich sah meine einzige Chance auf Rettung an der Seite des Unglücklichen, der im Zuchthaus von Möllersdorf den Märtyrertod erlitt , weil er versucht hatte , mich aus der irdischen Hölle und ihren entehrenden Abgründen zu retten.

Vielleicht überrascht unsere gegenseitige Treue manche Leute. Nur wenige verstehen wirklich, dass Leiden für manche Menschen ein gemeinsames Band darstellt. Unsere Freuden waren flüchtig, unsere Sorgen langwierig. Man hatte uns missverstanden, falsch beurteilt, verleumdet und gefoltert. Aber wir hatten unser Vertrauen und unsere Hoffnung nicht auf Menschen gesetzt. Oft haben die Besten weder die Zeit noch die Möglichkeit, zu wissen und zu verstehen, und so verurteilen sie die Unschuldigen aufgrund des Anscheins, den Hass und Doppelzüngigkeit so gut zu ihrem eigenen Vorteil auszunutzen wissen.

Ich war bereits seit vier Jahren für „geisteskrank" erklärt worden, als der Wiener Gerichtshof, erschrocken über den öffentlichen Aufschrei, gezwungen war, eines seiner Opfer im Stich zu lassen. Der Graf wurde begnadigt. Kaum war er wieder frei, begann er, ohne Angst vor den Konsequenzen, meine Befreiung zu planen! Es war in der Tat ein gefährliches Unterfangen, da die österreichische und die deutsche Polizei, obwohl es keine Justiz gab, die aus Angst vor der Presse und den Parlamenten einigermaßen in Schach gehalten wurde, dennoch den Befehlen meiner Feinde ausgeliefert waren.

Ich habe gesagt und wiederhole es noch einmal: Es erscheint unglaublich, dass wir noch leben.

Zunächst einmal war mein ritterlicher Verteidiger in den Maschen des Polizeinetzes verfangen und konnte keinen Schritt tun, ohne von Spionen aller Art verfolgt zu werden. Ich selbst sah Koswig im Belagerungszustand. Lindenhof war von Gendarmen umstellt; selbst die Tannen boten ihnen Schutz!

Gestärkt durch Gebet und Hoffnung hatte ich mich inzwischen zwar nicht an meine Ketten gewöhnt, aber sie konnten ihr Gewicht zumindest tragen. Da ich schon immer ein Naturliebhaber war, genoss ich die Einsamkeit des Waldes, in der ich mit meinem Kummer umhergehen durfte, natürlich unter der Beobachtung meiner Gefolgsleute beiderlei Geschlechts.

Ich hatte nur einen Freund – meinen Hund! Werde ich dieses treue, schöne Gesicht und diese klaren Augen je wiedersehen, in denen ich als einziger in einer Welt der Korruption das uneigennützige Licht der Begrüßung gesehen habe?

Ich verzweifelte jedoch nicht. Was würde mit unschuldigen Gefangenen geschehen, wenn man ihnen die Freuden der Hoffnung verwehrte?

Ach, ich erinnere mich noch gut an jenen Herbsttag, als ich zum ersten Mal die Sonne der Freiheit an meinem Horizont aufgehen sah und mit ihr die Chancen auf Wahrheit, Wiedergutmachung und Glück, die ich mir in meiner Phantasie nur allzu schnell ausgemalt hatte!

Es war herrliches Wetter. Die Pracht der Sonne erhellte die sächsische Landschaft. Sie tauchte die düsteren Wälder, die den Hügel bedeckten, in dessen Nähe ich so gerne spazieren ging, in Gold. Diese mit Tannen bepflanzte Sandwüste wurde durch ein kleines Hotel namens „Die Mühle auf dem Hügelkamm" belebt, und es war eine meiner Lieblingsfahrten . An diesem Tag fuhr ich selbst, begleitet von meinem Begleiter und einem Pferdepfleger. Plötzlich kam mir ein Radfahrer entgegen, der beim Vorbeifahren tatsächlich die Räder meiner Kutsche streifte. Er sah mich an. Ich wusste, wer er war – es war der Graf! … Ich hatte die Geistesgegenwart, mich nicht zu verraten. Er war also frei! Ich glaubte, dass auch ich am nächsten Tag meine Freiheit wiedererlangen würde.

Es sollten drei Jahre vergehen, bevor ich entkam.

Im feindlichen Lager war Alarm geschlagen worden! Man wusste, dass der Graf Wien verlassen hatte. In Koswig wurde sofort eine Fahndung nach ihm eingeleitet .

Meine Begleiterin, die aus freundlichen Gefühlen oder der Hoffnung auf einen Gewinn dem Grafen und mir gestattet hatte, in ihrer Gegenwart, sicher verborgen im Wald, zwei kurze Unterredungen zu führen, änderte bald ihre Meinung und bereute ihre Nachsicht.

Der Graf war gezwungen, von weiteren Versuchen abzusehen, mich zu sehen. Die Gegend wimmelte von Polizisten. Ich durfte Lindenhof nicht verlassen . Mein Retter ging ein Stück weit weg, um mich nicht an den Fahrten zu hindern, die mir ein paar Stunden Freiheit und relatives Glück fernab der Schrecken des Irrenhauses verschafften.

Es gab jetzt nur noch einen Weg, mich zu befreien. Dieser bestand darin, zuerst meine geistige Gesundheit bekannt zu machen und dann festzustellen, und an die öffentliche Anteilnahme und öffentliche Versammlungen zu appellieren, um meine Befreiung zu erreichen.

Es erschien ein Buch, in dem der Graf seine Unschuld bewies und die Grausamkeit schilderte, deren Opfer ich war. Die gesamte Presse wiederholte seinen empörten Aufschrei.

Und die erhoffte Hilfe kam schließlich aus jenem großzügigen Land Frankreich, wo mein Unglück so schmerzlich zu spüren war. Ein französischer Journalist, ein ebenso bekannter und geachteter Schriftsteller (dessen Namen ich mit Dankbarkeit erwähnen möchte, dessen Zurückhaltung und Abneigung gegenüber der Öffentlichkeit ich jedoch respektieren muss), war nach Deutschland gereist, um eine politische Arbeit vorzubereiten. In Dresden erfuhr er von meinen Leiden. Er begab sich sofort zum Polizeipräsidenten, der, sehr verlegen, zugab, dass ich das Opfer einer Intrige des Hofes sei. Um mich persönlich zu sehen, besuchte dieser Herr in der Rolle eines Neurasthenikers Lindenhof . Aber entweder aus Misstrauen oder weil man die Diagnose nicht manipulieren konnte, wurde er nicht als Patient aufgenommen. Er kehrte nach Paris zurück, und durch seinen Einfluss nahm sich *Le Journal* , die mächtige Tageszeitung, deren Unabhängigkeit so bekannt ist, meiner Sache an. Von diesem Augenblick an fand der Graf die Unterstützung, die diese Zeitung so vielen anderen verdienstvollen Fällen zukommen ließ.

Lindenhof konnte er noch immer nicht zurückkehren . Der französische Journalist aber kam dorthin, und die erste Nachricht, die meine Hoffnung wieder weckte, kam in einem Brief meines damals noch unbekannten Freundes, den mir – zusammen mit einem Brief des Grafen – ein kleiner Junge in den Wagen warf.

Dieser Brief wurde mir von meinem Begleiter gestohlen. Das andere Schreiben blieb in meinem Besitz, und meine Polizistin versuchte vergeblich, es mir abzunehmen.

Als ich es mit klopfendem Herzen las, fand ich nur ein einziges Wort, geschrieben in einer Sprache, die ich während meiner Gefangenschaft nie gehört hatte – der Sprache meines Heimatlandes. Meine Augen füllten sich mit Tränen, als ich dieses Wort immer wieder las:

"HOFFNUNG."

KAPITEL XVI I
Wie ich meine Freiheit wiedererlangte und gleichzeitig für geistig gesund erklärt wurde

Da ich mich nicht bei guter Gesundheit befunden hatte, schien es mir ratsam, eine Kur zu machen. Ich brauchte wirklich eine Behandlung, und da es in Deutschland viele kleine Thermalbäder gibt, war es nicht schwer, einen Ort zu finden, der meinem Gesundheitszustand entsprach, wo meine Wärter keine Angst vor einem kosmopolitischen Publikum haben mussten und wo sie mich trotzdem als isolierten Gefangenen bewachen konnten.

Doch bald nach dem Vorfall mit den in meinen Wagen geworfenen Briefen wurde mir mitgeteilt, dass ich im Lindenhof bleiben müsse . Von der versprochenen Kur wurde Abstand genommen.

Glücklicherweise stand der Arzt, der zur Konsultation hinzugezogen wurde, auf meiner Seite und versprach, sich für mich einzusetzen. In der Zwischenzeit hörte ich mit meinen täglichen Spaziergängen auf. Ich beschloss sogar, überhaupt nicht mehr auszugehen, da ich durch all die Geschichten, die man mir erzählte, insbesondere von Dr. Pierson, völlig in die Irre geführt worden war.

Er bewachte mich streng, behandelte mich jedoch immer mit Respekt. Er wusste ganz genau, dass ich nicht verrückt war, aber er wusste auch, dass ich ein sehr lukrativer Patient war; der Gedanke, mich zu verlieren, war ihm äußerst unangenehm. Er beobachtete mich weiterhin, versuchte aber auch, mir zu gefallen , und er konnte sich leicht einreden, dass Lindenhof ein wirklich bezaubernder Ort war.

Wäre er nicht der Arzt für Geisteskrankheiten und mein Gefängniswärter gewesen, wären mir seine Besuche nicht unangenehm gewesen, da es ihnen nicht an Höflichkeit mangelte.

Dr. Pierson nahm eine Haltung der Güte und Hingabe an. Er erzählte mir in einem Tonfall wahrer Besorgnis von gewissen Informationen, die seiner Aussage nach aus zuverlässiger Quelle stammten und die ich berücksichtigen sollte, wenn ich ihn nicht betrüben wolle. Er sagte, er habe gehört, dass Banditen beschlossen hätten, mich plötzlich im Wald anzugreifen und mir den Schmuck zu rauben, den ich gewöhnlich trug. Dr. Pierson leugnete nicht, dass der Graf mir geschrieben haben könnte. Aber er sagte, der Brief, den meine „Zofendame" beschlagnahmt hatte, sei nicht das, was ich mir vorgestellt hatte. Er sei gefälscht und sehr geheimnisvoll. Er könne mir nicht gezeigt werden, da er in erster Linie dem Gesetz gehörte. Ich wäre gut beraten, den Brief, den ich aufbewahrt hatte, herauszugeben. Er stammte offensichtlich von der Bande, die geplant hatte, mich auszurauben und zu ermorden.

Ich war so erschrocken, dass ich ihm zuhörte, und war zutiefst deprimiert von meiner Existenz. Ich ließ mich überzeugen. Ich wollte nicht ausgehen. Mehrere Tage lang lebte ich in Angst, Beklemmung und Ungewissheit. Ich konnte nicht schlafen. Wenn ich nachdachte, wusste ich nicht, was ich denken und glauben sollte. Ein Leiden nach dem anderen überwältigte mich. Niemand kann sich die Willenskraft vorstellen, die nötig ist, um ein gewisses Maß an Klarheit zu bewahren, wenn man jahrelang unter Wahnsinnigen lebt. Der eindringliche Schrecken ist so groß, dass man ihm unweigerlich erliegen muss, wenn man nicht die Kraft hat, sich von seiner Umgebung zu lösen .

Aber Gott erlaubte mir, im Geiste zu entkommen und mich wieder meinem erhofften Retter anzuschließen. Schließlich riss ich mich zusammen und bat erneut darum, hinausgehen zu dürfen. Sie wagten nicht, abzulehnen.

Ich war jedoch immer noch ziemlich beeindruckt von dem, was ich gehört hatte, und traute mich nicht mehr so weit in den Wald hinein wie früher. Und wenn ich einen oder mehrere Radfahrer sah, bekam ich Angst, sagte aber nichts.

Waren sie gekommen, um mich anzugreifen?, fragte ich mich. Waren sie vielleicht gekommen, um mich zu retten?

Was für eine Macht die Vorstellungskraft doch hat! Die Radfahrer waren nur harmlose Menschen, die ruhig ihren Geschäften nachgingen.

Mein Doktor-Professor hatte sein Versprechen nicht vergessen. Seine Intervention hatte die gewünschte Wirkung, und es wurde beschlossen, dass ich nach Bad Elster in Bayern gehen sollte. Dieser Ort liegt in den Bergen, etwa eine Viertelstunde Fahrt von der deutschen Grenze entfernt. Wenn ich Charybdis entkam, würde ich Skylla begegnen!

Kundschaft anzuziehen . Aber sein rein deutscher Ruhm beruhigte meine Gefängniswärter. Niemand würde mich in diesem bescheidenen bayerischen Wiesbaden suchen. Und wenn mein Verteidiger vielleicht eintreffen sollte, würde er alle Fluchtwege gut bewacht vorfinden .

Tatsächlich war das Hotel, in dem ich mit meinem Gefolge aus Polizeibeamten und Polizeibeamten ankam, gemäß den Berufsregeln sofort von einem Kordon aus Wachen und Inspektoren umstellt.

Näherte sich eine unbekannte oder verdächtige Person, wurde sie verfolgt, beobachtet und umgehend identifiziert.

Der Graf hütete sich, sich zu zeigen, obwohl er durch Auskünfte, die er in Koswig eingeholt hatte , bald von meiner Abreise nach Bad- Elster erfuhr .

Die Polizei meldete meinen Wärtern nichts Besonderes. Ich persönlich war wie immer weder ungeduldig noch aufgeregt. Meine „Zofendame" konnte meine Freundlichkeit nicht leugnen. Aber in mir selbst fühlte ich, dass die Erlösung nahe war.

Diese Intuition wurde prompt bestätigt.

Eines Tages, als ich Tennis spielte, fiel mir ein dicker Mann auf, dessen Gang, Hut und Kleidung ihn als Österreicher auswiesen. Seine Augen begegneten meinen auf sehr neugierige Weise, aber er grüßte respektvoll. Ich hätte schwören können, dass sein Blick die Ankunft des Grafen ankündigte.

Ich wurde nicht getäuscht.

Als ich etwas später, voran von meinem Arzt und hinter mir von meiner Hofdame, den Speisesaal des Hotels verließ, huschte ein blonder Mann an mir vorbei und flüsterte: „Hören Sie! Jemand arbeitet für Sie."

Ich musste mich gegen die Tür lehnen, ich war plötzlich unfähig, mich zu rühren. Zum Glück fing ich mich wieder. Meine beiden Wachhunde bemerkten nichts.

Am nächsten Tag kam ich in Begleitung des Arztes und meiner Begleiterin zum Abendessen. Der Kellner, der uns normalerweise bediente, war etwas spät dran und war gerade dabei, den Tisch fertig zu decken. Normalerweise wagte er es kaum, mich anzusehen, aber jetzt sah ich, dass seine Augen zu mir sprachen. Gleichzeitig strich er immer wieder mit der Hand über das Tischtuch. Zuerst machte er eine Falte, und dann ordnete er das Leinen immer wieder neu. Ich setzte mich und berührte im selben Moment unachtsam die Stelle, auf die der Kellner anscheinend hingewiesen hatte. Ich hörte ein Knistern von Papier unter dem Tuch ...

Meine beiden Wärter unterhielten sich über Wagner; sie unterhielten sich über ganz alltägliche Dinge. Sie sahen, wie ich ihre Banalitäten mit einem gnädigen Lächeln billigte, und verdoppelten ihre Beredsamkeit. Ich nutzte dies aus, um den Brief zu ergreifen und zu verstecken, den ich so geschickt in meiner Reichweite zwischen Tischdecke und Tisch platziert hatte.

Ich las den Brief – ich verschlang seinen Inhalt –, sobald ich allein in meinem Zimmer war. Er war von wem, das hatte ich erraten! Er kündigte meine bevorstehende Freiheit an. Er gab mir Erklärungen darüber, was getan worden war und was noch getan werden musste, um meiner langen Folter zu entgehen . Ich sollte in derselben Weise antworten. Auf den Kellner konnte ich mich verlassen.

So begann ein täglicher Briefwechsel zwischen dem Grafen und mir. Ich wusste sehr bald, welche Maßnahmen ich ergreifen musste, welche Haltung ich einnehmen musste, welche notwendigen Vorbereitungen ich treffen musste, wen ich fürchten und wem ich vertrauen konnte.

Der Nachtwächter war für uns gewonnen worden. Dieser tapfere Mann ging, wie der Kellner, ein großes Risiko ein. Niemand wird je ermessen können, wie groß die Hingabe war, die die schreckliche Verfolgung, der ich zum Opfer fiel, hervorrief und noch immer hervorruft!

Endlich erhielt ich die mit Spannung erwartete Nachricht, in der stand: „ *Es wird morgen sein* .“

Morgen! Morgen! Ich musste nur noch einen Tag warten, dann würde ich frei sein ... Das war im August 1904. Sieben Jahre lang war ich in Gefangenschaft gewesen, hatte unter Wahnsinnigen gelebt und war wie ein Wahnsinniger behandelt worden.

Ein einziger Gedanke ließ mir das Blut in den Adern gefrieren: Der Graf würde zweifellos erscheinen . Und ich erinnerte mich daran, dass mir meine „Zofendame“ erst vor kurzem einen Revolver gezeigt und mich kaltblütig gewarnt hatte, sie habe den Befehl – von wem? –, jeden potenziellen Retter zu erschießen.

Meine Gebete waren nie inbrünstiger. Dann, als ich meine Gelassenheit und mein Vertrauen wiedergefunden hatte, traf ich alle meine Vorbereitungen.

Ich brauchte einige Stunden, um meine Papiere zu ordnen, Briefe zu vernichten und alles auszusortieren, was ich mitnehmen wollte. Wie sollte ich das alles tun, ohne Verdacht zu erregen?

Ich beschloss, zu sagen, dass ich am Nachmittag nicht ausgehen, sondern mir die Haare waschen würde. Diese Prozedur, die ich oft selbst durchführte, bot mir die Gelegenheit, allein zu sein, ohne dass die „Zofendame“, diese unermüdliche Spionin, beunruhigt wurde. Das Zimmermädchen arrangierte alles Nötige, und ich machte eine große Show daraus, mit dem Wasser zu plantschen. Aber ich achtete sehr darauf, meine Haare trocken zu halten, aus Angst, mir Rheumatismus oder Neuralgie zuzuziehen, die den guten Gesundheitszustand, den ich so dringend brauchte, erheblich beeinträchtigt hätten. Ich wickelte mir ein Handtuch um den Kopf und traf die notwendigen Vorkehrungen, ohne gestört zu werden. Als der Abend kam, ging ich, ausgeruht und erfrischt durch die „Waschung“, mit meiner üblichen Begleitung ins Theater.

Von allen Theaterstücken, die ich je gesehen habe, ist mir keines so in Erinnerung geblieben wie das, mit dem das kleine Theater von Bad- Elster an jenem Abend sein braves Publikum unterhielt. Ich war in Gedanken versunken über das, was nun folgen würde, und sagte mir:

"Komm, was wolle, wenn das Leben ein Spiel ist, dann lasst es uns bis zum Ende spielen." Als die Vorstellung vorüber war, kehrte ich in mein Hotel zurück, ohne dass man meine heimliche Erregung bemerkte. Der Arzt und der andere Begleiter wurden freundlich an der Schwelle meines Zimmers verabschiedet, und meine letzten Worte trugen zu ihrer Beruhigung bei :

„Wir haben ausgemacht, morgen früh etwas früher zum Tennis zu gehen", sagte ich, „aber ich glaube, ich werde einen schönen Abend haben – also verschieben wir unsere Party auf eine Stunde später."

Wie konnten sie daran zweifeln, dass ich klugerweise versuchte, lange zu schlafen? Außerdem wurden mir jeden Abend meine Kleider und Schuhe abgenommen, und obwohl ich nicht in meinem Zimmer eingesperrt wurde (das war ursprünglich beabsichtigt, denn bei meiner Ankunft waren alle Schlösser erneuert worden), hatte der Nachtwächter den Befehl, mein Zimmer nicht aus den Augen zu verlieren, und eine Reihe von Wachen umstellte das Hotel.

Aber wie gesagt, der Wächter war für meine Sache gewonnen, und was die Wachen betraf, würde ich bald sehen, was passieren würde. Viel mehr Angst hatte ich vor meiner „Zofendame", die im Zimmer neben meinem schlief. Sie hatte ein scharfes Gehör und war wie immer auf der Hut.

Lieblingshund in meinem Zimmer , den guten und treuen Kiki. Was sollte ich mit ihm anfangen? Wie sollte er meinen Flug ertragen? Er bellte eine Fliege an! Die Stunde war tatsächlich gekommen, aber ich sah viele lästige Hindernisse auf dem Weg.

Ich dachte über all das nach, während das Zimmermädchen ihre Pflichten erledigte. Endlich war ich allein …

Ich kleidete mich sofort in ein Kostüm und zog ein Paar Stiefel an, die ich vor dem Abflug versteckt hatte. Bald war mein Gepäck fertig. Alle Lichter wurden gelöscht und ich wagte kaum zu atmen und wartete auf das Signal.

Aber welches Signal? Ich wusste nichts. Ich musste zuhören...

Nach und nach herrschte in dieser ruhigen Ecke Bayerns völlige Stille, nachdem das Theater, wie in Deutschland üblich, um 10 Uhr schloss. Nur wenige nahmen ein spätes Abendessen ein. Die ruhige Nacht hüllte Bad-Elster – eine wunderschöne Nacht mit Vollmond – eine weitere Gefahr ein. Aber ich hatte keine Wahl, und meine Nachtwache ging bald zu Ende.

Die zwölf Glockenschläge der Mitternacht ertönten, dann schlug es halb, dann ein Uhr, und fast sofort hörte ich ein Kratzen an meiner Tür, als würde eine Maus kratzen. Kiki richtete sich auf ... aber mit einem Zeichen beruhigte ich ihn, und er verstand.

Leise öffnete ich die Tür. Im Flur war der Schatten des Wächters schwach zu erkennen.

„Hier bin ich", sagte ich leise flüsternd.

„Ruhe! … Halte dich bereit. Ich werde zurückkommen, wenn es Zeit ist."

Er ging weg.

Zwei Stunden lang blieb ich wie angewurzelt an meiner Tür kleben, mein Koffer neben mir. Endlich sah ich einen Lichtschimmer. Es war der Wachmann. Ich wandte mich zu meinem Hund um, der mich unruhig beobachtete. Er spitzte die Ohren, und da er auf der Ecke eines Kissens in einem Stuhl saß, begriff er, dass ich ohne ihn wegging.

Ich streichelte ihn und sagte dabei: „Kiki, sei ruhig. Sonst bin ich verloren!"

Er bewegte sich nicht, er bellte nicht, er winselte nicht einmal.

Ich stand nun neben dem Wächter an der Türschwelle.

„Du musst deine Stiefel ausziehen", flüsterte er. „Man wird dich hören."

Er bückte sich und zog mir die Stiefel aus. Dann nahm er mein kleines Gepäck in die Hand und führte mich, auf seinen Arm gestützt, hinaus.

Mit einem letzten Blick verabschiedete ich mich von den vertrauten Dingen, die ich in meinem Zimmer zurückgelassen hatte, und befahl meinem guten kleinen Hund noch einmal, still zu sein. Ich ging den Korridor entlang, in den die Zimmer meiner „Zofendame" und des Arztes führten. Gott sei Dank blieben die Türen geschlossen! Ein anderer Korridor führte uns zu einer Treppe, über die wir ins Erdgeschoss gelangten. Dort, in fast völliger Dunkelheit, bemerkte ich einen Schatten, der einen Finger auf den Lippen hatte. Es war der Graf...

Der Nachtwächter ließ uns nicht lange warten, gab mir meine Stiefel zurück und führte uns, durch das Hotelgebäude vor dem Mondlicht geschützt, bis zu einem kleinen Wintergarten und dann zu einer Terrasse, die an die Straße angrenzte.

Dort hatten sich zwei Wachen getroffen und unterhielten sich friedlich im Mondlicht, das nun, zu unserem Unglück, den Weg in die Sicherheit erhellte.

Wir warteten gespannt. Glücklicherweise trennten sie sich bald und gingen in entgegengesetzte Richtungen davon... Der Graf nutzte die Gelegenheit und ließ mich mit ein paar leichten Sprüngen die Straße überqueren. Er hielt meinen Koffer; der Nachtwächter blieb auf der Terrasse verborgen. Wir waren jetzt unter den Bäumen auf der anderen Straßenseite. Die Wachen hatten nichts gesehen und nichts gehört! Wir mussten noch die Kutsche erreichen, die ein Stückchen entfernt wartete. Dies war ein Landauer mit zwei

Pferden, eine lokale Equipage, die unbemerkt bleiben würde. Jede andere, in der Gegend unbekannte, wäre gemeldet worden.

Doch dann geschah eine Katastrophe. Der Wagen war nicht da, wo er sein sollte. Wir waren einen Augenblick der Verzweiflung. Was für eine Nacht! Was für eine Spannung! All diese Seelenqualen spielten sich unter den von Mondstrahlen durchdrungenen Bäumen ab, die von furchtbaren Gespenstern bevölkert zu sein schienen. Schließlich gesellten sich einige unserer Freunde, die von meiner Flucht wussten, zu uns und führten uns zum Wagen. Er fuhr los, aber die müden Pferde kamen nur langsam voran. Plötzlich blieb das Gefährt mitten im Wald stehen; der Kutscher gestand, dass er sich verirrt hatte.

Wir hatten einen Ort erreicht, der als „Die drei Steine" bekannt ist, die Grenze dreier Königreiche, wo Bayern, Sachsen und Österreich zusammentreffen.

Der Fahrer kehrte der richtigen Richtung den Rücken und fuhr zurück nach Bad- Elster , wo wir hofften, den kleinen Bahnhof zu erreichen und einen Zug nach Berlin zu nehmen.

Wir hatten das Glück, von zwei unserer Partisanen aus unserer Angst gerettet zu werden. Sie waren über unser Ausbleiben beunruhigt und kamen unerwartet und zur rechten Zeit zu uns.

Wir erreichten Hof ohne weitere Zwischenfälle und waren wenige Stunden später in der Hauptstadt Preußens. Als mein Schwiegersohn und sein kaiserlicher Schwager die Nachricht von meiner Flucht erreichten, glaubten sie es nicht. Die Aufregung war riesengroß. Aber in Bad- Elster war alles gut arrangiert worden. Die tapferen Leute dort nahmen meine Seite so gründlich in Anspruch, dass die deutsche und die österreichische Polizei tatsächlich die Kosten für Nachforschungen auf sich nehmen mussten. Ich war wie ein Geist in Luft aufgelöst, und sie konnten keine Spur des Grafen finden.

In Berlin erwarteten uns die Geheimagenten des sozialistischen Abgeordneten Doktor Sudekum , der meine Sache großzügig verteidigte, und gewährten uns Schutz, bis wir aufgrund einer Sturmpause gastfreundlichen Boden finden konnten.

Luxuszug durch Belgien nach Frankreich abzureisen .

Lassen wir einen Alarm im Hotel in Magdeburg außer Acht, wo ich erkannt und angezeigt worden wäre, wenn ich Doktor Sudekum nicht meinen Mann genannt hätte! Wir schienen einander sehr ergeben, und es war ganz offensichtlich, dass ein berühmter Sozialist keine Königstochter zur Frau haben konnte.

Endlich gelang es mir, in ein Schlafabteil zu gelangen, und glücklicherweise hatte ich es für mich allein. Der Zug brauste durch Deutschland. Der Graf wachte über mich und blieb, so viel es ging, draußen auf dem Gang. Die Stunden vergingen. Endlich hörte ich Rufe: „ Herbesthal !"

Ich war gerade dabei, Belgien zu betreten. Ich wollte mein Land noch einmal sehen. Ohne jedoch zu wagen, dort anzuhalten! Ach! Der König war auf der Seite des Fürsten von Coburg! Ich wagte kaum, ans Fenster zu treten. Ich zitterte. Die belgischen Zollbeamten gingen durch die Waggons. Es klopfte an der Tür meines Abteils, und die Zollbeamten erschienen hinter dem Schaffner. Aber ich war verbürgt, und sie zogen sich arglos zurück.

Ach, welche Ironie dieser banalen Frage: „Haben Sie etwas zu verzollen?"

Im Gegenteil, was hatte ich *nicht* alles zu erklären? Ich war die älteste Tochter des großen Königs dieses guten Volkes, das mich nicht erkannte. Ich wollte schreien, so dass es bis zum Schloss von Laeken gehört werden würde , und die Ungerechtigkeit des Schicksals anprangern, das mich zum Opfer und zur Verbannten machte.

Das dachte ich gerade, als ein alter Leiter der belgischen Eisenbahn vorbeikam. Er warf mir keinen flüchtigen Blick zu, wie es die Zollbeamten getan hatten; er musterte mich ernst, und ich sah, dass er sofort wusste, wer ich war.

Der Graf beobachtete mich im Korridor und war ebenfalls überzeugt, dass man mich erkannt hatte. Er folgte dem Oberaufseher. Der Mann sah ihn an, las die Angst in seinem Gesicht, und da er ihn, zweifellos anhand der Fotos in den Zeitungen, erkannt hatte, blieb er stehen und sagte freundlich:

„Es ist unsere Prinzessin, nicht wahr? … Hab keine Angst. Niemand hier wird sie verraten."

Ich kannte den Namen dieses guten und treuen Landsmannes nicht. Wenn er noch lebt, hoffe ich, dass er durch diese Zeilen erfährt, dass ihm meine Dankbarkeit oft galt und immer gelten wird.

Endlich kam ich wohlbehalten in Paris an. Ich hatte nichts mehr zu befürchten. Ich befand mich in einem gastfreundlichen Land, das durch gerechte Gesetze geschützt war.

Es ist allgemein bekannt, dass die bedeutendsten französischen Ärzte kurz darauf nach langen Gesprächen, bei denen ich eingehend verhört und untersucht wurde, die Albernheit der pseudomedizinischen Behauptungen erkannten, die mich sieben Jahre lang in einer Irrenanstalt hielten und dazu führten, dass ich wie ein Minderjähriger behandelt wurde, der nicht in der Lage war, seine eigenen Angelegenheiten zu regeln. Meine Bürgerrechte wurden mir wiedergegeben; zusammen mit meiner Freiheit hatte ich auf wundersame Weise auch meinen Verstand wiedererlangt!

Doch leider fand ich während des schrecklichen Krieges erneut Beweise für den unversöhnlichen Hass, unter dem ich so sehr gelitten hatte.

Diesmal dachten meine Feinde, ich sei in ihrer Gewalt und verhielten sich abscheulich habgierig. Es war nicht mehr Habgier nach den Millionen, die ich von meinem Vater, dem König, geerbt hatte, sondern Gier nach einem anderen Vermögen, dem der Kaiserin Charlotte, meiner unglücklichen Tante, deren Lebensabend im Schloss Boucottes geborgen ist . Diese neue Möglichkeit, reich zu werden, weckte dieselbe Habgier und wie in früheren Zeiten dieselbe Verhaltensweise. Aber wieder einmal wurde ich durch die Vorsehung gerettet.

KAPITEL XVII I
Der Tod des Königs – Intrigen und Gerichtsverfahren

Von einem bestimmten Buch wurden nur 110 Exemplare gedruckt und diese wurden sorgfältig unter denjenigen verteilt, die sie kaum verlieren konnten.

Dieses Buch, von dem ich bedauere, dass es nicht in größerer Zahl gedruckt wurde, enthält alle Beweise in Bezug auf Niederfüllbach und die verschiedenen Urteile gegen meine Ansprüche. So wie es ist und aufgrund dessen, was es enthält und nicht enthält, würde ich mich freuen, dieses Buch in den Hochschulen und juristischen Fakultäten der ganzen Welt zu sehen. Es wäre sowohl nützlich als auch anregend. Auch wenn es der breiten Öffentlichkeit zugänglich wäre, würde es zweifellos mit großem Interesse konsultiert werden.

Zu welchen Überlegungen würde es nicht nur bei Juristen, sondern noch mehr bei Denkern, Historikern und Schriftstellern Anstoß geben, Dokumente zu sehen, die ein neues Licht auf ein Jahrhundert, ein Volk und einen Menschen werfen?

Was wäre nicht alles in hochtrabenden Worten und gewaltigen Zahlen verborgen! Welch wunderbare Rolle spielt in diesem Buch ein begabter Geist, der von Mitarbeitern umgeben war, die ihm sein Leben lang treu ergeben waren, der aber nach seinem Tod bereichert und zufrieden sein Werk und seinen Namen vergaß.

„Dankbarkeit", sagte Jules Sandeau , „ist wie die Parfüme des Orients, die ihre Kraft behalten, wenn sie in goldenen Gefäßen aufbewahrt werden, sie aber verlieren, wenn sie in Bleigefäße gegeben werden."

Es gibt nur wenige goldene Gefäße unter den Menschen. Es gibt Vasen, die von diesem Edelmetall zu leuchten scheinen, in Wirklichkeit aber aus der schlimmsten Bleisorte bestehen. Der Schein trügt meist.

Das Buch, das ich gerne in größerer Verbreitung sähe, ist ein dicker, in grüne Pappe gebundener Band, der in Brüssel unter dem Titel „Der Bericht über das Erbe Seiner Majestät Leopold II. – Vom belgischen Staat veröffentlichte Dokumente" gedruckt wurde.

Einer der bekanntesten französischen Anwälte schrieb mir zu dieser Arbeit:

"Es ist ein großer Schatz, eine unerschöpfliche Mine. Eines Tages werden Rechtsliebhaber, Jung und Alt aus allen Ländern, Aufsätze und Werke veröffentlichen, die von den Dokumenten über den Nachlass von König Leopold II. inspiriert sind. Sie sind von unschätzbarem Wert. Hier findet man einen glühenden Geschäftsroman, großartige Konzepte, erstaunliche Vertragsformen, Gesetze und Fideikommisse und schließlich eine wunderbare juristische Diskussion, in der Moral und Unmoral im Widerspruch stehen. Das Ganze endet in einem fantastischen Urteil, dem verblüffende Transaktionen vorausgehen und folgen.

„Man dachte, dieser Rechtsstreit sei erledigt. Er wird erneut aufleben und vielleicht hundert Jahre lang andauern, in verschiedenen Formen und unter bestimmten Bedingungen, die nicht vorhergesagt werden können. Es ist unmöglich, dass die Bedrohung der natürlichen Rechte durch die belgische Justiz akzeptiert und unwidersprochen bleibt."

Wenn es, wie sich gleich zeigen wird, unbestreitbar ist, dass der König den Kongo aus freien Stücken an Belgien überließ, ein Besitz, der ursprünglich durch sein Geld gesichert war und unter seiner direkten Oberaufsicht stand, so muss man doch zugeben, dass ein solches Geschenk nicht hätte angenommen werden können, ohne dass Belgien seinerseits Schulden gegenüber der Familie des Herrschers, vor allem gegenüber seinen Kindern, machte.

Dass der Schenker seine Töchter von seinem Immobilienbesitz ausschließen wollte, ist unbestritten, aber dass er dies aus Gerechtigkeit heraus tun konnte, ist nicht anzunehmen, und diese Handlung wird niemals anerkannt werden. Eine solche Ungerechtigkeit zu akzeptieren, würde einen Konflikt mit jenem heiligen Prinzip bedeuten, das die Grundlage für die Kontinuität der Familie bildet.

Ich werde jetzt die Meinung eines Anwalts zitieren. Seine Anwaltskollegen, die diese Zeilen lesen, werden ihn kennen. Ich könnte tausend Meinungen zitieren. Aber eine genügt: die eines belgischen Anwalts, der mächtig genug war, „im Namen des Staates" ein Urteil zu erwirken, das man nur als Sakrileg bezeichnen kann.

Am Abend vor dem Urteil, das in meiner Person die Niederlage von Recht und Gerechtigkeit entschied, war einer meiner wichtigsten Anwälte in Brüssel so überzeugt von meinem Erfolg, dass er einem meiner Berater, dessen Rat für ihn von großem Wert gewesen war, telegrafierte: „Herzlichen Glückwunsch schon mal im Voraus."

Wie konnte man daran zweifeln? Der Staatsanwalt, ein echter Anwalt, hatte zu meinen Gunsten entschieden . Er war ein ehrlicher Mann. Er rettete die Ehre der belgischen Justiz an diesem ereignisreichen Tag.

Mein führender belgischer Anwalt war so überzeugt, nicht geschlagen zu werden, dass er sich einem Kompromiss widersetzte, der damals vielleicht möglich war, und ich stimmte zu. Denn ich (der so oft vor Gericht erschienen war) hatte eine Abneigung gegen Gerichtsverfahren. Hier wie anderswo wurde ich ergriffen und in einem tödlichen Zahnrad zerquetscht. Es wäre leicht, das zu beweisen. Aber das Interessante liegt nicht darin; es liegt in dem außergewöhnlichen Kampf, den ich in dem Prozess um das Vermögen des Königs fast allein durchstehen musste.

Meine Schwester Clémentine , die vielleicht Hippolyte Taine nicht gelesen hatte, gab sich dynastischen Illusionen hin und verzichtete ohne Zögern auf ihre Ansprüche. Sie nahm von der belgischen Regierung an, was der Staat ihr anbot. Sie zog nicht in Betracht, dass sie sich mit ihren Schwestern zusammenschließen sollte. Das belgische Motto lautet: „Einigkeit macht stark." Dieses Motto trifft nicht auf alle belgischen Familien zu!

Meine Schwester Stéphanie war zuerst auf meiner Seite, dann machte sie einen Rückzieher, dann schloss sie sich mir an und machte wieder einen Rückzieher …

Ich blieb bei meinem Fehler – wenn man es denn für einen Fehler hielt. Ich wusste zumindest, was ich wollte. Meine jüngere Schwester war sich nicht so sicher. Das ist ihre Sache. Man kann es mir nicht anlasten, dass meine Sache, obwohl sie im Recht war, nicht immer die ihre war.

Ich vertraue darauf, dass man mir glaubt. Ich habe nur für Gerechtigkeit gekämpft. Niemand kann sagen, was ich hätte tun sollen, wenn ich gewonnen hätte.

Was den Kongo betrifft, war es nie meine Absicht, vorzutäuschen, dass meine Schwestern und ich den Willen des Königs und die in Belgien erlassenen Gesetze zur Übernahme der Kolonie anfechten könnten. Doch zwischen dem Konflikt bestimmter Streitpunkte und der Akzeptanz einer Enterbung gegen Natur und Gesetz bestand ein Raum, der durch eine ehrenhafte Einigung hätte überbrückt werden können und sollen.

Der belgische Staat hatte einen Vorschlag zu machen, den er zaghaft umriss. Mein leitender Berater hielt dies für nicht ausreichend. Das belgische Volk hätte besser gewusst, wie es sich verhalten und das Andenken Leopolds II. ehren sollte, wenn es sich selbst überlassen geblieben wäre. Doch diese Aufgabe wurde denen übertragen, die bis heute vorsätzlich und bedauerlicherweise versagt haben.

Betrachten wir Belgien als ein menschliches Wesen, das mit Ehre und Vernunft ausgestattet ist und eifersüchtig auf das Urteil der Geschichte und die Wertschätzung der Welt ist; Herrin von Millionen Kongolesen und weiterer Millionen kolonialer Schätze. Hätte es sich als vernunftbegabtes Wesen als frei von allen Verpflichtungen gegenüber den unglücklichen Kindern des Gebers dieser Geschenke betrachtet? Ganz sicher nicht.

Wenn sie anders denken würde, wäre sie ohne Ehre , ohne Vernunft, eine grausame Zynikerin, der alle rechtschaffenen Menschen zu Recht misstrauen würden. Alle Gesetze der Welt würden sie nie dazu bringen, anders zu denken.

Ich habe dies durchdacht und bleibe bei meiner Meinung. Ich war mit dieser Meinung nicht allein. Meine belgischen Anwälte hatten neben meiner noch andere Meinungen und hielten diese für schlüssig.

Auch wenn es mir nicht gelungen ist, meinen Fall zu beweisen, hatte ich zumindest die Genugtuung, dass meine Anwälte nichts verloren haben.

Mein Fall brachte ihnen Glück. Sie wurden Minister, in jeder Hinsicht beneidenswerte Männer, die stolz darauf sind, mich verteidigt zu haben.

Doch wenden wir uns den geschriebenen Worten zu. Sie sind beredter als alle meine. Ich möchte nur aufrichtig sein. Hier wie auch anderswo sage ich genau, was ich denke. Ich beschönige nichts und verdrehe nichts. Ich halte mich nur zurück, nicht zu heftig zu sein. Sie sehen mich, wie ich bin.

Ich drücke mich so aus, als stünde ich in der Gegenwart des Königs. Ich möchte den Geist meines Vaters erreichen, mit seiner Seele kommunizieren und ihn in der unsichtbaren Welt davon überzeugen, dass meine Ansprüche gerechtfertigt waren.

Ich habe seinen Namen an den Anfang dieser Seiten gesetzt, der mir als Tochter immer am Herzen lag. Ich konnte und wagte es nie, mit diesem Vater zu sprechen, der so getäuscht und falsch über mich informiert war.

* * * * *

Am 18. Dezember 1909 veröffentlichte der *Moniteur* die folgende Erklärung:

„Die belgische Nation hat ihren König verloren!

„Leopold II., der Sohn eines berühmten Herrschers, dessen Andenken für immer als verehrtes Symbol der konstitutionellen Monarchie erhalten bleiben wird, ist nach einer Regierungszeit von 45 Jahren im Sattel gestorben, nachdem er bis zu seiner letzten Stunde den größten Teil seines Lebens und seiner Kraft der Vergrößerung und dem Wohlstand des Landes gewidmet hatte.

„Am 17. Dezember 1865 sprach der König vor den wiedervereinigten Kammern diese denkwürdigen Worte, an die man sich seitdem oft erinnert hat:

„Wenn ich Belgien auch nicht eine große Herrschaft wie die des Königs verspreche, der seine Unabhängigkeit begründete, oder ein edler König zu sein wie der, den wir jetzt betrauern, so verspreche ich doch zumindest, dass ich mich als ein König erweisen werde, der sein ganzes Leben dem Dienst an Belgien widmen wird.“

„Wir wissen, mit welcher kraftvollen Energie er dieses feierliche Versprechen gehalten und sogar übertroffen hat.

„Die Schaffung des afrikanischen Staates, der heute die belgische Kolonie Kongo bildet, war das persönliche Werk des Königs und stellt eine einzigartige Leistung in den Annalen der Geschichte dar.

„Die Nachwelt wird sagen, dass er eine großartige Herrschaft hatte und dass er ein großer König war.

„Das Land, das jetzt um ihn trauert, muss jemanden würdig ehren , der gestorben ist und solch ein großartiges Erbe hinterlassen hat.

„Das Land setzt all seine Hoffnungen auf die loyale Zusammenarbeit, die bereits so erfreulich bewiesen wurde, des Prinzen, der berufen wurde, über die Geschicke Belgiens zu bestimmen.

„Er wird sich von den ruhmreichen Beispielen derjenigen inspirieren lassen, die mit Hilfe der Vorsehung zu Wohltätern des belgischen Volkes wurden.

Der Ministerrat:

F. SCHOLLAERT , *Minister des Innern und der Landwirtschaft* .
LEON DE LANTSHEERE , *Justizminister* .
J. DAVIGNON , *Außenminister* .
J. LIEBAERT , *Finanzminister* .
BON DESCAMPS , *Minister für Wissenschaft und Kunst* .
ARM. HUBERT , *Minister für Industrie und Arbeit* .
M. DELBEKE , *Minister für öffentliche Arbeiten* .
G. HELLEPUTE , *Minister für Eisenbahnen, Post und Telegrafen* .
J. HELLEPUTE , *Kriegsminister* .
J. RENKIN , *Kolonialminister* .

Von den Unterzeichnern dieser bewegenden Proklamation sind einige tot, andere leben noch.

Denen, die nicht mehr sind, und denen, die noch leben, sage ich:

„Sie haben geschrieben und bezeugt, dass die Schaffung des afrikanischen Staates das *persönliche* Werk des Königs war. In seiner *Person* haben Sie also *den Mann , das Oberhaupt der Familie – und damit die Familie selbst – erkannt* ; sonst wäre das Wort ,*persönlich*' bedeutungslos … Und tatsächlich hat es plötzlich seine Bedeutung verloren. Der König, jetzt eine Entität ohne irdische Ketten, hat Belgien unter Ausschluss seiner Kinder bereichert, die für nicht existent erklärt wurden.

„Und wie wurde er, mit oder ohne Sie, geehrt ?

„Indem wir die Stiftung Niederfüllbach und andere Werke dieses begabten Wohltäters fortführen?

„Ah! Auf keinen Fall!

„Sie haben alles, was er erdacht und angeordnet hat, liquidiert, verwirklicht, zerstört und aufgegeben. Ich möchte nicht im Detail beschreiben, was geschehen ist, und ich habe auch nicht den Wunsch, die Traurigkeit zu berühren, die mit den Geheimnissen von Niederfüllbach und anderen Werken des Königs verbunden ist, seit dem Tag, an dem sie nicht mehr unter seiner Leitung standen. Ich werde auf der Grundlage der Sünde gegen die Moral Stellung beziehen, die mir am meisten Sorgen bereitet.

„Elf Jahre sind seit dem Tod des ‚Großen Königs‘ vergangen. Wo ist das Denkmal zu seinem Andenken errichtet worden?

„Die Leute von Ostende, die ihm den Wohlstand und die Schönheit ihrer Stadt verdanken, haben es nicht einmal gewagt, ein Beispiel ihrer Dankbarkeit zu zeigen. Sie haben Angst, die undankbaren Leute von Brüssel zu verärgern, die lieber schweigen.“

Seine Wünsche in Bezug auf den Kongo und seine Erben sind in drei Dokumenten niedergeschrieben, die ich im Folgenden anfüge:

Erste:

(I) Ein erläuternder Brief des Königs vom 3. Juni 1906 in testamentarischer Form.

(Beigefügt zu Exponat Nr. 36 der von der belgischen Regierung veröffentlichten Sammlung.)

„Ich habe vor mehr als zwanzig Jahren die Arbeit im Kongo im Interesse der Zivilisation und zum Wohle Belgiens übernommen. In der Verwirklichung dieses doppelten Ziels habe ich den Kongo 1889 meinem Land einverleibt.

„Im Bewusstsein aller Ideen, die der Gründung des unabhängigen Staates zugrunde lagen und die das Berliner Gesetz inspirierten, ist es mir ein Anliegen, im Interesse der Nation die in meinem Testament zum Ausdruck gebrachten Wünsche in die Tat umzusetzen.

„Der Anspruch Belgiens auf den Besitz des Kongo verdanke ich meiner doppelten Initiative, nämlich den Rechten, die ich in Afrika erworben habe, und der Nutzung dieser Rechte zum Wohle meines Landes.

„Diese Situation legte mir die Verpflichtung auf, im Einklang mit meiner ursprünglichen und vorherrschenden Idee dafür zu sorgen, dass sich mein Erbe in der Zukunft für die Zivilisation und für Belgien als nützlich erweisen möge.

„Aus diesem Grund möchte ich die folgenden Punkte klarstellen – Punkte, die in vollkommener Harmonie mit meinem unveränderlichen Wunsch stehen, meinem geliebten Land die Früchte der Arbeit zu sichern, die ich seit vielen Jahren auf dem afrikanischen Kontinent mit der allgemeinen Zustimmung der meisten meiner Untertanen geleistet habe:

„Wenn mein Legat die Souveränität des Kongo mit allen damit verbundenen Vorteilen, Rechten und Vorteilen in Besitz nimmt, übernimmt er, wie es nur gerecht und notwendig ist, die Verpflichtung, alle Verpflichtungen des Staates gegenüber Dritten zu respektieren und ebenso alle von mir erlassenen Gesetze hinsichtlich der Privilegien der Eingeborenen für Landspenden, für die Ausstattung philanthropischer oder religiöser Werke, für die Gründung des Herrschaftsgebiets der Krone, für die Errichtung des Naturgebiets sowie die Verpflichtung, die Rechte der Einkünfte dieser verschiedenen Institutionen in keiner Weise zu schmälern, ohne gleichzeitig eine gleichwertige Entschädigung zu gewähren. Ich halte die Einhaltung dieser Regeln für unerlässlich, um der Souveränität des Kongo die Ressourcen und die Macht zu sichern, die für die Erfüllung dieser Aufgabe unverzichtbar sind.

„Indem ich den Kongo und die sich daraus ergebenden Vorteile freiwillig zu Gunsten Belgiens aufgebe, muss ich, ohne die nationale Verpflichtung zu erhöhen, danach streben, Belgien die Ewigkeit der Vorteile zu sichern, die ich ihm vermache.

„Ich möchte ausdrücklich erklären, dass das Erbe des Kongo an Belgien von diesem stets in seiner Integrität bewahrt werden sollte. Folglich wird das vermachte Gebiet unter denselben Bedingungen unveräußerlich sein wie belgisches Gebiet.

„Ich zögere nicht, diese Unveräußerlichkeit hervorzuheben, denn ich weiß, wie groß der Wert des Kongo ist, und bin daher davon überzeugt, dass dieser Besitz für die belgische Nation niemals bleibende Opfer bedeuten wird.

„(Unterzeichnet) LEOPOLD .

„ Brüssel, den 3. Juni 1906. “

Nach der Lektüre dieser Zeilen kann kein wirklich vernünftiger Mensch leugnen, dass der König vom Kongo als von einem Privateigentum spricht, das er freiwillig an Belgien abtritt, wobei es ihm völlig freistand, dies zu tun, und Belgien ebenso frei stand, es als königliches Geschenk anzunehmen.

Aber es gibt kein Recht ohne Pflicht.

Ich frage: War es das Recht der belgischen Regierung, mich, einen Verbannten und Gefangenen, einen Verleumdeten und Misstrauenswürdigen, zu ruinieren, mir die belgische Staatsangehörigkeit abzuerkennen und das wenige Geld, das mir in Belgien noch blieb, zu beschlagnahmen?

Ich habe bereits früher darauf hingewiesen, dass dies meiner Meinung nach die fatale Folge einer allgemeinen Maßnahme war, die möglicherweise von einem unerfahrenen Beamten falsch interpretiert wurde.

Aber lass es sein!!

Ich frage nur, ob die belgische Regierung heute behaupten kann, dass sie die ihr von ihrem Wohltäter auferlegten Bedingungen erfüllt hat, und insbesondere die vom König zugunsten des Kongo eingeführte „Verpflichtung zur Achtung der Integrität der Einnahmen der verschiedenen Institutionen".

Ich warte auf eine Antwort. Ich komme nun zur Frage des Testaments.

TESTAMENT DES KÖNIGS. (Dokument Nr. 42.)

„Das ist mein Wille.

„Ich habe von meinen Eltern fünfzehn Millionen geerbt. Diese fünfzehn Millionen habe ich trotz vieler Wechselfälle gewissenhaft aufbewahrt.

„Ich besitze nichts anderes.

„Nach meinem Tod werden diese fünfzehn Millionen Eigentum meiner Erben und müssen ihnen von meinem Testamentsvollstrecker zur Aufteilung unter ihnen überlassen werden.

„Ich sterbe im katholischen Glauben, dem ich angehöre. Ich wünsche keine Obduktion, ich möchte ohne großen Pomp am frühen Morgen beerdigt werden."

„Außer meinem Neffen Albert und den Mitgliedern meines Haushalts darf niemand meinen sterblichen Überresten folgen.

„Möge Gott Belgien beschützen und möge er mir in seiner Güte gnädig sein.

„(Ges.) LEOPOLD .

„ Brüssel, den 20. November 1907. "

Über dieses Testament wurde viel geschrieben. Die Aussage „Ich besitze nichts" außer den angegebenen fünfzehn Millionen war der Grund für den Tintenfluss.

Diese Aussage selbst erwies sich nach dem Tod des Königs als falsch, da die belgische Regierung in der Fülle an Reichtümern aller Art, die gefunden wurden, gezwungen war, bestimmte Anteile und Gelder, die sie nicht übernehmen konnte, als „streitig" zu bezeichnen und sie meinen Schwestern und mir zu hinterlassen. Diese Anteile und Gelder haben das Vermögen, das uns unser Vater hinterlassen hat, fast verdoppelt.

Niemand soll sagen: „Das Vermögen war beträchtlich." Als Aussage ist das wahr. Aber man darf nicht vergessen, dass alles relativ ist, und wenn ich einen in der Geschichte einmaligen Punkt der Nachfolge erkläre, dann nicht, weil ich habgierig bin. Es liegt daran, dass ich aus Prinzip darauf bestehen muss, das zu verteidigen, was ich für richtig halte, und die Öffentlichkeit über eine bisher verworrene und undurchsichtige Diskussion aufzuklären.

Das zweite Testament, das unten wiedergegeben ist, gibt lediglich die Absicht des ersten Testaments genau wieder:

DER ANDERE WILLE DES KÖNIGS. (Dokument Nr. 49.)

„Ich habe von meiner Mutter und meinem Vater fünfzehn Millionen geerbt.

„Ich überlasse es der Aufteilung unter meinen Kindern.

„Aufgrund meiner Position und des Vertrauens verschiedener Personen sind zu bestimmten Zeiten große Summen durch meine Hände gegangen, die mir nicht gehörten.

„Mehr als die oben genannten fünfzehn Millionen besitze ich nicht.

„(Ges.) LEOPOLD .

" Laeken , den 18. Oktober 1908. "

In diesem Dokument erwähnte der König nichts mehr davon, dass er die fünfzehn Millionen „gewissenhaft" gespart habe. Darüber ist viel geschrieben worden, denn anderswo erklärte der König oft in seiner förmlichsten Art, dass er nicht nur sein eigenes Vermögen, sondern auch das meiner Tante, der Kaiserin Charlotte, für das Kongo-Unternehmen eingesetzt habe.

Er hätte alles verlieren können. Wenn das der Fall gewesen wäre , hätte Belgien dann seine Kinder nach seinem Tod entschädigt? Sicherlich nicht! Glücklicherweise war Belgien der Gewinner.

Ist es logisch, dass dem König seine Kinder gleichgültig sind?

Um mit der Frage der fünfzehn Millionen abzuschließen, bleibt eine Tatsache, die ich nicht übergehen kann und die ausreichen würde, um die charakteristische Erklärung des Königs zu entkräften, wenn die Entdeckung nicht bereits bei seinem Tod gemacht worden wäre.

Zu dieser wohlbekannten Tatsache wird jeder schon im Vorhinein ahnen, was ich zu sagen hätte...

Es ist nicht ratsam, dieses Thema weiter zu vertiefen. Das Alter ist für seine Fehler verzeihlich, und die Verteilung von sechzig Millionen wird viele willige Helfer finden.

Aber wen täuscht man wirklich, und von wem wird man getäuscht? Tugendhaftes Gehabe ist seltsamerweise eine Frage der Umstände bei bestimmten Leuten, die sich zu einer erstaunlichen Bevorzugung neigen , zum Nachteil der natürlichen Erben des Königs.

Aber vergessen wir das. Erinnern wir uns nur an den wesentlichen Punkt, nämlich dass der König seine Töchter enterben *wollte* .

War es richtig und moralisch von Belgien, sich an diesem unmenschlichen Fehler und dieser Rechtswidrigkeit zu beteiligen?

Hätte sie sich mir und meinen Schwestern gegenüber nicht anders verhalten sollen?

Ich bitte den König darum, als wäre er noch am Leben und im Vollbesitz seiner geistigen Kräfte; ich bitte den König darum, der nun durch den Tod erleuchtet ist.

Das verlange ich von meinen tapferen Landsleuten.

Das frage ich alle Juristen auf der ganzen Welt.

Ich frage die Geschichte danach.

Lassen wir die Millionen zukünftiger Generationen und die Hunderte Millionen der Vergangenheit beiseite.

Ich habe Erwartungen und Märchenversprechen leichter aufgegeben als die meisten Menschen. Ich hätte gerne viele Menschen glücklich gemacht, schöne Werke gefördert und nützliche Institutionen geschaffen. Gott kennt alle meine Träume. Er hat entschieden, dass sie nicht in Erfüllung gehen sollen, und ich habe mich damit abgefunden.

Ich wollte lediglich einen Grundsatz verteidigen und mir ein Mindestmaß an Möglichkeiten für ein freies und ehrenhaftes Leben entsprechend meinem Stand verschaffen.

War mein Vorgehen dann ungerechtfertigt?

Was belegen bestimmte Dokumente, die leicht einzusehen sind, die ich hier jedoch nicht wiedergeben kann, ohne den Seiten einen anderen Charakter zu verleihen, als ich es mir wünsche?

Diese Dokumente beweisen, dass das *Privatvermögen* des Königs zum Zeitpunkt seiner letzten Erkrankung mindestens zwanzig Millionen betrug.

Mit dem Tod des Herrschers war dieses Vermögen, oder zumindest der größte Teil davon, verschwunden. Meine Schwestern und ich besaßen insgesamt rund zwölf Millionen.

Aber was ist mit dem Rest?

Uns und insbesondere mir wurde gesagt:

„Was? Du beschwerst dich? Laut dem Testament deines Vaters hättest du nur fünf Millionen bekommen sollen. Du hast zwölf Millionen und bist nicht zufrieden. Du streitest, du klagst an, du belastest! Du bist immer mit irgendwem im Streit."

Ich befinde mich in dieser Angelegenheit nicht im Krieg mit einer bestimmten Person. Ich habe lediglich das Recht verteidigt und halte dies für meine Pflicht.

Die Regierung, der Richter und die Parteigegner haben mir in wohlklingenden Sätzen erklärt, dass ich Unrecht hatte.

Wären sie bereit, ihre Urteile dem endgültigen Urteil eines Tribunals zu unterwerfen, das aus Juristen aus mit Belgien befreundeten Ländern besteht?

Ich verzichte im Voraus auf den Vorteil ihrer Entscheidung, sollte diese zu meinen Gunsten ausfallen .

Wären sie damit einverstanden, eine Untersuchung zum Thema des *tatsächlichen und persönlichen* Vermögens des Königs zum Zeitpunkt seines Todes und was daraus geworden ist, zu akzeptieren?

Ich weiß es im Voraus. Diese indiskreten Fragen werden nur auf tiefes Schweigen stoßen.

Was mich in meinem Unglück tröstet, ist das Wissen, dass die Männer, die das Vertrauen des Königs genießen, wunderbar bereichert wurden. Wenn mein Vater nur fünfzehn Millionen hinterlassen konnte, bin ich überzeugt, dass sie jedenfalls viel mehr hinterlassen können. Ich bin sehr erfreut darüber, dass dies so ist, da ich es nur natürlich finde, dass Verdienst, Tapferkeit , Gewissenhaftigkeit und Treue auf Erden belohnt werden sollten.

Ich bedauere nur eines, was der menschlichen Natur innewohnt. Geld verbessert die menschliche Natur leider nicht. Stattdessen scheint es die Herzen derer zu verhärten, die es besitzen.

Wie können die treuen Diener des Königs und meine Familie sich in Palästen wohlfühlen, in denen alles Komfort und Luxus ausstrahlt, während ich dazu gezwungen bin, praktisch von der Hand in den Mund zu leben und heute nicht weiß, wo ich morgen nach meinem Lebensunterhalt suchen soll, obwohl ich in der Reichweite zweier Vermögen stehe: eines, das mir bereits durch Erbschaft zusteht, und das andere, das ich mit aller Sicherheit erben werde?

Man könnte sagen, dass ich, statt mich zu beschweren, weiterhin meine Rechte verteidigen könnte, und dass es nichts nützt, die Ungerechtigkeit der Menschen zu missbrauchen. Ich ignoriere nicht die Tatsache, dass ich nur die Société des Sites und das französische Eigentum, das der König Belgien geschenkt hat, angreifen muss, damit die französische Justiz, die den Namen Justiz verdient, eine fiktive Gesellschaft verurteilt, deren angebliche Existenz einem Pariser Anwalt und den Bediensteten meiner Familie, die je nach den Umständen ihren Namen hergegeben haben, nicht unwillkommen ist.

In Frankreich gilt für alle Recht und Gesetz, und als die Société des Sites in Paris gegründet wurde, geschah dies unter eklatantester Missachtung der französischen Legalität.

Ich vergesse nicht, dass das deutsche Gesetz die Vorkommnisse zwischen Belgien und den Verwaltern von Niederfüllbach ebenso verurteilen würde , wenn ich diese Personen vor der deutschen Justiz angreifen würde, was ich ohne weiteres tun könnte. Die beiden Deutschen, die auf der Liste der Verwalter stehen, haben die Gefahr aufgrund ihrer Besitztümer und Positionen in Deutschland so stark gespürt, dass sie sich angesichts möglicher gefährlicher Vergeltungsmaßnahmen durch das von ihnen akzeptierte „Abkommen", das meine Schwestern und mich um beträchtliche Summen beraubt hat, hinter dem belgischen Staat versteckt haben.

Ich weiß auch, dass die königliche Schenkung von 1901 in Belgien angreifbar ist, und zwar aufgrund des materiellen Irrtums, der in der Frage des verfügbaren Anteils am Vermögen des Königs begangen wurde. Aber es ist wirklich zu schmerzhaft für mich, darüber nachzudenken und auf diese Einzelheiten einzugehen. Ich nenne nur einige davon, um zu zeigen, dass ich Widerstand geleistet habe und weiterhin Widerstand leisten werde, in der Gewissheit, dass ich, wenn ich in Belgien keine Gerechtigkeit gefunden habe, sie anderswo finden werde.

Um ganz offen zu sein: Ich habe grausam gelitten, und ich leide noch immer unter den Konflikten, in die ich verwickelt war.

Wenn ich gelegentlich die Schriftsätze der talentierten Anwälte lese, die mich in der Frage des Erbes des Königs verteidigt oder angegriffen haben, überkommt mich eine Art Ohnmacht. Angesichts so vieler Worte, angesichts so vieler Gründe dafür und dagegen habe ich das Gefühl, dass man von der Menschheit alles erwarten kann, nur keine Gerechtigkeit.

Es ist für mich geradezu verblüffend, zu wissen, dass drei meiner Anwälte Minister sind oder kurz davor stehen, Minister zu werden, während ich diese Seiten schreibe. Ich muss nur ihre „Plädoyers" zur Kenntnis nehmen, um die

Stimme ihres Gewissens zu hören, die die Gerechtigkeit meiner Sache verkündet und den Staat, in dem sie heute tätig sind, der Kollusion und des Betrugs – mit einem Wort, der unqualifizierten Handlungen – beschuldigt.

Erinnern sie sich nicht daran, was sie gesagt, geschrieben und veröffentlicht haben? Ich warte vergeblich auf ein Wort von ihnen... Nichts... kein einziges Wort. Für sie bin ich tot.

Ich bin unglücklich. Sie wissen es und schweigen.

Kein Gedanke, keine Erinnerung für jemanden, der sich ihnen anvertraute. Sie sind an der Macht – und ich bin im Elend; sie leben in ihrem eigenen Land – ich bin ein Exilant. Sie sind *Männer* und ich bin eine *Frau* . Oh, Kleinlichkeit der menschlichen Seele!

Ich denke noch einmal an all das, was in meinem Geburtsland, für das ich geopfert wurde, über mich gesagt und geschrieben wurde. Welche Irrtümer, welche Übertreibungen, welche Leidenschaften, welche Unwissenheit über mein wahres Ich! Dennoch sind diejenigen, die mich angreifen und diffamieren, im Grunde ihres Herzens wirklich gute und tapfere Menschen. Aber sie zerreißen einem die Seele. Verstehen sie nicht, was sie tun?

Hat Belgien kein Gewissen? Es hat heute in der Meinung der Welt einen so hohen Stellenwert, dass es unmöglich scheint, dass es sich der Verminderung seines moralischen Ruhms aussetzt, die unvermeidlich eintreten wird, wenn die Geschichte sich mit der heiklen Frage des Erbes des Königs und den Folgen in meinem eigenen Fall befasst. Kann es das, was es ungerechterweise erlangt oder mehr oder weniger gierig an sich gerissen hat, in rechter und friedlicher Weise genießen? Wie ich finde, wird die Geschichte bestimmte unauslöschliche Worte in der Ansprache des Staatsministers Herrn de Lantsheere an den Senat finden , die sich auf das königliche Geschenk von 1901 bezieht, das damals alles Gute in der belgischen Seele unannehmbar fand.

Ich gebe diese Worte zur Betrachtung und Überlegung aller ehrlichen Menschen wieder.

Geschenks des Königs durch die Abgeordnetenkammer und all dessen, was den König privat bereichert hatte, anzufechten, sprach Herr de Lantsheere am 3. Dezember 1901 im belgischen Senat folgende Rede:

"Ich beabsichtige, einem Grundsatz treu zu bleiben, den König Leopold I. immer hochgehalten hat und von dem er nie abgewichen ist, einem Grundsatz, den ich auch vor 26 Jahren mit M. Malou , M. Beernaert und M. Delcour hochgehalten habe , Mitgliedern des Kabinetts, dem ich die Ehre hatte anzugehören – dem die MM. Hubert Dolez , d'Anethan und Notcomb , die wichtigsten meiner Vorgänger, die, wie andere nach mir, gleichermaßen hochgehalten haben. Dieser Grundsatz, den das Gesetz zum ersten Mal aufgeben durfte, kann in wenigen Worten zusammengefasst werden. *Das Common Law ist eine unverzichtbare Stütze des königlichen Erbes.* Das vorliegende Projekt beleidigt die Gerechtigkeit... Zwei der königlichen Prinzessinnen sind verheiratet. Aus diesen Ehen sind Kinder hervorgegangen. Daher wurden Familien gegründet. Diese Kinder haben ihrerseits geheiratet und neue Familien gegründet. Diese Familien konnten sehr vernünftigerweise erwarten, dass den Erbrechten, die der Code für unveräußerlich von den Nachkommen erklärt, nichts nachteiliges zustoßen könnte... Wenn aufgrund einer Abweichung, von der Sie nennen Sie das erste Beispiel ... Sie respektieren die Gesetze nicht, auf denen Familien beruhen. ... *In ganz Belgien wird eine einheitliche Stimme zu hören sein, die die Herrschaftsgebiete verflucht, die die Nation auf Kosten der Kinder des Königs bereichert haben ...*

„Denken Sie nicht, dass es sehr schändlich wäre, wenn das Königshaus dem Verdacht ausgesetzt wäre, es wolle (unter dem Deckmantel der Großzügigkeit gegenüber einem Land) die Mittel behalten, wenn nicht seine Nachkommen zu enterben, so doch zumindest, ihnen das vorzuenthalten, worauf sie gesetzlich und moralisch Anspruch haben? Ich wage zu glauben, dass jene Personen den Interessen des Staates viel treuer dienen werden, die darauf bestehen, dass er an seiner Akzeptanz der Rechte des Common Law festhalten muss, als jene Personen, die die Akzeptanz des verhängnisvollen Geschenks einer unbegrenzten Autorität unterstützen. Ich möchte die Möglichkeit außer Acht lassen, dass Seiner Majestät irgendwelche dieser Hintergedanken in den Sinn gekommen sind; Sie müssen sie außer Acht lassen, wenn sie Ihnen nicht bereits in den Sinn gekommen sind; aber ich weiß, dass der Wille des Menschen veränderlich ist und bestimmte Gesetze erlassen werden, um mögliche Ungerechtigkeiten zu verhindern.

„Wenn man zum Zeitpunkt des Todes des Königs darauf aus gewesen wäre, die verfügbaren Mittel anzutasten, hättet Ihr nicht den Mut gehabt, dieses Erbe anzutasten. Warum also schmiedet Ihr Waffen, die Ihr im richtigen Moment nur ungern einsetzt?

„Daher, meine Herren, offenbart sich erneut die Nutzlosigkeit des Projekts sowie sein gleichermaßen abscheulicher und gefährlicher Charakter ... Es ist eine juristische Monstrosität ... Man darf niemals sagen, dass im Königreich Belgien ein armes Mädchen mehr gesetzliche Rechte am Erbe ihres Vaters besitzt, als die Töchter des Königs heute am Erbe ihres Vaters besitzen.“ ...

KAPITEL XI X
Meine Leiden während des Krieges

Ich war in Wien, als der Krieg erklärt wurde, und bis die eigentlichen Feindseligkeiten begannen, konnte ich kaum glauben, dass so etwas möglich war. Die Vorstellung, dass Kaiser Franz Joseph, der bereits mit einem Fuß im Grab stand, erwog, als Kämpfer aufzutreten, nachdem er ausnahmslos Niederlagen erlitten hatte, erschien mir als purer Wahnsinn. Es stimmt, dass eine Kamarilla auf Befehl aus Berlin den schwachen alten Mann als Werkzeug benutzte. Aber dass Berlin wirklich einen Krieg beginnen wollte, der zwangsläufig einen Weltbrand auslösen würde, war unglaublich. Es war schlimmer als Wahnsinn – es war ein Verbrechen.

Doch die Lust am Töten riss die Machthaber in Berlin mit sich. Ich ahnte ein geheimnisvolles Schicksal, das Berlin und Wien in seinen Bann gezogen hatte.

Ich fragte mich, was aus mir werden würde. Und jede mögliche Lösung wurde immer schwieriger. Wenn ich nach Ansicht meiner belgischen Landsleute das Unglück hatte, trotz des gesunden Menschenverstands und der Billigung meines Vaters, des Königs, meine Staatsbürgerschaft nicht wiedererlangt zu haben und erneut die Rechte der Gerechtigkeit und Menschlichkeit verleugnete, eine Handlung, gegen die ich auf das Schärfste protestiere, wurde ich vom ersten Tag des Krieges an vom Wiener Hof als „feindlicher Untertan" betrachtet, der zweifellos erfreut war, mir auf eine neue Weise schaden zu können.

Ich wurde aufgefordert, die Doppelmonarchie so schnell wie möglich zu verlassen. Der Polizeichef kam persönlich, um mir diese Entscheidung mitzuteilen. Dieser angesehene Beamte war in vielerlei Hinsicht höflich, aber der Befehl war äußerst präzise und formell.

Ich brach nach Belgien auf. Doch bestimmte Ereignisse hielten mich in München auf. Die deutsche Armee sperrte die Straße, und mein ergebenes Land sollte bald die Schrecken erfahren, für die in erster Linie Preußen verantwortlich war.

Bis zum 25. August 1916 konnte ich als belgische Prinzessin in der bayerischen Hauptstadt leben, ohne viele der Unannehmlichkeiten erfahren zu müssen, denen meine Stellung mich aussetzte. Die bayerische Regierung war mir gegenüber sehr nachsichtig. Ich durfte sogar eine französische Zofe behalten, die schon lange in meinen Diensten stand. Der Graf – jener ergebene Ritter, dessen Nähe mir in meinem traurigen Leben Trost und unermüdliche Unterstützung gebracht hatte – durfte ebenfalls zu meinem Gefolge gehören.

Doch die deutschen Siege überzeugten meine erbarmungslosen Feinde davon, dass ich ihnen bald ausgeliefert sein würde. Sie schmiedeten sofort einen neuen Feldzugsplan!

Ich bin stolz, dies zu schreiben – stolz, zuzugeben, dass ich die Leiden Belgiens selbst miterlebt habe. Belgien wurde unterdrückt. Auch ich war Opfer von Unterdrückung. Belgien hatte alles verloren. Auch ich hatte alles verloren.

Von Tag zu Tag wurden meine Mittel knapper und die zunächst mitfühlende Atmosphäre wurde feindselig. Ich versuchte, mich so weit wie möglich zurückzuhalten und mich geduldig den Erfordernissen meiner heiklen Lage zu unterwerfen. Es war allgemein bekannt, mit wem mein Herz mitfühlte! Schon bald überfielen mich Sorgen und Härte.

Mein Schwiegersohn, Herzog Gunther von Schleswig-Holstein, ignorierte die Schwierigkeiten, die ich zu überwinden hatte, nicht – und das aus gutem Grund. Er ließ sofort durchblicken, dass er der Meinung war, ich müsse zustimmen, mich unter seine Vormundschaft zu stellen und meinen letzten Bissen Brot aus seinen Händen zu nehmen.

Ich möchte nicht weiter auf die Taten dieses Herrn eingehen. Wenn ich die Dokumente und Rechtsdokumente veröffentlichen würde, die ich aufbewahrt habe, würde ich nur die Reue und Verwirrung verstärken, die meine unglückliche Tochter meiner Meinung nach überwältigt haben. Aber aus Pflichtgefühl muss ich ein wenig von dem erzählen, was passiert ist. Nichts anderes wird ausreichen, um das Drama zu zeigen, das mich seit dem Tag erfasst hat, an dem ich meiner Familie den möglichen Verlust eines Vermögens vor Augen führte.

Herzog Gunther von Schleswig-Holstein beschäftigte sich von dem Augenblick an, als Deutschland sich als Herrscherin Belgiens betrachtete, damit, herauszufinden, was mir aus dem Erbe meines Vaters zufallen könnte. Etwas mehr als viereinhalb Millionen waren auf der Bank hinterlegt und durch ein Schiedsgericht, das am Vorabend der Feindseligkeiten gebildet worden war, zugunsten meiner Gläubiger bestimmt worden.

Dieser Geldbetrag war Gegenstand der rührenden Fürsorge meines Schwiegersohns. Ich überlasse es anderen, seine Bemühungen zu schildern, in seinen Besitz zu kommen und das Geld in einen anderen als den vorgesehenen Kanal umzuleiten.

Dennoch waren diese viereinhalb Millionen nur ein Tropfen auf dem heißen Stein im Vergleich zu den Versprechungen der Vergangenheit. Mein liebes Land kann sich daher freuen, und ich freue mich mit ihm, dass es durch den Sieg der Entente einer Revision des Rechtsstreits um das königliche Erbe entgangen ist, die zumindest seit der Veröffentlichung des Dekrets in direktem Widerspruch zum Gottes- und Menschenrecht gestanden hätte.

zugunsten des endgültigen Triumphs der deutschen Waffen begangen worden, wenn ich, von den Qualen des Hungers bedroht, bestimmte Verzichtserklärungen unterzeichnet hätte, die man mir in München abpresste, und ich dadurch gegen einen jämmerlichen Hungerlohn meine Persönlichkeit verloren und meine Rechte an meinen Kindern aufgegeben hätte?

Sie sahen sich nun in gewissem Maße für all das entschädigt, was sie zuvor daran gehindert hatte, das Erbe des Königs zu erwerben. Sie hatten außerdem die Gewissheit, die dreißig Millionen zu besitzen, die meinen Anteil am Vermögen Ihrer Majestät der Kaiserin Charlotte ausmachen, wenn meine unglückliche Tante der Last ihres hohen Alters erliegen würde.

Meine Kinder verfolgten – von der Stunde an, als sie erfuhren, in welch entsetzliche Armut ich während des Krieges geraten war – nur ein Ziel: *Ohne sich die Mühe zu machen, mich zu sehen oder direkt an mich heranzutreten* , versuchten sie, mich durch die Vermittlung bezahlter Agenten zur Unterzeichnung einer Verzichtserklärung zu zwingen.

DIE HERZOGIN GUNTHER VON SCHLESWIG-HOLSTEIN

In direkter Missachtung des Gesetzes wurde mir befohlen, meinen Namen unter ein Dokument zu setzen, mit dem ich mein zukünftiges Erbe von der Kaiserin an meine Kinder abtrat. Schließlich war ich, erschöpft von den Leiden, kurz davor, gegen eine jährliche Zahlung von *sechstausend Mark einzuwilligen*. Im Gegenzug sollte ich in Isolation und Sklaverei versetzt und alles, was mir gehörte, weiter geplündert werden.

Dem Herzog von Holstein, diesem Soldaten und Finanzier, will ich hier nichts sagen; aber meiner Tochter Dora, der Frucht meines Leibes, die ich an meiner Brust genährt und aufgezogen habe, sage ich Folgendes:

„Sie mögen nach außen hin den Anschein von Ehrbarkeit erwecken. Sie mögen die Vorzüge eines Vermögens genießen, dessen Quelle ich kenne, Sie mögen weder Scham noch Reue empfinden, Sie mögen es sogar wagen zu beten. Aber Gott lässt sich niemals täuschen. Keine Bosheit, keine schuldige Mittäterschaft, keine der Natur zuwiderlaufende Handlung wird Seiner Gerechtigkeit entgehen. Früher oder später wird Er alle Menschen nach ihren Taten richten."

Bevor ich meinen Bericht über die Machenschaften dieser menschlichen Geier abschließe, die versuchten, meine Freiheit und meine Rechte anzugreifen, als ich einmal das Pech hatte, meine Kinder um Hilfe zu bitten, darf ich nicht vergessen zu erwähnen, dass ich später, als ich die Kontrolle über meine Seele wiedererlangt hatte, vor die Justiz in München appellierte. Die Gerichte dort erklärten die Verzichtserklärungen, die man mir in meinem Elend und Wahnsinn abgenötigt hatte, als ich hungerte und obdachlos war, für ungültig.

Während des Krieges wusste ich tatsächlich oft nicht, wo ich schlafen sollte oder was meine nächste Mahlzeit sein würde.

Ich schreibe dies freimütig und ohne die geringste Spur von falscher Scham – fest im Glauben meines eigenen Gewissens.

Ich habe nie absichtlich jemandem wehgetan. Ich habe still gelitten. Ich spreche heute zu meiner eigenen Verteidigung und bringe als Beweis ein Familiendrama an, das die zeitgenössische Geschichte berührt. Ich spreche offen , aber ich werde nicht von Hassgefühlen getrieben. Die Bosheit hat abgenommen. Aber mein persönliches Leiden hat sich keineswegs verringert. Ich wurde als Königstochter geboren, ich werde als Königstochter sterben. Ich habe zwar um Hilfe gebeten, aber mehr im Namen meiner Diener als für mich selbst. Ich konnte es nicht ertragen, diese ergebenen Geschöpfe, mein Trost und meine Stütze in meinem Elend, in diesen dunklen Tagen weinen und blass werden zu sehen.

Der Graf war gezwungen, München zu verlassen. Am Morgen des 25. August 1916 wurde sein Zimmer plötzlich von der Polizei gestürmt. Er wurde ins Gefängnis gesteckt, dann nach Ungarn gebracht und anschließend in der Nähe von Budapest interniert. Er war gebürtiger Kroate und galt daher schon vor der Niederlage, die Kroatien und Serbien vereinigte, als Untertan der Entente. Menschliche Gerechtigkeit ist wirklich nur ein Wort!

Am selben Tag wurde auch Olga, meine wichtigste Pflegerin, eine Österreicherin, die mir immer eine unschätzbare und langjährige Hingabe entgegengebracht hatte, verhaftet. Später wurde sie wieder freigelassen. Aber ich verstand die Bedeutung dieser Entscheidung – der Befehl kam von höchster Autorität, alle, die sich um mich kümmerten, von mir zu trennen. Ich werde beschreiben, was dann folgte.

Meine französische Zofe, die sich so selbstlos um mich kümmerte, wurde interniert. Wäre meine treue Olga nicht aus dem Gefängnis entlassen worden und hätte ich nicht die Mittel gehabt, sie zu behalten, wäre ich völlig isoliert gewesen.

Doch bald darauf wusste ich wirklich nicht mehr, wie ich meinen täglichen Bedarf decken sollte. Meine letzten Juwelen waren verkauft worden. Ich war nun so arm wie die armen Seelen, die mich um Wohltätigkeit anflehten.

Was sollte ich tun, was sollte ich versuchen? Wenn ich mich an meine Tochter wandte, wusste ich, dass ich es mit dem Herzog von Holstein zu tun bekommen würde. Er war absolut erbarmungslos. All dies geschah im Juli 1917.

Das Schicksal schickte mir nun einen ehrenwerten Mann in den Weg, einen Schweizer Professor, der über mein Schicksal zutiefst betrübt war.

Er bot mir großzügig seine Hilfe an, nach Schlesien zu gelangen, wo meine Tochter in einem ihrer Schlösser lebte. Dieses Schloss ist nicht weit von Breslau entfernt. Ich verließ daher München mit Olga in der Hoffnung, mein Kind zu sehen und bei ihr eine vorübergehende Unterkunft zu finden.

Aber als ich das Ende meiner Reise erreichte, versuchte ich vergeblich, von Dora empfangen, angehört und unterstützt zu werden.

So strandete ich in einem kleinen Dorf im Schlesischen Gebirge, wo meine letzten Mark bald verschwanden.

Der Graf hatte versucht, mir das nötige Existenzmittel zu schicken. Ohne Vorwarnung behielt die deutsche Post das Geld ein und schickte seine Briefe zurück.

Das kleine Gasthaus, in dem ich Zuflucht gesucht hatte, wurde von freundlichen Leuten geführt, die mich jedoch nicht übernachten lassen konnten, wenn ich nicht bezahlen konnte. Ich sah mich dem äußersten Elend gegenüber. Der Wirt schien Angst vor mir zu haben. Er sagte mir, er sei angewiesen worden, der Polizei über meine Taten Bericht zu erstatten, und ich werde streng überwacht, obwohl ich mir dessen vielleicht nicht bewusst war.

Er irrte sich. Olga und ich hatten beide bemerkt, dass unsere kleinsten Bewegungen beobachtet wurden. Sogar auf unseren Spaziergängen in der freien Natur begegneten wir ständig irgendeinem Bauern oder Fußgänger, der uns scheinbar nicht bemerkte, uns aber in Wirklichkeit mehr oder weniger erfolglos ausspionierte.

Ich spürte den Einfluss einer unerbittlichen Macht, die mich in irgendeinem neuen Gefängnis , Irrenhaus oder Zuchthaus einsperren oder mich vielleicht sogar an die Selbstzerstörung denken lassen wollte.

In dieser Notlage kam mir der Himmel erneut zu Hilfe.

An dem Tag, an dem ich meiner Meinung nach zum letzten Mal im Gasthof übernachten durfte, setzte ich mich unglücklich auf eine Bank vor dem Haus. Verzweifelt fragte ich mich, was wohl aus mir werden würde. Plötzlich erschien eine Kutsche – ein seltener Anblick in dieser wenig besuchten Gegend. Der Kutscher gab mir ein Zeichen , und ich sah eine große, wichtig aussehende Person im Wagen sitzen, die etwas oder jemanden zu suchen schien.

Er hat mich gesucht!

Bald erfuhr ich, dass dieser Herr im Auftrag des Grafen aus Budapest gekommen war und mit mir sprechen wollte.

Diese Worte ließen mich aus dem Abgrund der Verzweiflung emporsteigen. Doch meine Prüfungen waren noch nicht vorüber.

Der Vertrauensmann des Grafen war mit der Aufgabe betraut, mir bei der Ausreise aus Deutschland behilflich zu sein. Dazu war es notwendig, über Österreich nach Ungarn zu gelangen, wo ich auf tatkräftige Anteilnahme zählen konnte.

In der österreichisch-ungarischen Monarchie hatten sich bereits Dinge und Menschen verändert!

Aber welche Möglichkeiten bot eine solche Reise! Erstens hatte ich keine offiziellen Papiere. Die Bekanntgabe meines Namens und Titels würde ausreichen, um meine Reise zu behindern; ich würde sofort aufgehalten werden.

Aber obwohl meine Gasthofrechnung dank des Boten des Grafen beglichen war, standen mir nur sehr begrenzte Mittel zur Verfügung. Österreich war zwar nicht weit entfernt. Wir konnten über die Berge über Böhmen dorthin gelangen, aber der Gesandte erklärte, er könne mir wegen seiner Atemnot und seiner schmerzenden Beine unmöglich über die Ziegenpfade folgen, die wir mit Sicherheit passieren müssten. Er entschied, dass unser bester Plan darin bestünde, nach Dresden zu fahren und von dort aus den leichtesten Weg zu wählen.

Als es Abend wurde, schloss unser Gastgeber im übertragenen Sinne die Augen vor meiner Abreise. Er wartete bis zum nächsten Tag, um mein Verschwinden den Behörden zu melden.

Als er das tat, war ich bereits in Sachsen. Aber auch hier war es zu gefährlich, sich in die Nähe von Lindenhof zu begeben, in einem Königreich, in dem mein Unglück so viel Aufsehen erregt hatte. Schließlich fiel uns ein kleines Dorf nahe der Grenze ein, auf der Seite, die München am nächsten lag, wo das Regime weniger streng war als in der Nähe von Dresden, und wir erreichten es, ohne dass etwas Unvorhergesehenes passierte.

Die gegenwärtige Schwierigkeit bestand nicht so sehr darin, Deutschland zu durchqueren. Sie bestand hauptsächlich darin, die Frage zu klären, ob es mir möglich sein würde, an einem abgelegenen Ort zu bleiben, ohne dass meine Identität entdeckt und bekannt gegeben würde, und danach ohne Pass die Grenze zu überqueren und in Budapest in Sicherheit zu gelangen.

Allein diese Odyssee würde einen ganzen Band füllen. Sie endete in einem bayerischen Dorf, wo ich wieder frei aufatmen konnte. Eine gute Frau bot mir und meiner treuen Olga die herzlichste Gastfreundschaft.

Der Bote des Grafen kümmerte sich weiterhin um mein Wohlergehen und fand in der Nähe eine Unterkunft.

Von meinem Fenster aus konnte ich den Kirchturm des österreichischen Dorfes sehen, das ich durchqueren musste, um Salzburg, Wien und Ungarn zu erreichen. Ich befand mich nun an der Grenze des Gelobten Landes. Ein kleines Gehölz trennte mich davon, an dessen Ende ein Bach floss, der den Schmugglern wohlbekannt war, da er Bayern von Österreich trennte und ihnen nachts als Durchgangsweg diente.

Ich wagte es nicht, das zu riskieren! Ich hätte eine Brücke überqueren müssen, die ständig von einem Posten bewacht wurde. Aber sobald ich die Brücke überquert hätte, hätte ich Deutschland hinter mir gelassen!

Als ich zufällig in der Nähe von München war, hatte ich wieder zwei Lieblingshunde in meinen Besitz gebracht. Meine Liebe zu Hunden ist bekannt. Ich wollte mich nicht von ihnen trennen und ahnte, dass sie mir auf meiner Flucht von Nutzen sein würden. Ich dachte zärtlich an den klugen Kiki, der jetzt in Bad- Elster gefangen war. Seine Nachfolger würden mir, wie er selbst, sicher Glück bringen! Der eine war ein großer Schäferhund, der andere ein kleiner Greif.

Zuerst zögerte ich, mich der Brücke zu nähern, aus Angst, erkannt zu werden. Dann dachte ich, dass es einem Wachposten verdächtig erscheinen würde, wenn ich immer in einiger Entfernung bliebe. Meine beste Methode wäre, mich nicht vor den Wachposten zu verstecken, sondern ständig mit meinen Hunden in ihrer Nähe zu gehen. Die Soldaten (immer dieselben waren im Dienst) würden sich bald an meinen Anblick gewöhnen, und in ihren Augen wäre ich nur ein harmloser Dorfbewohner.

Der Gesandte des Grafen bat mich, meine Abreise zu beschleunigen. Ich lehnte ab. Er riet mir zu einem nächtlichen Flug. Ich war nicht seiner Meinung. Ich sagte: „Ich werde gehen, wenn ich es für richtig halte, zu meiner eigenen Zeit, wenn ich das *Gefühl habe* , dass der richtige Moment gekommen ist."

Es ist merkwürdig, aber dennoch wahr, dass ich in schwierigen Situationen immer eine seltsame Art von Intuition verspüre. Es ist, als ob mir eine innere Stimme rät, welchen Weg ich einschlagen soll. Und wann immer ich dieser Intuition gefolgt bin, hatte ich immer recht.

Eines Morgens erwachte ich unter der Herrschaft meines unsichtbaren Führers.

„Sie müssen heute Mittag abreisen."

Ich ließ sofort den Boten des Grafen rufen. Dank seiner amtlichen Papiere konnte er mit Olga ohne Schwierigkeiten die Grenze überqueren. Sie reisten also voraus. Ich verabredete mich mit ihnen am Fuße des Glockenturms im österreichischen Dorf – so nah und doch so fern.

Wenn der Wachposten mich anhalten und verhören würde, wäre ich ein Gefangener! ...

Gegen Mittag schlenderte ich am Bachufer entlang, mein großer Hund sprang um mich herum, der kleine Greif in meinen Armen. Die Herbstsonne war ziemlich glühend, und der Wachposten stand ein Stück von der Brücke entfernt im Schatten. Ich schlenderte über die Brücke, als wäre es eine Selbstverständlichkeit. Der Soldat nahm keine Notiz davon. Ich ging unbekümmert davon, aber mein Herz klopfte wie wild! Endlich war ich in Österreich! Als ich das Dorf erreichte, kehrte ich zu meiner „Suite" zurück. Eine Kutsche wartete. Ich fuhr nach Salzburg und stieg in einem kleinen Hotel ab, wo ich, wie ich wusste, vorübergehend in Sicherheit sein würde.

Ich wartete drei Tage auf die Ankunft meines Wiener Anwalts, Herrn Stimmer , der heimlich über meine Rückkehr nach Österreich und meinen Wunsch informiert worden war, unter seinem Schutz nach Budapest zu reisen.

Herr Stimmer antwortete auf meine Berufung. Er wies alle rechtlichen Schwierigkeiten ab, die sich aus der Situation ergeben könnten. Die Stimme der Menschlichkeit sprach stärker als die Stimme des Gehorsams gegenüber dem Befehl, der mich aus Österreich verbannt und der Macht Deutschlands ausgeliefert hatte, wo ich unweigerlich dem Elend und der Verfolgung erlegen wäre.

Aber in Ungarn hätte ich die Chance, glücklichere Tage zu erleben. Herr Stimmer beschloss, mich dorthin zu begleiten.

Ich war am Ende meiner Ausdauer angelangt, als meine Wanderungen in Budapest zu Ende gingen und ich mich in einem komfortablen Hotel erster Klasse wiederfand. Die Behörden sahen in meiner Anwesenheit nichts Kompromittierendes. Auf meine dringende Bitte hin wurde dem Grafen gestattet, die kleine Stadt, in der er interniert war, zu verlassen und einige Tage in meiner Nähe zu bleiben, um meine Angelegenheiten zu besprechen.

Leider zog sich der Krieg hoffnungslos in die Länge. Das Leben wurde allmählich immer schwieriger. Österreich und Ungarn gaben sich nicht länger Illusionen hin. Erleuchtet durch das Wissen um ihre Niederlage verfluchten sie Berlin als Urheber ihres Unglücks. In Budapest herrschte Gärung.

Auf einmal brach alles zusammen. Der Wind des Bolschewismus fegte wütend über die Doppelmonarchie. Ich lernte jetzt die Kommissare und Soldaten der Revolution kennen. Ich erlebte Inspektionsbesuche, Vernehmungen , Verhöre. Aber plötzlich entwaffneten meine Missgeschicke sogar die wilden Führer des ungarischen Kommunismus. Ich habe bereits erwähnt, wie einer dieser Männer bemerkte, als er sah, in welche Armut ich gestürzt war: „Hier ist eine Königstochter, die ärmer ist als ich."

Selbst wenn ich noch Jahrhunderte leben würde, würde ich in Gedanken immer noch jene ergreifenden Gefühle erleben, die ich während der Zeit der Qualen empfand, als Throne umgeworfen und Kronen in alle vier Winde des Himmels geschleudert wurden. Vergangene Zeitalter haben nie eine solche Erschütterung erlebt.

An den Ufern der Donau, zwischen Ost und West, war der Niedergang der Macht Preußens und des Ansehens der Monarchie vielleicht stärker zu spüren als anderswo.

Ich fragte mich oft, ob ich in der Welt, die ich früher kannte, überhaupt noch am Leben war oder ob ich nicht das Opfer eines langwierigen Albtraums war.

Unsere Probleme, unsere Sorgen, unsere eigene Individualität sind nichts im Strudel menschlicher Leidenschaften. Ich fühlte mich mit allem, was mich umgab, in das unbekannte Land einer neuen Ära hineingetragen.

KAPITEL X In
der Hoffnung auf Ruhe

Und nachdem ich nun alles gesagt habe, was ich für unverzichtbar halte, werden meine Leser mir vielleicht verzeihen, wenn ich mich bei der Schilderung meiner Leidensgeschichte ungeschickt ausgedrückt habe.

Sie werden vielleicht auch Entschuldigungen dafür finden, dass ich mein bisheriges Schweigen gebrochen habe.

Es gab endlose Diskussionen über mich und meine Angelegenheiten. Ich habe sie nicht gewollt, ich habe sie nicht angeregt. Sie sind einzig und allein durch die Umstände entstanden.

Den Umständen sind wir machtlos ausgeliefert. Unser Leben scheint mehr von anderen als von uns selbst beeinflusst zu werden, und das Schicksal, das oft unser Handeln und unseren Alltag bestimmt, ist nicht unsere Wahl.

Ein Moment der Torheit kann ein ganzes Leben ruinieren. Das ist meine persönliche Erfahrung. Aber ich glaube, dass ich zuerst diejenige war, die getäuscht wurde, weil ich nicht alt genug war, um richtig zu urteilen und klar zu sehen.

Kann ich alt werden, ohne meiner Pflicht nachzukommen, die Wahrheit zu verteidigen, die von meinen Feinden so missachtet wurde? Kann ich missverstanden und verleumdet ins Grab hinabsteigen?

Mein Leben stellt eine Abfolge von Schicksalsschlägen dar und ich war nicht machtvoll, deren endgültigen *Ausgang ich abwenden konnte* .

Ich habe bereits gesagt und wiederhole, dass ich mich nicht für unschuldig halte, was Fehler, Verfehlungen und Fehlverhalten angeht. Aber man muss der Gerechtigkeit halber die Hauptursache in meiner katastrophalen Ehe suchen.

Meine Eltern – und insbesondere die Königin – sahen nichts Falsches darin, mich dem Prinzen von Coburg zu überlassen, als ich kaum mehr als ein Kind war.

Der König sah in dieser Heirat die Möglichkeit gewisser Einflüsse und einer politischen Union, die ihm und Belgien von Nutzen sein würden.

Die Königin war überglücklich bei dem Gedanken, dass ich Österreich und Ungarn zu meiner Heimat machen würde, woher sie selbst gekommen war, und wo ich ihrer gedenken und gleichzeitig den Ruhm meines Landes und die Ambitionen des Königs fördern würde.

Ich wurde für das Wohl Belgiens geopfert, und in Belgien gibt es jetzt Belgier, die mir vorwerfen, dass das Geschenk meiner Jugend und meines Glücks eigentlich ihrem Wohle zugedacht war! Die Belgier betrachten mich heute als Deutschen, als Ungarn – als Ausländer – und als noch Schlimmeres! Wehe der menschlichen Dankbarkeit!

Wie dem auch sei: Bin ich schuldig, weil ich mein Land freiwillig verlassen habe oder weil ich aufgehört habe, es zu lieben?

Mein ganzes Wesen protestiert gegen diese niederträchtige Anschuldigung.

Wessen bin ich dann schuldig? Dass ich meinen Mann und meine Kinder verlassen habe?

Ich habe zwanzig Jahre am korruptesten Hof Europas gelebt. Ich bin seinen Versuchungen und Torheiten nie erlegen. Ich habe einen Sohn und eine Tochter zur Welt gebracht, sie an meiner Brust gesäugt und all meine Hoffnungen auf eine Mutter in meine Kinder gesetzt. Das Schicksal meines Sohnes und wie er mich verlassen hat, ist allgemein bekannt. Es ist auch bekannt, wie meine Tochter mich unter dem Einfluss ihres Mannes und ihrer Umgebung behandelt hat.

Wessen war ich eigentlich schuldig? Es stimmt, dass ich am Ende meines Mutes war und in der Atmosphäre eines für mich abscheulichen Zuhauses erstickte und kurz davor stand, zu erliegen...

Ich wurde in dieser Krise gerettet und widmete mein Leben meinem Retter. Daraufhin wurde mein Retter als Fälscher gebrandmarkt und man versuchte ihn durch Geldstrafen und Geldstrafen zu vernichten.

Wir sind beide den Mördern entkommen, die unsere Vernichtung wollten.

Bin ich schuldig, weil ich gekämpft habe, der Treue treu geblieben bin und den Versuchen, mich zu stürzen, widerstanden habe?

Die Urteile des Irrtums und des Hasses bedeuten mir wenig. Ich bin die Frau geblieben, die ich meiner heiligen Mutter versprochen habe zu werden – die Idealistin, die auf der Höhe gelebt hat.

Bin ich im wahren Sinne der Moral und Freiheit schuldig? Viele Frauen, die meinen, sie könnten den ersten Stein auf mich werfen, haben sich weitaus mehr vorzuwerfen!

Was bleibt noch zu sagen?

Dies... Ich glaubte, ich glaubte wie die größten Rechtsgelehrten, dass ich im normalen Lauf der Dinge ein Vermögen von meinem Vater erben würde. Mein Erbe wurde aufgrund betrügerischer Machenschaften und unrechtmäßiger Urteile, die allgemein verurteilt wurden, erheblich belastet und geschmälert.

Bin ich schuldig, weil ich getäuscht und ausgeraubt wurde?

Wieder wird behauptet, meine Familie sei nicht vereint. Ist das meine Schuld?

Ich habe mein Fleisch und Blut immer mehr geliebt als mich selbst. Hat es mir an Zuneigung und Respekt gegenüber meinen Eltern gefehlt? War ich für meine Schwestern nicht die anbetende älteste Schwester, die sie liebte und schätzte?

Bin ich für die Fehler des Königs und der Königin verantwortlich, die durch meine Verfolger von der Schwere meiner „Krankheit" überzeugt und die Königin verärgert war – nicht über meine Unabhängigkeit, sondern über den Skandal, den sie auslöste?

Bin ich schuldig am Egoismus meiner Schwestern – die eine Opfer von Engstirnigkeit, die andere Opfer politischer Intrigen?

Ich gebe es offen zu: Ich habe mich sicherlich gegen Untreue und Zurückhaltung aufgelehnt. Aber aus welchen Motiven? Zu welchem Zweck?

Mein wirkliches Verbrechen bestand in meinem Bemühen, an mein eigenes Eigentum zu kommen, in der Erwartung eines Vermögens, über das ich nicht verfügt habe.

Die Welt bewundert nur die Sieger, ganz gleich, mit welchen Mitteln sie den Sieg erringen.

Ich war ein Opfer, seitdem meine Mädchenfüße auf falsche Pfade geführt wurden; immer habe ich Niederlagen erlitten.

Als die Schlacht vorüber war, bat ich nicht um Verzeihung für die Unwahrheit, die Verletzung, den Diebstahl oder die Verfolgung.

Ich wäre vielleicht allein gewesen, ich wäre vielleicht der Last der Schande und der Gewalt erlegen. Aber ich würde nicht aufgeben, weil ich nicht allein für mich kämpfte.

Gott hat mich sichtlich unterstützt, indem er mein Herz mit Gefühlen der Wertschätzung und Dankbarkeit für eine ritterliche Seele erfüllte, von der ich nie ein Wort der Klage hörte, ganz gleich, wie grausam die Intrigen und Grausamkeiten waren, die sie umgaben.

Eine niederträchtige Welt hat seine Hingabe und meine Beständigkeit vom niedrigsten Standpunkt aus beurteilt.

Möge eine solche Welt nun erkennen, dass es Wesen gibt, die weit über den schmutzigen Instinkten stehen, denen sich die Menschheit hingibt, Wesen, die in einem gemeinsamen Streben nach einem hohen Ideal alle irdischen Schwächen überwinden. Die letzten Zeilen dieser kurzen Lebensskizze, deren Einzelheiten viele Bände füllen würden, müssen eine Anerkennung meiner Dankbarkeit gegenüber Graf Geza sein. Mattachich .

Ich habe nicht viel über ihn gesagt, denn er wird denken, dass selbst ein bisschen zu viel ist. Dieser schweigsame Mann schätzt nur das Schweigen.

„Nur Schweigen ist stark, alles andere ist Schwäche." So schrieb Alfred de Vigny, und diese Zeile ist das Motto der Starken.

Aber Sie wissen, Graf , dass ich mich im Gegensatz zu Ihnen nicht zum Schweigen zwingen kann. Ich möchte die Vision der Stunde heraufbeschwören, als Sie zum ersten Mal diese Worte sprachen, die mein Gewissen durchdrangen und es reinigten und erleuchteten. Von dieser Stunde an war dieses Licht mein Führer. Ich habe im Leiden den Weg zur spirituellen Schönheit gesucht. Aber Sie sind mir dorthin vorausgegangen, und in den dunklen Tiefen des Irrenhauses blickte ich zu Ihrer Gefängniszelle und entkam so den Schrecken des Wahnsinns.

Wir mussten uns den Angriffen der Habgier und Heuchelei unterwerfen.

Wir haben im Schlamm gekämpft; wir wurden in wilden Ländern getrennt. Die Welt hat nur die Schlammspritzer und das zerfetzte Banner unseres Kampfes gesehen. Sie hat die Sache ignoriert, und ihre Böswilligkeit hat uns nie verziehen, dass wir aus dem Kampf als Opfer hervorgegangen sind.

Das alles war damals sehr bitter, aber ich bereue es nie! Meine Leiden sind mir lieb, weil Sie, Graf, sie geteilt haben, nachdem Sie so leidenschaftlich versucht hatten, mich zu verschonen.

Es bereitet immer eine gewisse Freude, unverdientes Leid im Geiste der Aufopferung zu ertragen.

Dieser Opfergeist ist ganz besonders Dein eigener. Ich habe ihn nie besessen. Aber Du hast ihn mir geschenkt. Kein Geschenk war meiner Seele je so wertvoll, und ich werde Dir auf dieser Seite des Grabes und darüber hinaus dankbar sein!

Ich, der allein Sie so kennt, wie Sie wirklich sind, und die Anbetung kennt, die Ihnen einen Lebenssinn gegeben hat, danke Ihnen, Graf, in der Abenddämmerung meiner Tage für die Großzügigkeit, die Sie in dieser Anbetung stets gezeigt haben. Werde ich, werden Sie jemals die Bedeutung der Ruhe anders kennen als die letzte Ruhe, die das Los der Menschheit ist?

Wird die irdische Gerechtigkeit uns jemals die erhoffte Wiedergutmachung leisten?

Wird es uns möglich sein, weiterhin von der Wahrheit ausgeschlossen und durch Machtmissbrauch und menschliche Schlechtigkeit unterdrückt zu bleiben?

Es geschehe, wie Gott will!